◆ 乡村产业振兴提质增效丛书 ◆

蔬菜质量安全控制新技术

临沂市农业科学院组织编写

冷　鹏　主编

中国农业科学技术出版社

《蔬菜质量安全控制新技术》

编 委 会

主　编： 冷　鹏

副主编： 张广娜　刘振宁　周绪红　曹　雪

编　者：（按姓氏笔画排序）

于慎兴　马洪伟　王　鹏　王金辉
王桂香　牛建群　付成高　庄　宁
许大涌　孙爱德　芮文利　杜庆福
李　红　李　静　李西强　吴玉鹏
沈洪光　张永涛　张守维　张现增
陈之群　周绪元　胡乃志　胡文晓
秦彦凯　袁升凯　顾召帅　徐　丹
曹德强　崔爱华　宿刚爱　焦自高
翟今成　穆清泉

序

实施乡村振兴战略，是以习近平同志为核心的党中央顺应亿万农民对美好生活的向往，对“三农”工作作出的重大战略部署。打造乡村振兴齐鲁样板，是党中央赋予山东的光荣使命。临沂作为全国革命老区、传统农业大市，必须抓住机遇、高点定位、勇于担当、科学作为，全力争取在打造乡村振兴齐鲁样板中走在前列。

近年来，全市各级各部门自觉践行“两个维护”，大力弘扬沂蒙精神，立足本职，精准施策，优化服务，强力推进乡村振兴，做了大量富有成效的工作。其中，临沂市农业科学院围绕良种选育、种养技术研发、农产品精深加工、智慧农业推广及沂蒙特色资源保护与开发等领域，依托各类科技园区、优质农产品基地、骨干企业、农业科技平台，突破了多项关键技术，取得了一批原创性的重大科研成果和关键技术，实施了一批重点农业科技研发项目，为全市乡村产业振兴作出了积极贡献。

在庆祝新中国成立70周年之际，临沂市农业科学院又对2000年以来取得的科研成果进行认真遴选，并与国内外先进农业技术集成配套，编纂出版《乡村产业振兴提质增效丛书》。该丛书凝聚了临沂农科人的大量心血，内容丰富、图文并茂、实用性强，这对于指导和推动农业转型升级、加快实施乡村振兴战略必将发挥重要作用。

乡村振兴，科技先行。希望临沂市农业科学院在推进“农业科技展翅行动”中再接再厉、再创辉煌，集中突破一批核心技术、创新应用一批科技成果、集成推广一批运营模式，全面提升农业科技创新水平。希望全市广大农业科技工作者不忘初心、牢记使命，聚焦创新、聚力科研，扎根农村、情系农业、服务农民，进一步为乡村振兴插上科技的翅膀。希望全市人民学丛书、用丛书，增强技能本领，投身“三农”事业，着力打造生产美产业强、生态美环境优、生活美家园好的具有沂蒙特色的“富春山居图”。

孟庆斌

（中共临沂市委副书记、市长）

2019年7月29日

前　言

“民以食为天，食以安为先”，蔬菜是人们生活必不可少的食物。在经济不断发展的今天，随着人们生活水平的提高和健康意识的增强，蔬菜质量安全问题成为人们关注的焦点。蔬菜质量安全问题不仅仅关系着消费者的健康甚至生命，还关系着农民增收、整个蔬菜产业的发展，以及我们的国际市场竞争力。近年来，我国蔬菜产业发展方式不断优化，整体的质量安全水平得到了稳步提升，但是陆续发生的“问题豇豆”“翻新土豆”等一系列事件以及日益增长的出口贸易纠纷，给广大农民、企业乃至国家带来了巨大的经济损失，也使得蔬菜质量安全问题受到了社会各界的普遍关注和高度重视。

但是在整个生产过程中，仍有部分生产者存在质量安全认识不到位、不细致、不精准；生产成本高、生产技术标准化程度低、生产环境杂乱差等这样那样的问题和难题。对整个产业而言，虽然有机蔬菜、绿色食品蔬菜认证越来越多，但是人们不仅仅需要吃得安全，吃得放心，更需要高质量的蔬菜产品，要求营养和口味好，发展安全优质蔬菜的需求越来越迫切。因此，要想让消费者持续接受并消费蔬菜，就必须在高水平安全生产的基础上，进一步提升蔬菜的质量水平，使蔬菜产品具有良好的风味品质和精美的外观品质，即质量安全双提升的高品质蔬菜。发展高品质蔬菜对适应供给侧结构性改革，推动蔬菜产业新旧动能转换，满足消费者需求，提高标准化、品牌化水平，实现蔬菜产业提质增效，促进产业兴旺，增加农民收入具有重要意义。

鉴于此，本书以蔬菜产业守安全底线、高质量发展为主题，围绕提升蔬菜品牌价值、促进蔬菜产业可持续健康发展为目标，从蔬菜质量安全要素、蔬菜质量标准、蔬菜污染途径、蔬菜产地环境控制、生产管理、采收、采后品质提升等方面对蔬菜质量安全控制关键技术做了较系统的概述，以期为蔬菜产业提质增效提供路径和技术方案。

为全面系统介绍蔬菜质量安全控制技术，加强本书的实用性和指导性，参照国内外近几十年来的理论成果与先进实用技术，结合临沂市农业科学院蔬菜质量安全控制团队的实践体会撰写成书，以供从事蔬菜产业链生产、贮运、销售、科研推广的同行们参考，为蔬菜产业提质增效、乡村振兴产业兴旺贡献绵薄之力。

由于近几年来蔬菜产业领域发展非常迅速，许多新技术、新成果尚未及时收编，加上编者水平有限，疏漏之处在所难免，恳请读者批评指正，提出宝贵意见。

编　者

2019年8月

目　录

综述篇

技术篇

案例篇

综述篇

第一章　蔬菜产业质量安全现状

蔬菜，是指可以加工或制作、烹饪成为食品的一类植物或菌类。蔬菜是人们日常饮食中必不可少的食物之一。蔬菜可提供人体所必需的多种维生素和矿物质等营养物质。蔬菜中还有多种多样的植物化学物质，是人们公认的对健康有效的成分，目前果蔬中可以有效预防慢性、退行性疾病的多种物质，正在被人们研究发现。中国蔬菜的种质资源极其丰富。在历史的早期采食野生的蔬菜较多，栽培的蔬菜比较少，以后栽培的蔬菜增加较快。至今中国栽培的蔬菜堪称是世界上类型与品种最多的。蔬菜的种类、品种繁多，资源非常丰富，仅现在栽培的就有200余种，常见栽培的有60多种。

第一节　我国蔬菜产业概况

我国蔬菜产业发展迅速，是世界蔬菜生产和消费的第一大国。蔬菜是我国除粮食作物外栽培面积最广、经济地位最重要的作物。蔬菜产业的发展对中国农业和农村的发展具有重要作用。改革开放以来，我国蔬菜产业得到了长足的发展，到2013年底全国蔬菜播种面积达到$2\ 089.9 \times 10^4 hm^2$，总产量$7.35 \times 10^8 t$，以不到12%的种植面积创造占种植业30%的产值，占农业总产值的比重接近15%，在国内与国际贸易额以绝对优势居于农产品前列，已经成为我国农业乃至国民经济的重要组成部分。蔬菜产业已成为农业和农村经济发展的支柱产业，在保障市场供应、增加农民收入、扩大劳动就业、拓展出口贸易等方面发挥了重要作用。

20世纪80年代中期，蔬菜产销体制改革以来，随着种植业结构的调整，全国蔬菜生产快速发展，根据新思界发布的《“十三五”期间中国无公害反季节蔬菜行业分析及投资战略咨询报告》中显示，2016年中国蔬菜类成交额达到722.48亿元。目前我国已形成华南与西南热区冬春蔬菜、长江流域冬春蔬菜、黄土高原夏秋蔬菜、云贵高原夏秋蔬菜、北部高纬度夏秋蔬菜、黄淮海与环渤海设施蔬菜六大优势区域，各区域优势品种不同、上市档期交替，形成良性互补的区域发展格局。据微农时代2018年8月29日报道，近年来，我国蔬菜生产持续发展，种植面积稳定在3亿亩[①]以上，年产量在7亿t以上，年销售量达到世界总量的50%。2015年，我国北方设施蔬菜面积达1 880多万亩，总产量1.17亿t，分别比2012年增加了100多万亩和1 200多万t，有效保障了北方城市冬春淡季蔬菜供应。《全国种植业结构调整规划（2016—2020年）》提出，统筹蔬菜优势产区和大中城市“菜园子”生产，巩固提升北方设施蔬菜生产，稳定蔬菜种植面积。到2020年，蔬菜面积将稳定在3.2亿亩左右，其中设施蔬菜达到6 300万亩。随着人们生活消费水平不断提高，人们膳食结构不断趋于合理化，对于蔬菜类农产品的需求量不断增多。

经过多年的发展，我国的蔬菜生产在新品种选育、育种技术、设施栽培技术、无公害生产技术、应用现代生物技术对蔬菜品种改良及其产业化方面都得到迅猛发展，并取得了长足进步。

---

① 1亩≈667m^2，1hm^2=15亩，全书同

此外，蔬菜病虫害综合防治、无土栽培、节水灌溉等技术也取得明显进步。科技含量的提升带来了蔬菜产量大幅增长，品种日益丰富，质量不断提高，市场体系逐步完善，总体上呈现良好的发展局面，全国蔬菜农药残留年度例行抽检合格率已连续8年保持在96%以上。

随着蔬菜消费市场的多元化发展，适应不同消费群体、不同季节、不同熟性的蔬菜新品种将不断涌现。质优味美型蔬菜、营养保健型蔬菜、天然野味型蔬菜、奇形异彩型蔬菜将会越来越多地进入千家万户。但绿色安全成为当今时代人们对蔬菜产品最关键的需求。

安全优质的高品质蔬菜将是未来我国蔬菜发展的方向。国内外都将加强蔬菜质量认证体系建设，无害化蔬菜将成为我国蔬菜产品的主体，农户在生产中避免使用高毒和剧毒农药的同时，应注意防止蔬菜生产中出现的硝酸盐污染和重金属污染。

第二节　蔬菜质量安全内涵及影响因素

为了确保蔬菜质量安全，必须实施从产地、种子、肥料、农药、检测、采收、包装、运输和贮存直到销售的全程质量控制。从基地建设、生产、包装、贮藏、运输、销售全过程执行农产品质量安全一系列标准，实现标准化，实现全程质量监控，从而确保农产品质量安全。

一、蔬菜质量安全内涵

我国涉及蔬菜产品质量安全的概念和标准分为5类。按照安全可靠性的标准从低到高进行排列分别为：放心菜、无公害蔬菜、一般产品、绿色蔬菜和有机蔬菜。

一是放心菜，这种蔬菜不会造成人们食用后急性中毒的情况，其对应的检测标准是快速检测方法，这种检测方法有一定的局限性，只能测定有机磷等类似农药，另外对含硫的蔬菜不适用。

二是无公害蔬菜，这种蔬菜的产地环境、生产过程和产品质量，符合国家或农业行业无公害相关标准，并经产地或质量监督检验机构检验合格，经有关部门认证并使用无公害食品标志的蔬菜产品。

三是一般产品，这种蔬菜没有特指为无公害食品、绿色食品或有机食品的产品，目前已制定了许多国家或行业标准。

四是绿色食品，这种蔬菜遵循可持续发展原则，按照特定生产方式生产，经专门机构认定，许可使用绿色食品标志的无污染的安全、优质、营养类食品。

五是有机食品，这种蔬菜来自有机农业生产体系，根据国际有机农业生产要求和相应标准加工的，并通过独立的有机食品认证机构认证的农副产品。蔬菜的“安全”是相对的安全，一些含有微量有害物质的蔬菜也可能是安全的，只要其农药的残留量、重金属含量、硝酸盐含量等对人类有毒有害物质的残留量均控制在一定标准之内，只要不危害人们的健康，这种蔬菜就是安全的。

二、蔬菜质量安全影响因素

蔬菜质量被污染的方式、来源及途径是多方面的，在生产、加工、运输、贮藏、销售、烹饪等各个环节均可能出现污染，因此食用农产品质量安全不仅仅局限于微生物污染、生物毒素、化学物质残留及物理危害，还包括如营养、食品质量、标签及安全教育等问题。大致包括兽药或农药残留超标、环境因素造成的有毒有害物质超标及人为的掺杂使假等几个方面。

一是物理性污染。指由物理性因素对农产品质量安全产生的危害。如通过人工或机械在农产品中混入杂质、农产品因辐照导致放射性污染等。二是化学性污染。指在生产加工过程中使用化学合成物质而对农产品质量安全产生的危害。如使用农药、兽药、添加剂等造成的残留。三是生物性污染。指自然界中各类生物性污染对农产品质量安全产生的危害。如致病性细菌、病毒以及某些毒素等。此外，农业转基因技术可能导致质量安全问题。生物性污染具有较大的不确定性，控制难度大。常见的污染主要体现在以下几个方面。

（一）农药残留污染

农药残留是目前影响蔬菜质量安全的主要因素。化学农药使用不合理会导致新鲜蔬菜的农药残留污染，消费者如果长期食用农药残留超标的蔬菜，不但会引起恶心、呕吐、头晕、乏力等急性中毒症状，而且也会影响人体的免疫系统和造血系统，导致癌肿、血液病（白血病、再生障碍性贫血）以及免疫紊乱所引起的诸多疾病。

农药的大量使用，使得蔬菜中农药残留量超标问题日益突出。在我国，因食用农药残留超标的蔬菜、水果而导致中毒的事件，每年都有发生。蔬菜作为一类生长期短、病虫害多的经济作物，农药残留污染尤其严重。多年来，由于大量和连续使用化学农药，使得蔬菜病虫害对化学农药产生了普遍的抗药性，菜农只能加大农药的使用量。因此，农药使用和对其依赖程度呈现出恶性循环的状态。一般农药都具有毒性，大量施用后，只有小部分农药黏附在蔬菜表面，起防治病虫害的作用，但仍有少部分农药残留在土壤中，或残留在蔬菜体内，或渗入地下水中，形成农药残留毒性的危害。化学农药的主要危害是其在蔬菜作物尚未完全降解的残留物对人、畜的直接毒害。目前，由于人们环保意识的提高，有机氯（滴滴涕、六六六、林丹、艾氏剂、狄氏剂、五氯酚钠、硫丹、三氯杀螨醇）、有机汞（氯化乙基汞、乙酸苯汞）、有机砷（甲基胂酸锌、甲基胂酸铵、福美甲胂、福美砷）、无机砷（砷酸钙、砷酸铅）、有机锡（三苯基氢氧化锡、氯化锡）、氟制剂（氟化钙、氟化钠、氟化酸钠、氟乙酰胺、氟铝酸钠）、有机磷（马拉硫磷、对硫磷、甲拌磷、乙拌磷、甲基对硫磷、甲胺磷、久效磷、氧化乐果、治螟磷、杀扑磷、水胺硫磷、磷胺、内吸磷、甲基异硫磷）、氨基甲酸酯（克百威、丁硫克百威、丙硫克百威、涕灭威）、二甲基甲脒类（杀虫脒）等高毒农药已被禁止生产和使用，农药危害已开始逐渐减轻。

（二）重金属污染

主要是指汞、镉、铅、铬以及类金属砷等生物毒性显著的重金属。重金属能长久存在于环境中，通过生物食物链（网）逐步积累。与常规污染物不同，重金属污染物在自然界滞留时间长，极难降解，毒性很强，并会沿着食物链放大，对人类和动物危害巨大。重金属在人体内能与蛋白质及各种酶发生强烈的相互作用，使它们失去活性，也可能在人体的某些器官中累积，如果超过人体所能耐受的限度，就会造成人体急性中毒、亚急性中毒、慢性中毒等多种疾病，并可致癌、致畸、致突变，还会干扰内分泌。此外重金属污染对人类的影响会持续几代。

重金属主要是通过大气和土壤两种途径进入蔬菜，污染的原因主要为土壤、大气粉尘、灌溉水和有机肥料等。特别是随着城市化快速发展，城郊成为蔬菜生产的重要基地，但是城郊又往往接近工业生产区、污灌区、交通干线，成为重金属污染的重要区域。

重金属污染不同于农药残留污染，它是一种慢性中毒。重金属在环境中、人体中的积累都是一个不可逆的过程。

（三）硝酸盐、亚硝酸盐污染

大量使用化肥对蔬菜高产、丰产起到了一定作用，但由于化肥使用不当和过量使用也造成了污染。由于不合理施肥，特别是施用含氮化肥过多，会导致蔬菜、土壤中硝酸盐含量过高，尤其是大量、单一地施用氮肥，或是在采收前施用氮肥，都会导致收获后的新鲜蔬菜中硝酸盐含量过高。硝酸盐本身无毒，但在蔬菜贮藏一段时间后，由于酶和细菌的作用，硝酸盐会被还原成亚硝酸盐，而亚硝酸盐是一种有毒物质，能引起人体高铁血红蛋白症，导致组织缺氧，还可使血管扩张，血压降低，亚硝酸盐在胃肠道的酸性环境中还原转化为亚硝胺，而亚硝胺是一种致癌物质，还具有致畸和致突变作用。

（四）微生物和寄生虫污染

主要是大肠杆菌和其他致病菌以及寄生虫卵等。

三、蔬菜质量安全控制方法

要确保蔬菜质量安全，必须实施从产地、种子、肥料、农药、检测、采收、包装、运输和贮存直到销售的全过程监控，尤其是针对蔬菜种植、采收、包装、运输和贮存过程中易对蔬菜造成污染而影响其质量安全的关键因素的控制。

（一）产地生态环境控制

1. 产地选择

生产企业应遵循蔬菜产地适宜性优化原则，因地制宜，合理布局，将蔬菜生产基地选址在生态环境良好、无污染物影响或污染物水平控制在允许范围内的农业生产区域。生产区域内、水源上游及上风向，应没有对产地环境构成威胁的污染源。生产基地应具备蔬菜生产所必需的条件，交通便利，排灌水方便，地势平整、疏松，土壤肥力均匀，土壤质地良好。

2. 产地环境调查和评价

种植蔬菜前应请有资质的检验机构对产地环境进行调查和评价，并保存相关的评价和检测记录。包括种植蔬菜前土地使用情况以及重金属、杀虫剂和除草剂（特别是长效化学剂）的残留程度；周围农用、民用和工业用水的排污情况以及土地的侵蚀和溢流情况；周围农业生产中农药等化学剂使用情况，包括常用化学剂种类及其操作方法对蔬菜的影响；必须对所有新的农业用地进行环境评价，考虑其生产对邻近和其他地域农作物的潜在影响。

3. 产地环境检测

在进行农业生产前，测定产地环境质量，以确定是否符合无公害蔬菜生产要求。即：菜田灌溉用水水质应符合《GB 5084—2005农田灌溉水质标准》二级以上要求，蔬菜生产基地的大气环境应符合《GB 3095—2012环境空气质量标准》二级以上要求，土壤应符合《GB 15618—1995土壤环境质量标准》二级以上要求。

（二）种子质量控制

1. 品种选择

应根据当地自然条件、农艺性能、市场需求和优势区域规划选择蔬菜品种。选用抗病、优质、丰产、抗逆性强、适应性广、商品性好的蔬菜品种。建立相应的品种保护措施。当企业自繁种时，应制定和执行相应的生产技术规程、产品质量标准，建立植物健康质量控制系统。

2. 种子质量

采购的种子应符合有关国家标准要求，并应具备检疫合格证或相关的有效证明。保存种子质量、品种纯度、品种名称等有关记录及种子销售商的证书。

3. 种子处理

可选用适宜的种子处理措施，降低生产期病虫害发生和后期农药使用量，种子处理措施应经技术负责人认可，并保存种子的处理记录。

（三）播种期控制

根据不同的蔬菜品种、蔬菜生育期、蔬菜生长特性、栽培措施、种植模式、种植条件等因素及当地的气候特点，确定适宜的播种期与合理的轮作方案以保证蔬菜质量，并保持良好的生产环境，降低对农用化学品的依赖程度，提高作物的抗逆性。

（四）施肥控制

（1）根据蔬菜的营养特点和土壤供肥能力确定施肥种类、施肥时间、施肥量和施肥方法，制定合理的施肥方案。

（2）蔬菜种植前必须测定土壤的农化性状，施肥以基肥为主，追肥为辅。

（3）每次施肥应建立和保存肥料使用记录，主要内容包括肥料名称、类型及施肥量、施肥时间、施肥地点、施肥机械的类型、施肥方法、操作者姓名等信息。

（4）肥料种类以有机肥为主，化学肥料为辅。根据不同蔬菜品种生长发育需要有限度地施用化学肥料，可以采用有机肥料、无机肥料相结合的方式。农家废弃物应经腐熟达到有机肥卫生标准后可以在蔬菜生产中使用。

（5）禁止使用未经发酵腐熟、未达到无害化指标、重金属超标的人畜粪尿等有机肥料、城市生活垃圾、工业垃圾及医院垃圾。

（6）为减少蔬菜的硝酸盐污染，降低蔬菜中硝酸盐含量，要控制化学氮肥的用量，特别是针对易吸收积累硝态氮的蔬菜品种，要严格控制硝态氮肥的施用，在收获前20d内不得再追施速效氮肥。

（7）施用的有机肥、化学肥料和复混肥（掺合肥）必须明确其来源、营养成分及其养分含量。

（8）尽量增施微生物肥料，减少化学肥料的施用，以提高土壤中养分利用率和蔬菜产品质量。

（9）施用的微生物肥料必须明确肥料的来源及其技术指标。微生物肥料质量必须符合农业行业标准《NY 227—1994微生物肥料》。

（五）灌溉水控制

（1）分析预测蔬菜用水需求量，制订相应的灌溉计划。

（2）灌溉用水水质应符合《GB 5084—2005农田灌溉水质标准》二级以上要求。

（3）定期监测水质。选择有资质的检验机构，每年至少进行一次灌溉水中微生物、化学和物理污染的监测，并保存相关检测记录。

（4）对检测不合格的灌溉水，应采取有效的治理措施使其符合要求，或改用其他符合要求的水源。

（5）根据蔬菜品种和种植方式等选择科学、有效、安全的灌溉方式。

（6）建立灌溉操作记录，包括菜地名称、蔬菜名称、灌溉日期、用水量和操作者姓名等信息。

（六）病虫害防治

病虫害防治程序要建立在对病虫害识别和经济防治指标的基础上，重点采取综合防治措施，建立病虫害识别系统及监控系统。

从生物与环境整体观点出发，以预防为主的原则，本着安全、有效、经济、简便、因地制宜，合理运用生物、农业、化学的方法及其他有效生态手段，把病虫的为害控制在经济阈值以下，以达到提高经济效益、社会效益和生态效益的目的。

病虫害的防治优先采用物理防治，同时要采取生物防治措施，并进行必要的农药防治，蔬菜的病虫害防治总体上应采取综合防治策略。

1. 物理防治

建议采用银灰膜或黄板诱杀蚜虫，频振式杀虫灯诱杀菜蛾。

2. 生物防治

保护天敌，创造有利于天敌生存的环境条件，选择对天敌杀伤力轻的农药。释放天敌，如捕食螨、赤眼蜂等寄生蜂。

3. 药剂防治

采用施用农药的方法防治蔬菜病虫害。应根据国家的有关法律法规、农药安全使用标准（GB 4285—1989）和农药合理使用准则（GB/T 8321.1—2000、GB/T 8321.2—2000、GB/T 8321.3—2000、GB/T 8321.4—2006、GB/T 8321.5—2006、GB/T 8321.6—2000、GB/T 8321.7—2002、GB/T 8321.8—2007、GB/T 8321.9—2009）的规定，制定农药安全使用规程。

（七）农药使用控制

使用农药时应按照《中华人民共和国农药管理条例》的规定，采用最小有效剂量并选用高效、低毒、低残留农药，不得违反规定超剂量使用农药，不准使用未经登记的农药，不得使用国家明令禁止的高毒、剧毒、高残留农药及其混配农药品种。

允许使用的农药质量必须符合相关国家或行业标准。不得使用假冒伪劣农药，允许使用的农药中不得混有禁用农药，不得使用重金属超标农药。

允许使用的农药使用频率要严格遵守农药使用安全间隔期，不得小于用药安全间隔期，要合理混用、轮换、交替用药，使用频率、时间、方法和使用剂量必须遵守农药安全使用准则，防止和推迟病虫害抗性的产生和发展，降低农药残留和重金属污染。

所使用的农药必须明确其来源、成分、毒性、使用方法、使用剂量，蔬菜严格按照用药安全间隔期采收，防止蔬菜中农药残留超标而影响蔬菜的安全品质。

根据蔬菜病虫害情况优先采用低毒、高效、低残留农药，以及生物制剂等。

（八）采收、包装、运输和贮存控制

1. 采收

采收机械、采收工具和采收设备应保持清洁、无污染，存放在无虫鼠害和畜禽的干燥场所。重复使用的采收机械、采收工具和采收设备应定期进行清洗、维护。采收过程中排除杂草以及有害物质，剔除蔬菜破损、腐烂变质部分。需要清洗的，应选择有资质的检验机构定期对清洗用水进行微生物、pH值及重金属等项目的检测。清洗用水质量应符合卫生部《GB 5749—2006生活饮用水卫生标准》的要求。对循环使用的清洁用水，应进行过滤和消毒，并监控和记录其水质状况。

2. 包装

蔬菜包装应符合国家有关标准，如无公害食品包装应符合《NY/T 1655—2008蔬菜包装标识通用准则》，绿色食品应符合

《NY/T 658—2002绿色食品包装通用准则》。包装容器应整洁、干燥、牢固、透气、无污染、无异味、内壁无尖突物。包装材料要使用国家允许的易降解材料，符合相关国家食品包装材料卫生标准，在运输和销售过程中要避免污染。包装前应检查并清除劣质品及异物。包装应按标准操作规程操作，并有包装记录，其内容包括品名、规格、产地、批号、重量、包装工号和包装日期等。在每件包装上，应注明品名、规格、产地、批号、包装日期、生产单位，并附有质量合格的标志。蔬菜质量符合国家有关蔬菜产品认证标准的，生产者可以申请使用相应的农产品认证标志。

3. 运输

运输工具清洁卫生、无污染；运输时，严防日晒、雨淋，注意通风；运输时，应保持包装的完整性；禁止与其他有毒、有害物质混装；高温季节长距离运输宜在产地预冷，并用冷藏车运输；低温季节长距离运输，宜用保温车，严防受冻。

4. 贮存

绿色食品应符合《NY/T 1056—2006绿色食品贮藏运输准则》。临时贮存的，应在阴凉、通风、清洁、卫生的条件下，严防烈日暴晒、雨淋、冻害及有毒物质和病虫的为害。存放时应堆码整齐，防止挤压等造成的损伤。中长期贮存时，应按品种、规格分别堆码，要保证有足够的散热间距，保持适宜的温度和湿度。在应用传统贮藏方法的同时，应注意选用现代贮藏保管新技术、新设备。

第三节　蔬菜的质量安全研究现状

“舌尖上的安全”成为国人乃至世界人民的迫切愿望。蔬菜作为人类生活必需品，其质量安全状况越发显得重要，所以一直以来，各国学者都在努力探索控制和解决蔬菜质量安全问题的有效途径。总体上来看，国外的蔬菜质量安全研究要比国内早，工作要比国内细，成效要比国内好，具体体现在蔬菜质量安全法律法规方面、蔬菜质量标准方面、蔬菜质量安全管理方面和蔬菜质量安全技术支撑4个方面。在蔬菜质量安全体系中，法律法规是控制蔬菜质量安全的基础，质量标准是控制蔬菜质量安全的依据，管理是控制蔬菜质量安全的主体，技术支撑是控制蔬菜质量安全的保障，四者缺一不可。

蔬菜质量安全问题涉及生产、加工及销售的整个供应过程，无论其中哪一环节出现问题都将影响蔬菜的质量安全。生产环节一旦出现蔬菜药物残留、重金属超标问题，那么由此造成的恶性结果将持续延伸到人们的餐桌上，从而使消费者的生命安全与体质健康受到严重威胁，因此生产者作为供应链的源头主体，其行为将直接影响蔬菜的质量安全。国内学者普遍认为蔬菜质量安全问题产生的首要原因是农药残留问题。樊孝凤等（2007）认为我国蔬菜农药残留的原因是生产技术缺失、机会主义行为以及市场失灵。郝峻纬（2012）则将导致蔬菜农药残留的因素归结为，高毒农药的违规销售和使用、农药标签不合格、施用方法不科学以及产地环境被破坏。孙坤（2012）认为农药市场混乱、菜农质量安全意识薄弱以及违规惩罚力度过轻等是导致我国蔬菜农药残留超标问题的显著原因。也有学者指出蔬菜农药残留的潜在风险在于农药产品药效与成分标识不清（叶雪珠等，2012）。代云云等（2012）通过实证研究发现，农户对安全蔬菜生产标准的认识不准确且多数农户的生产行为不规范，同时指出政府监管对农户质量安全控制行为的影响最大。江激宇等（2012）以河北省151个农户的调查数据为基础，利用计划行为理论和Probit模型分析了蔬菜种植户农药和化肥的使用行为，并认为农户的心理行为、无公害蔬菜价格和行业导向是影响农户安全生产行为选择的主要因素。张伟等（2013）基于陕西省211位菜农的调查数据，通过Logistic模型分析认为农户年龄、种菜年限、家庭人口和政府技术培训等因素对农户的农药安全施用行为有显著影响。

消费环节既是供应链的终点，又是真正凸显农产品质量安全问题的起点，Aswell（1992）的研究结论便可解释这一观点，即农产品具有经验品和信用品两种属性，蔬菜的新鲜程度、品相规格属于经验品范畴，而蔬菜质量安全状况则属于信用品范畴，消费者只有食用蔬菜后才能判断其安全性，因此蔬菜质量安全问题通常发生于这一时段。近年来，随着蔬菜质量安全事件的不断涌现，消费者对绿色蔬菜的呼声日益高涨，但并未体现出强大的购买力，反倒使“伪绿色蔬菜”遍布市场（于爱芝等，2007；郭利朋等，2011）。导致以上问题的主要原因是消费者与生产者、政府信息不对称从而形成了“柠檬市场”，在此种市场状态下，劣品开始驱逐优品，最终使得高品质蔬菜无立足之地，消费者、生产者和政府三方利益也因此受到损害（Akerlof，1970）。王二朋等（2011）的研究结果表明，消费者对认证蔬菜的认知水平较低，而且消费者年龄、农药判断能力、蔬菜购买地点以及对质量安全监管的态度等因素都将影响其对认证蔬菜的信任。王一舟等（2013）对北京市202位常住居民调查后发现，虽然消费者普遍关注蔬菜质量安全，但其对蔬菜的可追溯标签并不了解。

监管制度的不完善会使农产品质量安全问题雪上加霜。Gilliland等（2002）认为农产品质量安全事件往往出现在“工作现场”，面对工作现场错综复杂的情况，各项监管制度的空缺部分都可能暴露出来。众多国内学者从监管体制层面深入剖析农产品质量安全问题产生的原因。郑燕丽（2009）认为我国蔬菜安全监管不到位，其所揭示的体制问题包括制度理念缺失、检测制度滞后以及监管主体职能不清等。马晨等（2013）较为全面地论述了政府在蔬菜质量安全监管方面存在的缺陷，并指出我国质量标准体系、安全监测体系、质量认证体系以及信息服务体系过于形式化且缺乏实际效果，因此蔬菜质量安全问题并没有得到明显改善。

安全优质蔬菜越来越受到国内外消费者的推崇，特别是有机蔬菜被认为是最高级无污染的健康安全食品之一，正在引领食品消费市场的新时尚，并显示出巨大的市场潜力。当前国内外对蔬菜产品安全方面有较多的研究，对单项技术如选用优良品种、生物肥料、生物农药等研究较多，对综合配套技术的集成研究和适合我国特点的生产技术体系研究较少，未形成一套可操作性强、易推广的成熟技术体系，以致于安全优质蔬菜品质提升迟缓。国内关于安全优质蔬菜品质管控模式的研究较少，对产品信任体系的研究与应用较少，与日本、欧美等国家有较大差距。

随着人民生活水平的提高，消费安全无公害的蔬菜产品或者有机蔬菜，日渐成为当今人们生活和保护自身健康的追求。因此，现在的蔬菜生产正由过去的重视单产、总产和品种多样，转向重视品质、专用营养价值和无公害生产。

第二章　蔬菜质量安全要素

第一节　蔬菜的外观与质地

随着生活水平的提高，人们对蔬菜大小、形状、口感、质地、风味等的要求越来越高。然而对于蔬菜品质的评价缺乏系统、全面、标准化的评价体系。尽管人们对植物产品的评价标准不一，但是随着研究的深入，人们逐渐选用并建立了评价植物产品品质优劣的一些指标。目前，评价植物产品品质的指标总体上分为两类，即形态指标和理化指标。形态指标即根据植物产品的外观形态来评价其品质优劣，包括形状、大小、长短、粗细、厚薄、色泽、整齐度等；理化指标即根据植物产品的生理生化指标来评价其品质优劣，包括营养成分如糖分、蛋白质、氨基酸、淀粉、纤维素、矿物质等含量，以及有害物质如农药、有毒重金属、硝酸盐、亚硝酸盐含量等。然而在无法快速、准确地了解某种蔬菜的营养价值和有害物质含量的情况下，蔬菜的外观性状决定着消费者的购买欲望。

蔬菜的外观是指蔬菜的大小、形状、鲜嫩程度、色泽、洁净度、病虫害、机械损伤等，具体指标因蔬菜种类、产地或供应地区、食用习惯、食用方法及储藏加工的不同要求而异。它是衡量蔬菜商品品质的最普遍标准，是商品分级的基本依据。

一、蔬菜的重量大小

蔬菜重量分为个体重量和群体重量两种。蔬菜的重量因种类和品种不同而差异显著。例如南瓜、甘蓝、西葫芦、甜菜、胡萝卜等有巨型、大型、小型、微型之分。如巨型南瓜单瓜重能达到230kg，小型南瓜单果重为400g，微型南瓜单瓜重仅为200g。同一种类和品种的蔬菜因栽培技术的高低所得产品重量也有差异。

蔬菜种类和品种不同，产品的大小也有很大差异。同一品种外观形状大致相同，但有大小之分，对生产者来说追求产品个体大、产量高，而对消费者来说，同一批产品中，中等大小的个体恰恰表明在生产期中营养状况最良好，发育充实，营养物质含量高，色泽好，而个体过大或过小的都会产生缺点。标准的产品应该是符合品种特征、大小均匀、整齐度高的产品。

一般情况下，蔬菜大小分类标准可以根据产品的长度、周长、直径、宽度、重量、体积等来衡量，这是采收后最普通的衡量品质的标准，也是分级的最基本的标准（表2-1）。黄瓜、萝卜用长度和直径，番茄、茄子用果径和果高，豆类用荚长、荚宽、荚厚和直径，结球叶菜用球高和球径，菠菜用最大叶长。

表2-1　几种蔬菜形态规格

名称	规格	单位	等级		
			大	中	小
甘蓝	一株重量	g	1 600 ~ 2 200	1 100 ~ 1 599	700 ~ 1 099
菠菜	最大叶长	cm	>25	21 ~ 24	<20
洋葱	1个重量	g	>300	190 ~ 299	120 ~ 189
黄瓜	单果重量	g	120 ~ 150	100 ~ 119	50 ~ 99
青椒	单果重量	g	>80	50 ~ 79	30 ~ 49
马铃薯	1个重量	g	180 ~ 250	130 ~ 179	80 ~ 129

（摘自《食品原料学》，李里特主编，2001）

二、蔬菜形状

不同蔬菜种类其形状各异，同种蔬菜因品种不同其形态也不尽相同。如茄科蔬菜番茄果实有圆球形、扁圆形、高圆形、长圆形、卵形、桃形、梨形、长梨形；辣椒有象牙状、圆锥体、灯笼状；十字花科蔬菜中结球白菜有圆球、扁球形、炮弹形、直筒形、卵圆形、平头形、高坛形、橄榄形、倒锥形等（图2-1）；结球甘蓝有尖头、圆头、平头，葫芦科蔬菜黄瓜有长棒、短棒、长弯棒、短弯棒、指形等；西葫芦有长圆筒、短圆筒、圆形、蝶形、葫芦形等；冬瓜有扁圆、短圆柱、圆柱、长圆柱形等。然而，蔬菜产品的形状必须符合相应品种特征，忌畸形歪扭。

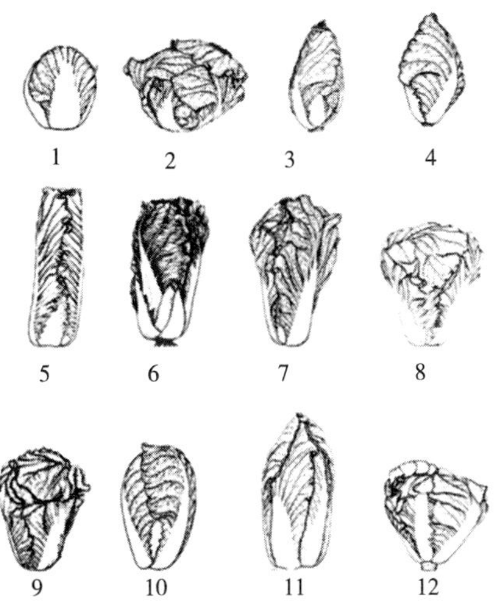

1.圆球；2.扁球形；3.炮弹形；4.橄榄形；5.长筒形；6.高筒形；7.高坛形；8.倒卵圆形；9.矮桩形；10.卵圆形；11.短筒形；12.倒锥形

图2-1　大白菜叶球形状模式

（摘自《中国作物及其野生近缘作物》上卷，朱德蔚、王德槟、李锡香主编，2008）

三、蔬菜新鲜度

新鲜度是指蔬菜采后能维持其采收时固有的质量程度，其新鲜度的质量特征包括色泽、香气味、饱满度及弹性等因素。蔬菜是生物体，在收获后的放置过程中随着时间的推移，环境条件不适以及自身的生理作用，蔬菜发生迅速变化，很易失水萎蔫，导致维生素损失，蛋白质分解，风味、质地发生变化，由坚挺饱满变得萎蔫皱缩，新鲜度下降，采用保鲜膜冷冻储存可以延长蔬菜货架寿命。消费者在购买蔬菜时希望能买到刚采收的新鲜产品，这是因为新鲜蔬菜它不仅外观漂亮，味道鲜美，而且营养价值也高。

四、蔬菜色泽

蔬菜的色泽是人们感官评价质量的一个重要因素。蔬菜呈现各种颜色，是由于各种色素存在于细胞的细胞液中的质体，如叶绿体、有色体等。色素有很多种，有时单独存在，有时同时存在，或显现或被遮盖。各种色素随着成熟度的不同及环境条件的改变而有各种变化。蔬菜的主要色素有叶绿素、类胡萝卜素、花青素、黄酮类色素4类。

（一）叶绿素

叶绿素是形成绿色的色素。叶绿素在叶菜中普遍存在，但不见光时，如大白菜、甘蓝的叶球以及软化栽培的韭菜，叶绿素含量较少。叶绿素在许多绿叶菜如菠菜、油菜中含量很多。

（二）类胡萝卜素

类胡萝卜素是由多个异戊二烯组成的一类色素，属于多烯色素。它是从浅黄到深红色的脂溶性色素，在蔬菜中广泛存在。

胡萝卜素类中番茄红素及α-、β-、γ-胡萝卜素是多烯烃类着色物质，存在于番茄、胡萝卜、甘薯等蔬菜中。叶黄素类是共轭多烯烃的加氧衍生物，如叶黄素广泛存在于绿色蔬菜中；玉米黄素存在于甜玉米、蘑菇等蔬菜中；隐黄素存在于南瓜、辣根等蔬菜中；辣椒红素存在于辣椒等蔬菜中。

（三）花青素

花青素多以花青素苷的形式存在于各类蔬菜中，它是形成蔬菜果实红、紫红、紫蓝、蓝色等颜色的色素，主要存在于果皮或果肉细胞中。花青素性质极为不稳定，随着溶液pH值的变化而不断地改变着颜色。它在酸性中为红色，在碱性中为蓝色，在中性中则为紫色。花青素的变色性能，常使蔬菜的加工制品失去原有的颜色。蔬菜中常见的有飞燕草色素，如紫皮茄子、紫菜薹等，矢车菊色素，如红皮洋葱、红皮萝卜。

（四）黄酮类色素

黄酮类色素是水溶性的黄色色素，与葡萄糖、鼠李糖、半乳糖、木糖、云香糖等结合成配糖苷类形式而存在。属于此类色素的主要有黄酮、黄酮醇、黄烷酮和黄烷酮醇。这类色素主要分布在洋葱和柑橘的果实中。

然而人们对不同蔬菜色泽要求不同，如叶菜类要求叶色浓绿，基部较嫩；茄果类要求茄子亮紫、亮黑或绿色；番茄因地区不同其要求色泽不同，或喜红，或粉色。

五、蔬菜洁净度

蔬菜洁净度主要指蔬菜产品有无泥土、枯枝、烂叶等杂质掺杂，以及食用部位有无病虫斑、虫卵、成虫出现。蔬菜要保持良好的洁净度，即保持产品外观无黄叶、无老叶、无泥沙、无病斑、无虫斑、无虫卵、无虫粪、无热斑、无伤损、无水分。清除泥土、黄叶、杂草、烂叶，避免产品破损、腐烂与霉变。

六、病虫害

病虫害是影响蔬菜生产的重要因素，蔬菜病虫害发生往往具有病虫害种类多、发生面积大、害虫演替发生规律复杂、一些次要病虫害上升为重要病虫害、病虫害抗药性越来越强等特点。蔬菜主要病虫害见表2-2。

表2-2　蔬菜主要病虫害

类型		发生作物
虫害	小菜蛾、菜青虫等害虫	十字花科蔬菜
	叶蛾类（斜纹叶蛾等）	叶菜类、甘薯、芋等
	蚜虫、粉虱类	各类蔬菜
	跳甲类	十字花科蔬菜
	潜叶蝇类	各类蔬菜
	瓜实蝇类	苦瓜、丝瓜等
	地下害虫类	各类蔬菜
	蝓蛞、蜗牛等	叶类蔬菜
病害	苗期病害（猝倒病、立枯病）	叶菜类、瓜类、蒴果类苗期
	霜霉病类	瓜类、葱类、叶菜类
	疫病类型	瓜类、葱类、叶菜类
	早疫病类	瓜类、葱类、叶菜类
	晚疫病类	番茄、马铃薯

（续表）

	类型	发生作物
病害	炭疽病类	辣（甜）椒、白菜、黄瓜、菜豆
	白粉病类、锈病类	瓜、豆、葱类
	黑斑病类	白菜、甘蓝、花椰菜、萝卜等
	根腐病类	瓜类、茄果类
	枯萎病类	番茄、菜豆、瓜类等
	细菌性叶斑病类（黄瓜角斑、甜椒疮痂）	黄瓜、菜豆、辣（甜）椒
	细菌性青枯、软腐、黑腐、黑斑病类	茄果类、十字花科
	病毒（花叶病）类	各类蔬菜

对于蔬菜的病虫害，要做到既控制病虫害，又解决化学农药引起的问题，生物防治是最主要的手段。生物防治，即利用生物（除人以外）有机体及其代谢产物防治蔬菜病虫害的技术，如利用天敌、农用抗生素、植物源农药、昆虫生长调节剂等。这样可有效地将滥用化学农药所形成的恶性循环扭转为良性循环，其可以直接取代部分化学农药的应用，减少化学农药的用量，不但保护了环境，还保证了蔬菜产品的无污染、优质、高产，有利于保持生态平衡和发展绿色蔬菜产业。

七、机械损伤等

蔬菜进行机械采收，效率高，可以节省很多劳力。对于地下根茎类蔬菜如马铃薯、洋葱、胡萝卜等，开始用挖掘机采收，并配有收集器、运输带等，边采边运。豌豆、甜玉米等都可机械采收，但要求成熟度大体一致。但是在机械采收过程中，难免会给蔬菜产品造成损伤，如撞伤（或压伤）、表皮裂纹、破裂、破碎和其他损伤等几种主要形式。

撞伤（或压伤）损伤是产品受到使其组织结构破坏或物理变化的外力的作用，其表皮不一定发生破裂，在某些情况下，产品的颜色和味道会发生变化。

表皮裂纹损伤只限于产品的外表皮出现裂纹。按其形成的原因还可进一步分为由于产品内部渗透压的增加而产生的肿胀裂纹和机械裂纹（如果实与果柄分离时，果皮被撕开）。

破裂损伤是指裂纹从表皮一直延伸到产品的内部，而破碎损伤是指产品由于损伤已分裂为几个部分。

其他损伤包括擦伤、切伤和戳伤等。擦伤是指产品的表皮受到损伤或部分表皮与其下面的组织发生分离。切伤是指由于锋利的器具（如刀等）切入产品，而没有明显的压伤现象。戳伤是指由于针状的东西，如植物梗、荆棘等刺入产品的表皮及其下面的组织。

因此为了保证采收质量，采收过程中应注意以下几点。

（1）采收人员最好事先经过技术培训，采收时应剪短指甲，轻拿轻放，轻装轻卸。

（2）采收前应根据果蔬种类特性，事先准备好采收工具，如果收袋、篮、筐、箱、梯和运输工具等，采收容器要结实，内部加上柔软的衬垫物，尽可能避免机械损伤。

（3）果蔬采收时间应选择晴天早晨的露水干后进行，避免在雨天和正午采收，还要避免采前灌水。

（4）采收时按“先下后上，先外后内”的原则逐步进行。

八、蔬菜的质地

果蔬质地指其组织在被咬的一刹那给人产生的脆、硬、软、绵等印象，牛津和韦伯词典将其解释为“植物中纤维的排列”。蔬菜质地主要包括硬度、多汁性、坚韧度、松脆程度、黏度、有无胶状物及苦味、耐储性、耐运性、货架寿命等。因用途不同，蔬菜质地要求不一。就地销售的蔬菜要求新鲜多汁；异地销售的蔬菜要求耐储运，易保鲜；而用作酱菜原料的叶菜及根菜类质地还要求脆嫩。

蔬菜质地与蔬菜的组织结构以及化学组成密切相关。蔬菜中纤维化和木质化程度高的厚壁细胞机械强度较大，不宜食用，而这些细胞所包围着的薄壁细胞是果蔬的可食部分，它们通过细胞壁、细胞膜和细胞液所具有的负水势吸收水分形成细胞的膨压；薄壁细胞间通过一层不定形的、与细胞壁毗邻的中胶层黏在一起，中胶层主要由果胶物质组成。

（一）蔬菜组织结构

蔬菜组织是由各种机能不同的细胞组成的，细胞形状、大小因蔬菜种类、细胞所在的部位和担任的职责而不同。

植物细胞亚显微结构如图2-2所示。

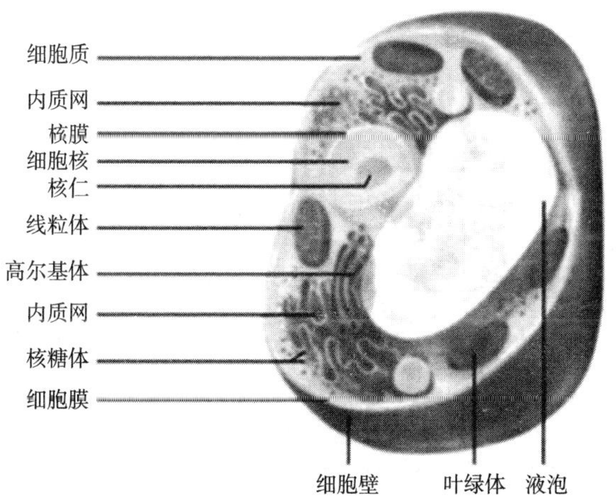

图2-2　植物细胞亚显微结构

1. 细胞壁

纤维素、半纤维素是细胞壁的组成成分，细胞壁常常具有木质化、木栓化和角质化现象。细胞壁之间的物质为中胶层，由原果胶和纤维素、半纤维素等物质组成，它能将各个细胞黏合在一起。

木质化：细胞壁因细胞产生的木质素（苯基丙烷）的衍生物单位构成的聚合物的沉积而变得坚硬牢固，增加了支持重力的能力，树干内部的木质细胞即是木质化的结果。

木栓化：细胞壁内渗入了脂肪性的木栓质的结果。木栓化的细胞壁既不透水又不透气，使得细胞内原生质与周围环境隔绝而死亡。木栓化细胞有保护作用。

表皮最重要的生理功能是形成一层保护性外皮，即角质层，能够抵御外界带来的多种刺激。表皮细胞会依基底细胞→棘层细胞→颗粒层细胞→角质层细胞这个顺序形态转变，并向表层逐渐移动，最后变成角质细胞。这种表皮细胞的分化过程叫做“角质化”。

2. 细胞膜

细胞膜又称质膜，是位于原生质体外围、紧贴细胞壁的膜结构。它是由磷脂等物质组成的液晶态物质，具有半透性。主要由蛋白质、脂类，以及少量的多糖、微量的核酸、金属离子和水组成，在电子显微镜下，用四氧化锇固定的细胞膜具有明显的“暗—明—暗”三条平行的带，其内、外两层暗带由蛋白质分子组成，中间一层明带由双层脂类分子组成，三者的厚度分别约为2.5nm、3.5nm和2.5nm，这样的膜称为单位膜或生物膜。

细胞膜有重要的生理功能，它既能维持稳定代谢的胞内环境，又能调节和选择物质进出细胞。细胞膜通过胞饮作用、吞噬作用或胞吐作用吸收、消化和外排细胞膜外、内的物质。此外，在细胞识别、信号传递、纤维素合成和微纤丝的组装等方面也起重要调控作用。

3. 细胞核

细胞核是细胞遗传和代谢的控制中心，在细胞的代谢、生长、分化中起着重要作用，是遗传物质的主要存在部位。细胞核的结构随着细胞周期的改变而相应地变化。间期的细胞核可分为核被膜、核仁和核质3部分。

4. 细胞质

细胞质是生命活动的主要场所。细胞质主要由基质、细胞器和包含物组成，通常为透明的胶状物。细胞器是分布于细胞质内、具有一定形态、在细胞生理活动中起重要作用的结构。包括线粒体、叶绿体、质体、内质网、高尔基体、液泡系（溶酶体、液泡）、细胞骨架（微丝、微管、中间纤维）中心粒以及周围物质等。

其中，液泡是指成熟的植物细胞内具有充满汁液的泡状物。它是由选择通透性的液泡膜和细胞液组成的细胞器。不同类型或不同生长阶段细胞中液泡数目、形态、大小、组成成分也不尽相同。液泡参与细胞内物质积累、存贮和转化，可储存无机盐、有机酸、糖、植物碱、单宁和花青素等水溶性物质，使果蔬呈味和呈色。

（二）蔬菜组织的种类

植物组织是由形态结构相似、功能相同的一种或数种类型的细胞组合成的结构和功能单位，也是植物器官的基本组成结构单位。

1. 分生组织

种子植物中具分裂能力的细胞限制在植物体的某些部位（根、茎先端），这些部位的细胞在其一生中始终保持强烈的分裂能力，一方面不断增加新细胞到植物体，另一方面自己继续“永存”下去。

2. 保护组织

保护组织是指覆盖于植物体表起保护作用的组织，包括表皮和周皮。表皮一般只有一层细胞组成，但是其具有不同特征和功能。周皮是取代表皮的次生组织，存在于有加粗生长的根和茎表面。

3. 薄壁组织

薄壁组织又称营养组织，是一类具有薄初生壁，较不分化的成熟组织，且具有很强的分生潜力。薄壁组织是进行各种代谢活动的主要组织。按功能不同，可分为吸收组织、同化组织、储藏组织、传递细胞和通气组织。

4. 机械组织

机械组织在植物体内主要起支持和稳固作用。根据细胞形态、细胞壁加厚程度和加厚方式不同，分为如下两种。

（1）厚角组织。细胞壁具有不均匀的增厚，且是初生壁性质，壁的增厚通常在几个细胞邻接处的角隅上特别明显。除了纤维素外，还含有大量的果胶和半纤维素，没有木质。

（2）厚壁组织。细胞具有均匀增厚的次生壁，并且常常木质化。根据细胞的形态，分为石细胞和纤维。

5. 输导组织

植物体中担负物质长途运输的主要组织，细胞呈现长管状，相互贯通成为统一的整体。又根据组织的结构和运输物质的不同，可分为输送水分和无机盐的导管和管胞，以及运输有机同化物的筛管与筛胞两类。南瓜茎导管类型如图2-3所示。

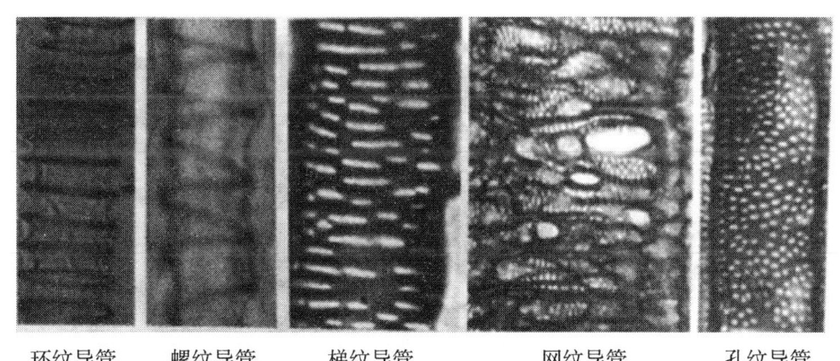

图2-3　南瓜茎导管类型

（摘自《普通植物学》，金银根主编，2012）

（三）蔬菜细胞的化学组成

蔬菜细胞的化学组成一般由水和干物质两部分组成，干物质又可分为水溶性物质和非水溶性物质两大类。其中，水溶性物质也叫可溶性固形物，易溶于水，组成植物体的汁液部分，影响果蔬的风味，如糖、果胶、有机酸、单宁和一些能溶于水的矿物质、色素、维生素、含氮物质等。非水溶性物质是组成果蔬固体部分的物质，包括纤维素、半纤维素、原果胶、淀粉、脂肪以及部分维生素、色素、含氮物质、矿物质和有机盐类等。

蔬菜质地物质主要由水分、果胶物质和纤维素、半纤维素组成。

1. 水分

水分是蔬菜中含量较多的一种成分，蔬菜的含水量很高，大多数蔬菜的含水量为80%～95%，少数蔬菜如黄瓜、西瓜等含水量高到96%，甚至98%。

蔬菜中水分有游离水和结合水两种形态。游离水又称为自由水，约占蔬菜水分的80%，它与胶体颗粒距离较远，并可自由移动，溶解糖、酸等多种物质，在腌渍过程中容易被排出，也是蔬菜萎蔫的根本原因。游离水含量高，新陈代谢旺盛，例如蔬菜新鲜、柔嫩组织、花、叶、膨大的茎等。结合水又称为束缚水，它与胶体颗粒紧密吸附，流动性差，腌渍也不会排出。因此，水分影响蔬菜的新鲜度、脆度和口感，与蔬菜的风味品质密切相关。

2. 果胶物质

果胶物质主要以原果胶、果胶和果胶酸3种形式存在，这3种形式具有不同的特性，影响着果蔬的感官和加工特性。果胶类物质是构成细胞初生壁和中胶层的主要成分，起着将细胞黏合在一起的作用，在未成熟的果蔬中，果胶和纤维素结合，以原果胶的形式存在于果蔬组织中，原果胶是一种非可溶性的多糖，它能够使果蔬组织坚实而脆硬，随着果蔬成熟度的增加，原果胶与纤维素逐渐分离，形成可溶性的果胶，使组织硬度下降，质地松弛软化，果胶类物质的含量与果蔬质地密切相关。

3. 纤维素、半纤维素

纤维素、半纤维素是植物的骨架物质，细胞壁的主要构成部分，对细胞起支持和保护的作用。它们的含量与存在状态决定着细胞壁的弹性和可塑性。果蔬中的纤维素含量和类型对其品质和贮藏性有重要影响，如一些果蔬成熟衰老时纤维化程度加剧，并且和木质素、角质等物质结合，使植物组织坚硬粗糙，品质下降。粗纤维中纤维素是主要成分，也含有多聚戊糖、半纤维素及含氮物质，它们在组织中的含量高低对果蔬的品质有较大的影响。许多研究发现，半纤维素和纤维素的含量变化与果蔬质地软化程度密切相关。

此外，淀粉和多酚类物质也是影响马铃薯、芋、山药等蔬菜质地的重要组成物质。淀粉是高等植物中常见的组分，是植物体中最丰富和最重要的储备多糖，多以不同形状的颗粒存在于植物的细胞中，是绿色植物贮存能源的主要形式，也是人类能量的主要来源。淀粉根据葡萄糖分子的连接方式不同而分为支链淀粉和直链淀粉。通常淀粉的品质特性包括颗粒特性、糊化特性、凝胶特性及老化特性4个方面。

多酚类物质是植物体内的次生代谢产物，易与酚酶作用发生酶促褐变，使色泽改变。莲藕中含有大量的酚类物质，所以莲藕去皮或切分后易发生酶促褐变，大大降低了产品的质量。许多研究者发现果蔬褐变与多酚类物质的含量密切相关。果蔬中酚类物质的种类和含量差异较大，且褐变过程中起关键作用的多酚类物质也各不相同。近年来相关研究发现植物多酚具有良好的抗氧化能力。多酚类物质以酚羟基作为氢供体，对超氧自由基有清除作用，抑制了自由基的产生，且能螯合金属离子，使金属离子对氧化反应的催化作用减弱，所以多酚类物质具有降血脂、血压、抗菌消炎、防治心血管疾病等多种功效，除此之外，还有清除人体自由基、抗衰老、辐射、癌变等重要的药理功效。

第二节　蔬菜的风味与营养

一、蔬菜的风味

风味的概念是1986年Hall提出来的，是指摄入口腔的食物使人的感觉器官，包括味觉、嗅觉、触觉和温觉等器官，所产生的感觉印象，即食物客观性使人产生的感觉印象的总和。蔬菜是人人离不开，天天少不了，顿顿都需要的食物。蔬菜的风味是指蔬菜入口后给予口腔的触、温、味和嗅的综合感觉，如番茄品尝时是否肉质脆绵、果汁甜酸适口；黄瓜是否脆嫩多汁、清香扑鼻等。

不同品种的蔬菜香味差异较大，蔬菜的香味可以客观反映其成熟程度和风味特点，是评价蔬菜风味品质的重要指标。蔬菜中的风味物质是由不同挥发性成分组成的混合物，主要包括酯类、醛类、酮类、醇类、萜烯类以及含硫化合物等，蔬菜散发出的香味是由其中含有的各种具有芳香气味的化学物质共同作用的结果。

（一）甜味

糖及衍生物糖醇类物质是构成蔬菜甜味的主要物质，一些氨基酸、胺类等非糖物质也具有甜味。不同蔬菜种类的含糖量差异很大，番茄、胡萝卜、甜椒含糖量较高，其他蔬菜含糖量很低。蔬菜中含糖量较果品少，一般的果菜，随着逐渐成熟含糖量日益增加。而块茎、块根类蔬菜，成熟度越高，含糖量越低。如胡萝卜含有葡萄糖900mg/100g、果糖900mg/100g、蔗糖4.2g/100g；番茄含有葡萄糖1.1g/100g、果糖1.3g/100g；结球甘蓝含有葡萄糖1.6g/100g、果糖1.2g/100g、蔗糖200mg/100g。

如今，蔬菜逐渐被加入冰淇淋和早餐谷物等甜味品类中。消费者认知当中的甜味食品成了蔬菜新的舞台。早餐谷物、酸奶和甜点等许多品类通常采用甜的水果风味，但也有一些例外，比如胡萝卜蛋糕和南瓜派一直颇受欢迎。可直到现在，此类产品很少把蔬菜作为主要原料或口味类型。只有少数甜品，比如南瓜或甜玉米冰淇淋中会使用蔬菜。一般来讲，果汁通常由甜的水果制成（胡萝卜汁和番茄汁除外），但随着蔬菜的使用增多，出现了混合果蔬汁或纯蔬菜汁。

（二）酸味

有机酸是蔬菜的酸味物质，主要存在于液泡中。与水果相比，蔬菜中有机酸含量相对较少。水果中的有机酸以柠檬酸、苹果酸、酒石酸含量较高，故又称为果酸。而蔬菜中所含有机酸主要为柠檬酸、苹果酸、酒石酸、草酸以及其他的呼吸作用的中间产物（表2-3），其特点是常以1～2种为主，如番茄主要含柠檬酸和苹果酸，菠菜主要含草酸、苹果酸和柠檬酸，竹笋、甘薯主要含草酸等。此外，蔬菜依种类、品种、成熟度和组织部位不同其有机酸的种类及含量也不尽相同。如：未熟番茄中含微量草酸，正常成熟的番茄以苹果酸和柠檬酸为主，过熟软化的番茄中苹果酸和柠檬酸降低，而且有琥珀酸形成。菠菜幼嫩叶中含有苹果酸、柠檬酸等，老叶中含有草酸。

蔬菜的酸味与有机酸的浓度有一定的关系，但也不是呈线性正相关。它还取决于糖的含量（即糖酸比）、单宁物质、游离氢离子浓度、酸的种类以及缓冲物质的特性。只有糖酸比合适的蔬菜制品风味才佳。蔬菜加热后，经常出现酸味加重的现象，这是因为氢离子的离解度随温度的升高而增大，而起缓冲作用的蔬菜组织内的蛋白质和各种缓冲物质因高温凝固，失去了缓冲作用的缘故。

表2-3 常见蔬菜含有的有机酸种类

名称	有机酸种类
菠菜	草酸、苹果酸、柠檬酸
甘蓝	柠檬酸、苹果酸、琥珀酸、草酸
石刁柏	柠檬酸、苹果酸
莴苣	苹果酸、柠檬酸、草酸
甜菜叶	草酸、柠檬酸、苹果酸
番茄	柠檬酸、苹果酸
甜瓜	柠檬酸
甘薯	草酸

（摘自《园艺产品贮藏加工学》，郝利平主编，2008）

（三）涩味

涩味的产生是由于单宁或多酚物质使唾液中蛋白质发生沉降，使得口腔上皮细胞得不到唾液润滑而干燥、粗糙和皱缩的一种现象。绝大部分蔬菜含有多酚物质，主要为单宁，它是一大类具有儿茶酚及黄酮醇和黄烷酮醇结构的物质，普遍存在于未成熟的蔬菜中，果皮部的含量多于果肉。不同种类的蔬菜所含单宁物质结构不同，单宁则是这些物质以各种形式聚合而成的大分子物质。单宁具有涩味，在成熟过程中，经过一系列的氧化或与酮、醛等反应，涩味消失。

一般蔬菜中单宁物质含量较少，但是其收敛味对蔬菜风味影响很大。如单宁与合适的糖酸共存时，可有非常良好的风味。但单宁含量过多则会使风味过涩，如：莲藕在鲜食时因水溶性的单宁存在而有涩味。除此之外，蔬菜中涩味还可以由草酸、香豆素类、奎宁酸等所引起，如菠菜、大黄、竹笋等。

（四）苦味

苦味是一种常见的味感，通常人们较为拒绝苦味食物，但在调味和生理功能上苦味不可缺少。当其与甜、酸或其他味感调节得当时，能起到改进和丰富食品风味的特殊作用。例如被人们青睐的莲子、苦瓜等。苦味成分主要为有机物以及某些钙、镁、铵等无机盐类苦味物质，尤其是植物性多酚、萜类和糖苷类、苦味肽类和某些呈苦味氨基酸。

苦瓜、黄瓜、莴苣是常见的带有苦味的蔬菜。苦瓜中因为含有苦瓜皂苷元和苦瓜皂苷这两种葫芦烷型三萜类化合物而具有苦味。黄瓜含有的苦味物质为葫芦素C。莴苣叶片和茎部折断时会出现乳白色汁液，含有一种芳香烃羟化酯，又称为莴亚油的莴苣苦素，味苦，且具有防止癌细胞形成的作用。研究发现莴苣中的苦味物质是莴苣苦素、8-脱氧莴苣苦素和山莴苣苦素等的混合物。

此外，许多十字花科蔬菜，如叶用芥菜、茎用芥菜、根用芥菜中含有苦味的芥子苷。萝卜肉质根中苦味素积累过多会造成萝卜出现苦味。苦味素是一种含氮的碱性苦味化合物。苦味发生的原因多是萝卜生长期间天气炎热，或偏施氮素化肥而磷钾肥不足，致使萝卜肉质根内一种含氮的碱性化合物——苦味素含量过高，使萝卜产生苦味，苦味的产生也与品种有关。此外，人粪尿、尿素或硝酸铵等施用过晚，也会使肉质根的品质变劣，产生苦味。

（五）鲜味

鲜味成分自身具有鲜味特性，目前已知的鲜味成分主要为有机酸类、有机碱类、游离氨基酸及其盐类、核苷酸及其盐类、肽类等。具有呈鲜作用的有机酸主要是琥珀酸钠，其是贝类呈味的重要鲜味物质，多存在于贝类等海产品中，在香菇中也存在。

有机碱具有呈鲜作用，有机碱的典型代表是甜菜碱和氧化三甲胺。甜菜碱在动、植物和微生物中存在较为广泛，不仅可以提高饮料的鲜味，还可与谷氨酸钠、谷氨酸联氨、次黄嘌呤核苷酸、琥珀酸等呈味物质共同作用使海产品呈现特有的鲜味。

谷氨酸与天门冬氨酸是两种主要的呈鲜味游离氨基酸，均属于谷氨酸钠型鲜味物质。众多研究表明，食物中的游离谷氨酸及天门冬氨酸含量是影响食物特征性风味的主要因素。蔬菜中，常见的具有良好鲜味特性的食物中游离谷氨酸及天门冬氨酸含量以菌类蔬菜居多。黄金针菇含有谷氨酸682mg/100g、天门冬氨酸24mg/100g；杏鲍菇含有谷氨酸325mg/100g、天门冬氨酸71mg/100g。

核苷酸类鲜味剂在食品鲜味的呈鲜方面具有重要贡献，其属于芳香杂环化合物，结构上具有空间专一性。目前已发现的具有鲜味特性的核苷酸及其衍生物有30多种，以5′–肌苷酸（5′–

IMP）、5′-鸟苷酸（5′-GMP）和5′-腺苷酸（AMP）为代表。此外，还有5′-黄苷酸二钠（XMP）、5′-单磷酸尿苷二钠（UMP）和5′-单磷酸胞苷二钠（CMP）。UMP和CMP因本身鲜味不强，仅能与谷氨酸钠协同，从而起到助鲜的作用。IMP则对食用菌、水产品的鲜味有重要贡献。

常见蔬菜中，莲藕中除淀粉外，还含有氨基酸和L-谷氨酸钠、5′-鸟苷酸（GMP）、5′-肌苷酸（IMP）、腺苷酸（AMP）等鲜味物质。因此莲藕味道鲜美，常被人们用于炖汤、凉拌，制成各式菜肴。相关研究认为，瓠瓜中游离谷氨酸含量与其鲜味密切相关，因此谷氨酸含量可以作为鉴定瓠瓜鲜味的间接度量指标。

（六）辣味

蔬菜总的香辛成分大部分都是微量的挥发性物质，又称为精油或挥发油，一般蔬菜含量通常在0.01%以下，如萝卜含有0.03%～0.06%、大蒜含0.005%～0.009%、洋葱含有0.03%～0.06%、芹菜含有0.1%，构成了各种蔬菜的辛香，其精油主要成分为醇、酯、醛、酮、烃、醚、含硫化合物等。大多数的香辛物质有明显的杀菌性能。

辛辣成分复杂，不同蔬菜含有辛辣成分不同，姜含姜酮、姜脑、姜酚、姜醇、姜辣素；蒜和葱含硫醚类化合物，主要成分为二烯丙基二硫化物、二正丙基硫化物等。它们煮熟后，二硫化物被还原为硫醇，味道由辛辣变成了甜味。胡椒含有挥发油、胡椒碱、胡椒脂碱等物质，呈现一定辛辣味。许多十字花科蔬菜中含有的苦味芥子苷，在水解时产生葡萄糖及芥子油，具有特殊的辛辣味和香气。甘蓝、萝卜、花椰菜等蔬菜中还含有一种胡椒似的辛辣成分，S-甲基半胱氨酸亚砜。红辣椒中的辣椒素和二氢辣椒素是主要的辣味成分。

（七）其他风味

叶菜类中的叶醇有青草味，黄瓜中的壬二烯-2.6醛、壬烯-2醛等亦有青臭味，番茄的芳香大约由30种成分构成，其中以乙醇、甲醛、α-酯酸、丙酯较多，芹菜中含有瑟丹内酯、β-巯基异丁酸等，胡萝卜中含有软脂酸、异乙酸酯、甲酸酯，乙酸牻牛儿酯等，均表现不同风味。此外，近年来，鱼腥草又名臭猪菜、折耳根等，逐渐走上了人们的餐桌，成为人们日常生活中最常见的食材。鱼腥草含有挥发油、鱼腥草素，因而具有浓郁的鱼腥味。

（八）蔬菜的香气

随着生活水平的提高，人们对蔬菜产品的质量要求也日益提高，不仅要求外观美、风味佳、农药及有害物质残留低，而且要求其具有丰富、均衡的营养成分和较高的保健价值。优质蔬菜应该是色、香、味、营养俱佳，而挥发性成分往往是它们香味的来源。虽然蔬菜中的香气成分含量甚微，占蔬菜鲜重的0.001%～0.01%，但对其风味却起着很重要的作用。

蔬菜中的风味物质是由不同挥发性成分组成的混合物，主要包括酯类、醛类、酮类、醇类、萜烯类以及含硫化合物等，蔬菜散发出的香味是由其中含有的各种具有芳香气味的化学物质共同作用的结果。

我们把含有特殊芳香或辛香物质的一类蔬菜称为香料蔬菜，是这类蔬菜可用于各类食品中的加香调味，能赋予食物以香辛、辣等风味，并有增进食欲的作用。传统食用的香料蔬菜有紫苏叶、薄荷叶、茴香、香草、芫荽以及作为调料的葱、姜、蒜、花椒、八角、桂皮等。这些或直接作为蔬菜食用，或利用其根、茎、果实烘干、制粉作为调料，都极大地丰富了中国人的口味，影响了中国人的饮食习惯。

1. 芫荽

别名香菜、香荽，一二年生草本蔬菜，是有名的香味蔬菜之一。状似芹，叶小且嫩，茎纤细，味香，是汤、饮中的作料，多用作凉拌菜作料，或在烫料中提味。现大部地区都有种植。

芫荽性温、味辛，具有芳香健胃、驱风解表、利大便、利尿之功效，用于风寒初起或麻疹，也可消食下气，食积气滞、脘腹冷痛者宜食之。由于芫荽中含有挥发油，能祛除肉类的腥膻味，因而在食用鸡肉、鸭肉、鱼肉、羊肉、猪肉时，适量配些香菜可去腥。

2. 草果

常绿丛生草本植物，高2～2.5m，全株有辛辣味，有特异香气，味辛、微苦，是一种调味香料。

果实成熟呈红褐色时采收，晒干或烘干，或用沸水烫2～3min后，再晒干或烘干。草果的香辛成分主要为挥发油。此外，尚含有香叶醇和草果酮。阴虚血少者禁服。草果味辛，性温；归脾、胃经；具有燥湿温中、辟秽截疟的功效。可用于调制精卤水和烹制肉类、菜肴等以增香。

3. 小茴香

别名茴香子、野茴香、孜然、安息茴香、茴香芹等。一二年生草本香料植物，是常用的调料，它的茎叶部分也具有香气，常被用来作包子、饺子等食品的馅料。原产地中海地区，全世界约有4种，我国各地均有栽培。秋季果实初熟时采割植株，晒干，打下果实，除去杂质。

小茴香有去蝇辟臭的功效，其根、茎、叶、种子皆可食用，也可直接入药，茎叶是一种特殊香菜，是制造香烟的上好原料。小茴香所含的主要成分是茴香油，能刺激胃肠神经、血管，促进消化液分泌，增加胃肠蠕动，有健胃、行气、利胆、抗溃疡和抗菌的功效。另外，小茴香挥发油对肿瘤细胞有较强抑制作用，小茴香中提取的植物聚多糖有抗肿瘤作用，二聚茴香脑还有雌激素样作用。

4. 孜然

一年生或二年生草本，高20～40cm，全株光滑无毛。花瓣粉红或白色，长圆形，花期4月，果期5月。主要分布于印度、伊朗、土耳其、中国等。孜然是制作咖喱粉的重要原料，印度是世界第一孜然大国，孜然为调味品，适宜肉类烹调，也可以作为香料使用。孜然的果实可入药，用于治疗消化不良和胃寒腹痛等症。

孜然有醒脑通脉、降火平肝、祛寒除湿、理气开胃、祛风止痛的功效，对消化不良、胃寒疼痛、肾虚便频、月经不调均有疗效。孜然还有一定的抑制脂质过氧化的作用，对食品具有防腐作用，可用于食品防腐。此外，孜然可用于加工牛羊肉，可以去腥解腻，并能令其肉质更加鲜美芳香，增加人的食欲。用孜然调味，用量不宜过多。孜然性热，所以夏季应少食。便秘或患有痔疾者应少食或不食。

5. 白芷

除一些地区有栽培外，一般生于林下、林缘、溪旁、灌丛和山谷草地。有特殊香味，经常作调料使用。白芷具有祛风散寒、活血排脓、燥湿止带、降血压等保健食疗作用。

6. 香茅草

别名包茅、芸香草，为多年生草本。秆较细弱，丛生，直立，近无毛，节部膨大。其利用以叶片为主，可作香料使用。

香茅草因其具有柠檬香味，又叫柠檬香茅。有消毒、杀菌与治疗神经痛、肌肉痛的效果，因而被誉为“消痛剑客”。用它泡茶喝，可提高消化机能，达健胃消脂之功，也可治疗腹泻、感冒及发热、头痛等不适。此外，对于女性也有利尿、防止贫血及润肤等功效，是女性养颜美容不可或缺的香草。

7. 芥末

芥末分两种：一种是中国的黄芥末，起源于我国，是芥菜的种子研磨而成，呈黄色，微苦，是一种常见的辛辣调料，多用于凉拌菜。除调味外，民间还内服黄芥末治疗呕吐、脐下绞痛，外敷治疗关节炎等；另一种是绿芥末，起源于日本，由山葵或者辣根研磨而成，呈绿色，其辛辣气味强于黄芥末，且有一种独特的香气，多用于日本料理。

（1）芥菜。芥菜是一年生或二年生草本蔬菜，是我国著名的特产蔬菜，全国各地栽培。欧美各国极少栽培。芥菜含有维生素A、B族维生素、维生素C和维生素D，有提神醒脑、解除疲劳的作用。芥水煎服，治疗慢性支气管炎、咳嗽、痰多气喘。

（2）山葵。山葵是香辛料蔬菜，根、茎、叶都可以食用。为了不让它的香气太早挥发，应该在食用前才研磨。山葵具有祛脂降压、解毒、调经、消食、预防蛀牙、治疗风湿性疾病等功效。

（3）辣根。辣根，又名马萝卜，多年生草本宿根耐寒植物。原产欧洲东部和土耳其，已有2 000多年的栽培历史。中国青岛、上海郊区栽培较早，其他城郊或蔬菜加工基地有少量栽培。其根有辛辣味，作调味品或食用；植株可作饲料。中国自古药用，有利尿、兴奋神经之功效，还具有较强的抗癌效果。

8. 姜

也称“生姜”，多年生草本植物。姜原产于中国，可一种二收，早秋收嫩姜，深秋收老姜。根茎鲜品或干品可以作为调味品。姜与葱、蒜并称为“三大作料”。生姜还是一味重要的中药材，也是对心血管系统有益的保健品。姜汁亦可用来制成甜食，如姜糖、姜母茶等。

生姜含有多种营养成分，每百克含蛋白质1.4g、脂肪0.7g、碳水化合物8.5g，以及钙、磷、铁和各种维生素。另外，生姜还含有挥发油、姜辣素、树脂等多种成分。其挥发油的主要成分是姜醇、姜烯、水芹烯、柠檬醛、芳香醇等。生姜作为调料，辛辣芳香。

9. 大蒜

多年生草本植物，地下鳞茎分瓣，辛辣，有刺激性气味，可食用或供调味，亦可入药。大蒜品种很多，按照鳞茎外皮的色泽可分为紫皮蒜和白皮蒜两种。紫皮蒜的蒜瓣少而大，辛辣味浓，产量高，耐寒力弱，多在春季播种；白皮蒜有大瓣和小瓣两种，辛辣味较淡，比紫皮蒜耐寒，多在秋季播种。

大蒜自古就被当作天然杀菌剂，有“天然抗生素”之称，它没有任何副作用，是人体血液循环及神经系统的天然强健剂。

10. 大葱

又称菜伯、和事草等。中国是栽培大葱的主要国家，分布广。大葱，因植株高大而得名。大葱分为长葱白、短葱白两种类型。长葱白品种有高脚白、三叶齐、章丘大梧桐等，短葱白品种有分葱、寒兴葱、细香葱等。

大葱所含果胶，可明显减少结肠癌的发生，葱内的蒜辣素也可以抑制癌细胞的生长。大葱中所含大蒜素，具有明显抵御细菌、病毒的作用，尤其对痢疾杆菌和皮肤真菌抑制作用更强。大葱还有刺激机体消化液分泌的作用，能够健脾开胃，增进食欲。大葱的挥发油等有效成分，具有刺激身体汗腺，达到发汗散热之作用；葱油刺激上呼吸道，使黏痰易于咳出。

11. 辣椒

又叫海椒、辣子等，为一年或有限多年生草本植物。果实通常呈圆锥形或长圆形，未成熟时呈绿色，成熟后变成鲜红色、黄色或紫色，以红色最为常见。辣椒的果实因果皮含有辣椒素而有辣味。主要供食用和作调味品，也可以入药。辣椒中维生素C的含量在蔬菜中居第一位。

辣椒是一种很好的食物和调味品，它具有众多的保健功效，如改善心脏功能、健胃助消化、预防胆结石、降血糖等功效，为众人所喜爱。

12. 洋葱

二年生草本植物，在我国分布广，南北各地均有栽培，而且种植面积还在不断扩大，是目前我国主栽蔬菜之一。

洋葱因含有硒、硫化物、谷胱甘肽等，具有较强的抗氧化作用，可使肝脏的解毒酵素充分发挥作用。洋葱可促进肠蠕动，有效改善便秘，还具有降血糖的作用，又不会引起低血糖，是安全又有效的健康食品。

13. 薄荷

别名野薄荷、接骨草、鱼香草等，多年生草本植物，多生于山野湿地河旁，根茎横生地下。全株气味芳香，叶对生，花小淡紫色，唇形，花后结暗紫棕色的小粒果。

薄荷幼嫩茎尖可作菜食用，全草又可入药，治感冒发热喉痛、头痛、目赤痛等症。薄荷含有薄荷醇，可清新口气并具有多种药性，可缓解腹痛，还具有防腐、杀菌、利尿、化痰、健胃和助消化等功效。大量食用薄荷可导致失眠，但小剂量食用却有助于睡眠。

14. 紫苏

又名红苏、香苏等，一年生草本蔬菜，耐高温高湿。北方夏季炎热时生长良好，温度低生长慢。紫苏在适宜的季节栽培非常容易成活，抗性强，病虫害很少发生。整个生长期不用施用农药，是天然的绿色食品。

紫苏叶是一种药食两用的佳品。中医认为，紫苏叶性味辛温，归肺、脾经，具有发表散寒、行气宽中、解鱼蟹毒的功效。现代医学研究发现，食用紫苏叶还具有止牙龈出血、治疗失眠以及慢性支气管炎等功效。

15. 啤酒花

别名酵母花、酒花、蛇麻，一种多年生草本蔓性植物，雌雄异株，酿造所用的均为雌花。

啤酒花味苦，性微凉，无毒，可健胃消食、利尿安神，治消化不良、腹胀、水肿、膀胱炎、肺结核、失眠。

16. 甘草

又叫甜草、甜根子，多年生草本。喜阴暗潮湿，日照长气温低的干燥气候。甘草多生长在干旱、半干旱的荒漠草原、沙漠边缘和黄土丘陵地带。

甘草味甘、性平。可清热解毒，除了药用外，日常生活中，人们还常常将甘草作为调味品，做出各种美味的佳肴。甘草副作用并不大，但长时间服甘草，可引起水肿，令血压升高、血钾减少，并出现脘腹胀满、纳呆等消化障碍。

17. 香椿

又名香椿芽、香桩头、大红椿树、椿天等。它含有樟脑、龙脑、丁香稀、雪松醇等挥发性物质，形成了一种十分独特的味道。除此之外，它还富含维生素E，以及黄酮、皂苷、酚类等生物活性成分，其主要化学成分为黄酮类化合物。

传统医学认为香椿性平、味辛、苦，归脾、胃经，具有解毒杀虫、祛暑化湿之效。且食用香椿能促进人体内新陈代谢的速率，帮助我们排出身体的毒素。

二、蔬菜的营养

蔬菜是人类膳食的重要组成部分和每天不可缺少的生活必需品（图2-4）。从营养学的角度，人体的正常生长发育和正常的生理功能需要各种营养物质。其中食物中肉类、乳类及蛋品等动物性食物为人体提供了蛋白质和脂肪，粮食等植物性食物为人体提供碳水化合物和热能，而蔬菜则为人体提供了维生素、矿物质等多种营养物质（表2-4）。因此，蔬菜在维持人体正常生命活动和促进健康方面具有非常重要的作用。概括来讲，蔬菜的营养主要由以下几类组成。

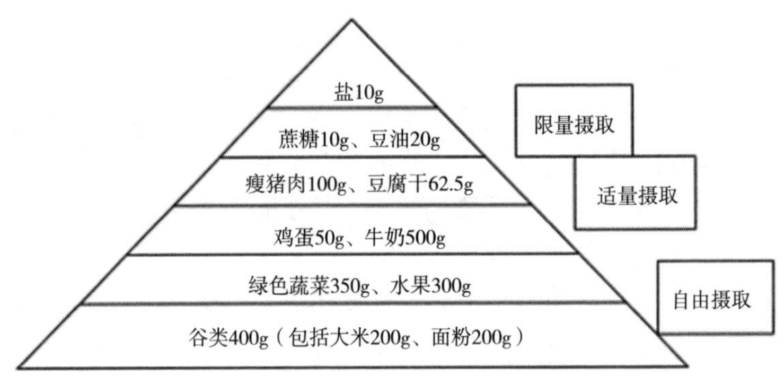

图2-4　我国每人每日食物结构及标准

（摘自《蔬菜营养与品质》，王正银主编，2009）

表2-4　不同类型蔬菜的营养素平均含量（可使用部分100g）

蔬菜类别	水分（%）	热量（kcal）	蛋白质（g）	粗纤维（g）	钙（mg）	磷（mg）	铁（mg）	胡萝卜（mg）	维生素B_1（mg）	维生素B_2（mg）	尼克酸（mg）	维生素（mg）
豆类	83.3	64.5	6.4	1.1	54.0	105.5	1.9	0.26	0.21	0.11	1.40	12.60

（续表）

蔬菜类别	水分（%）	热量（kcal）	蛋白质（g）	粗纤维（g）	钙（mg）	磷（mg）	铁（mg）	胡萝卜（mg）	维生素B_1（mg）	维生素B_2（mg）	尼克酸（mg）	维生素（mg）
叶菜类	91.9	25.8	2.3	1.3	110.1	42.1	2.6	1.88	0.06	0.11	0.66	36.45
肉质根茎类	86.0	47.2	1.6	0.8	28.0	41.2	1.0	0.49	0.06	0.04	0.45	15.87
花薹类	93.1	21.6	2.0	0.8	76.6	49.8	0.9	1.15	0.05	0.09	0.72	66.20
瓜果类	94.2	19.9	1.0	0.7	16.8	21.2	0.5	0.38	0.03	0.03	0.41	34.90

（摘自《蔬菜营养与品质》，王正银主编，2009）

（一）水分

水分是蔬菜中含量较多的一种成分，它直接影响蔬菜的新鲜度、脆度和口感，与蔬菜的风味品质密切相关。含水量是衡量蔬菜新鲜程度的重要指标，一般新鲜蔬菜水分含量为65%～96%。然而，蔬菜的水分含量并不是固定不变的，随着蔬菜种类、生长发育阶段、器官组织以及外界环境条件而变化。不同种类蔬菜，其含水量差异较大，如大白菜含水量约为95.6%，黄瓜为96.9%，番茄为95.9%，洋葱为88.3%，山药为82.6%，马铃薯为79.9%，荸荠为74.5%，慈姑为66.0%。

当蔬菜含水量较高时，细胞膨压大，组织饱满脆嫩，蔬菜品质和商品价值高。当蔬菜中水分含量较低时，蔬菜组织的细胞膨压减小，蔬菜萎蔫，品质和新鲜度均降低。而且多数蔬菜一旦失水，难以补充再恢复新鲜状态。蔬菜新鲜多汁，生理代谢非常旺盛，物质消耗快，容易衰老败坏，同时含水量较高，为微生物活动提供有利条件，蔬菜容易腐烂变质，不耐贮运。

（二）蛋白质

蛋白质是由许多氨基酸组成，食物蛋白最终的价值在于其氨基酸的构成。新鲜蔬菜一般都含有蛋白质，但其含量一般较低，通常在3%以下。其中豆类蔬菜、菌类和深绿色蔬菜中蛋白质含量相对较高，如鲜豇豆蛋白质含量为2.9%，金针菇为2.4%，苋菜为2.8%。而瓜类蔬菜蛋白质含量较低。

蔬菜蛋白质质量较佳，如菠菜、豌豆苗、豇豆、韭菜等的限制性氨基酸均是含硫氨基酸，赖氨酸则比较丰富，可与谷类提供的蛋白质营养互补。菌类蔬菜赖氨酸含量也较高，蛋白质含量通常可达2%以上。如果我们每天摄入400g纯绿叶蔬菜，则可获得至少6g蛋白质；如果每天摄入400g纯绿叶蔬菜、豆类蔬菜和菌类蔬菜，则可获得至少8g蛋白质（按照2%蛋白质计算），占每日需要量的13%，是不容忽视的蛋白质来源。

此外，蔬菜中还含有一些非蛋白质氨基酸，其中有的是蔬菜风味物质的重要组成成分，如洋葱的洋葱风味是由S-烷基半胱氨酸亚砜决定的，大蒜的大蒜味是由蒜氨酸决定的。

（三）脂肪

脂肪是指含碳、氢、氧三种元素，由甘油和脂肪酸组成的三酰甘油酯，其中甘油的分子比较简单，而脂肪酸的种类和链的长短却大不相同。脂肪酸主要分为饱和脂肪酸、单不饱和脂肪酸、多不饱和脂肪酸三大类。脂肪可溶于多数有机溶剂，而不溶于水，是一种或一种以上脂肪酸的甘油酯。

大部分蔬菜均能检测到脂肪，如四季豆含有0.2%、扁豆含有2.8%、豇豆含有0.2%、马铃薯含有0.1%、芋头含有0.1%、胡萝卜含有0.3%、竹笋含有0.2%、大白菜含有0.2%、雪里蕻含有

0.6%、菠菜含有0.5%、茼蒿含有0.3%、茴香含有0.3%、芫荽含有0.3%、芹菜茎含有0.3%、芹菜叶含有0.8%、韭菜含有0.6%、大葱含有0.3%、香椿含有0.4%、花椰菜含有0.4%、黄瓜含有0.2%、苦瓜含有0.2%、番茄含有0.3%。

（四）碳水化合物

碳水化合物又分为单糖、双糖、多糖。单糖是碳水化合物的最简单结构单位，由六个碳链构成，也叫六碳糖。重要的单糖有葡萄糖、果糖和半乳糖3种。双糖是由两个单糖分子组成的，最常见的双糖是蔗糖。狭义上蔬菜中碳水化合物是指单糖和双糖等可溶性糖。

大部分蔬菜的碳水化合物含量较低，仅为1%～6%。不同蔬菜含糖量差异较大。部分蔬菜中含有蔗糖、葡萄糖，而且糖含量因蔬菜种类、品种、发育阶段不同而差异较大。一些常见蔬菜，如结球甘蓝中含有葡萄糖1.6%、果糖1.2%，蔗糖0.2%，胡萝卜中含有葡萄糖0.9%、果糖0.9%、蔗糖4.2%，洋葱含有葡萄糖2.1%、果糖1.1%、蔗糖0.9%，马铃薯含有葡萄糖1%、果糖1.3%、蔗糖1.7%，南瓜含有葡萄糖1%、果糖1.2%、蔗糖1.6%，番茄含有葡萄糖1.1%、果糖1.3%。与水果相比，蔬菜中含糖量较低。块茎蔬菜、块根蔬菜成熟度越高，含糖量越低。

（五）维生素

蔬菜是人体摄取维生素的重要食物来源。最新的研究表明，蔬菜中含有人体所需要的所有种类的维生素，如维生素A、维生素B_1、维生素B_2、维生素B_3、维生素B_6、维生素B_{12}、维生素C、维生素D、维生素E、维生素K、生物素、叶酸等。大多数维生素在人体内不能自身合成，须靠食物供给，粮食只能提供维生素B_1、维生素B_2，而人体必需的大量的维生素C、维生素B_6、维生素B_{12}以及能在体内转化为维生素A的胡萝卜素则需要蔬菜供给。

蔬菜中胡萝卜素的含量与颜色显著相关。深绿色叶菜和橙黄色蔬菜中胡萝卜素含量最高，每100g中含量达2~8mg（表2-5）。例如，每100g西兰花（青花菜）含胡萝卜素7.2mg，芥蓝含有3.5mg，甘薯叶含有5.9mg，胡萝卜为4.1mg。而浅色蔬菜中胡萝卜素含量较低，如100g冬瓜中仅含胡萝卜素0.08mg。此外，蔬菜中还含有其他不能转变为维生素A的类胡萝卜素，如番茄红素、玉米黄素等，也具有重要的健康意义。

蔬菜中维生素C含量与颜色无关，每100g中含量在10~90mg。维生素C含量较高的蔬菜有青椒和辣椒、番茄、白菜、黄花菜、韭菜、结球甘蓝、荠菜、芥蓝、乌塌菜、紫菜、叶用芥、花椰菜、西兰花、落葵、菜苜蓿、苦瓜等。

另外，蔬菜也是膳食中B族维生素的主要来源。菌类和海藻类蔬菜的维生素C含量不高，但硫胺素（维生素B_1）、核黄素（维生素B_2）等B族维生素的含量较高（表2-6）。例如，鲜草菇的维生素B_1和维生素B_2含量分别为0.08mg/100g和0.34mg/100g。

表2-5　部分蔬菜中维生素C和胡萝卜素含量（mg/100g）

蔬菜名称	维生素C	胡萝卜素
红胡萝卜	13	4.13
小红辣椒	144	1.39
西蓝花	51	7.21
白菜花	61	0.03
番茄	19	0.55
菠菜	32	2.92
绿苋菜	47	2.11

（续表）

蔬菜名称	维生素C	胡萝卜素
芥蓝	76	3.45
小白菜	28	1.68
黄瓜	9	0.09

（摘自《中国食物成分表2002》，杨月欣主编，2002）

表2-6 菌藻类蔬菜中的蛋白质和部分维生素含量（100g鲜重含量）

食物名称	蛋白质（g）	钾（mg）	维生素B_1（mg）	维生素B_2（mg）	维生素C（mg）
鲜草菇	2.7	179	0.08	0.34	—
鲜金针菇	2.4	97	0.15	0.19	2
双孢蘑菇	4.2	307	—	0.27	—
鲜平菇	1.9	258	0.06	0.16	4
鲜香菇	2.2	20	微量	0.08	1
鲜海带	1.2	246	0.02	0.15	—

（摘自《中国食物成分表2002》，杨月欣主编，2002）

蔬菜叶是膳食中维生素K的主要来源，其含量与叶绿素含量呈正相关，因此绿叶蔬菜是维生素K的最好来源。例如，菠菜中维生素K含量为380mg/100g，生菜为315mg/100g，圆白菜为145mg/100g，黄瓜为20mg/100g，而马铃薯为1mg/100g。相关研究认为，维生素K不仅具有凝血功能，而且在骨骼生长和更新中具有重要的作用。因此每日摄入绿叶蔬菜是维护骨骼健康的重要饮食措施之一。此外，蔬菜中还含有少量维生素E和维生素H。

（六）无机盐

无机盐是维持人体正常生理功能所必不可少的。无机盐不产生热量，但缺乏无机盐会引起各种疾病和症状。食物中比较容易缺乏的无机盐为钙、铁、碘、锌、硒等。而蔬菜中富含无机盐，对人体调节膳食酸碱平衡十分重要。蔬菜中钙、铁、磷、镁、钾等含量较多。很多蔬菜的含钙量一般比大田作物高出很多，如番茄含钙量一般比水稻高出10倍以上，达到80mg/100g。不少蔬菜中含钙量超过了100mg/100g，如油菜、油菜薹、苋菜、萝卜缨、落葵、茴香、芹菜等。绿叶蔬菜铁含量较高，含量在1～8mg/100g，如芫荽为5.6mg/100g，茼蒿为2.7mg/100g，菠菜为1.8mg/100g。而洋葱、丝瓜、茄子、毛豆、蚕豆、慈姑、黑木耳、香菇等含有较多的磷。

此外，部分菌类蔬菜富含锰、锌等微量元素。而一些蔬菜可富集某些微量元素，如大蒜中含有较多的硒，菠菜中含有较多的钼，卷心菜中含有较多的锰，豆类蔬菜则含有较多的锌。各种微量元素的含量受到土壤、肥料、气候等因素的强烈影响。施用微量元素肥料可以有效地改变蔬菜中的微量元素含量。

（七）纤维素

纤维素是多糖的一种，是由许多葡萄糖分子组成的。粗纤维是植物细胞壁的主要组成成分，它包括纤维素、半纤维素是动物消化系统或酶不易分解和吸收的物质。因人体缺乏能分解纤维素的酶，因此无法消化它，但这种残留物对促进人体肠道的蠕动有重要意义。

蔬菜中纤维素、半纤维素等膳食纤维含量较高，鲜豆类在1.5%～4.0%，叶菜类通常为1.0%～2.2%，瓜类较低，为0.2%～1.0%。纤维素主要分布于蔬菜皮层中，以粗纤维为例，四季豆中含有0.8%、扁豆含有1.4%、豇豆含有1.4%、马铃薯含有0.3%、胡萝卜含有0.8%、萝卜含有0.5%、大白菜含有0.7%、雪里蕻含有1%、菠菜含有0.7%、茴香含有0.8%、芫荽含有1.0%、韭菜含有1.1%、大葱含有0.5%、洋葱含有1.1%、香椿含有1.5%、花椰菜含有0.8%、西葫芦含有0.7%、黄瓜含有0.3%、丝瓜含有0.5%、苦瓜含有1.1%、山药含有0.6%、竹笋含有0.5%、藕含有0.6%、茄子含有0.8%、番茄含有0.4%。

因纤维素又能与木质素、栓质、角质、果胶等结合成复合纤维素，这对蔬菜的品质有重要影响。蔬菜成熟衰老时产生木质素和角质使组织坚硬粗糙，影响品质。如芹菜、菜豆等老化时纤维素增加，品质变劣。

（八）其他与健康相关的成分

蔬菜中普遍含有有机酸，包括苹果酸、柠檬酸、草酸等。其中草酸可与多种矿物质形成沉淀，对钙、铁、锌等营养成分的吸收利用具有阻碍作用，在菠菜、苋菜、空心菜、木耳菜、牛皮菜、竹笋等蔬菜及各种野菜中含量较高。这些蔬菜经沸水焯烫后食用，可以除去大部分草酸，从而提高矿物质的吸收利用率。

除去营养素之外，蔬菜中还含有多种保健物质，特别是具有抗氧化作用的成分。除去膳食纤维、钾、叶酸、维生素C和β胡萝卜素外，不能转变成维生素A的叶黄素、番茄红素、类黄酮、花青素、硫苷类成分等对健康也均有贡献。

第三节　蔬菜的安全性

蔬菜含有丰富的维生素、矿物质、碳水化合物、蛋白质、纤维素等，是人类膳食的重要组成部分和每天不可缺少的生活必需品。随着人们生活水平的日益提高以及蔬菜产业的不断发展，人们对蔬菜的质量、品种等要求越来越高，因此，蔬菜安全越来越受到人们的关注。蔬菜生产过程的各个环节均可影响蔬菜安全，简而言之，在蔬菜生产过程中，以下几个方面将直接影响蔬菜的安全性。

一、大气污染

蔬菜的生长发育离不开空气，空气受到污染，必然直接影响到蔬菜的品质和产量。大气由干洁大气、水汽、气溶胶粒子3部分组成。其中大气污染中气体污染主要是工业生产、能源燃烧、交通运输过程排放的废气，同时工业生产产生的气溶胶粒子形成大气沉降，容易造成蔬菜重金属污染，汽车尾气容易造成大气中铅污染。大气受到污染后将直接影响蔬菜的生长发育状况，大气污染种类很多，其中工业废气是大气污染的主要污染源。现大气评价内容有总悬浮颗粒物、降尘、可吸入颗粒物、氮氧化物、氟化物、有害重金属元素（Hg、Pb）、有机物（苯并芘）等，一般选用二氧化硫、氮氧化物、总悬浮颗粒物和氟化物这几项主要指标。

二、水污染

水是植物生长发育必需的因子，若是灌溉蔬菜的水遭受污染，则蔬菜生长发育必将受到很大的影响。水污染主要来源于工业“三废”和城市“三废”。因此，水中污染物种类繁多，其中以汞、镉等重金属、农药、有毒有机物以及其他有毒元素、病原菌和有毒合成物居多。此外，农业生产中施用的农药、肥料中的有害成分，经过降水，可通过地表径流和地下水对水资源造成污染。污染的水对蔬菜进行灌溉后，有害物质被植物吸收，最终进入植物体内，危害人们的身体健康。

三、农药污染

在蔬菜生长过程中，难免会出现病害、虫害，喷施农药已经成为蔬菜栽培生产上不可缺少的举措。我国是世界农药施用量最大的国家，农药年使用量超过130万t，为世界平均水平的2倍。农药主要分为有机氯、有机磷、氨基甲酸酯、有机汞和有机砷五大类。而我国农药品种有100多种，包括有机磷农药、含氯农药、农用抗生素、除草剂等。农药具有一定毒性，或大或小。农药大量喷施后有一小部分农药附着在蔬菜表面，起到防止病虫害的作用，大部分农药散落在土壤，部分土壤中的农药被微生物分解，部分农药仍残留在土壤中，或渗入地下水中，部分农药残留溶于水后被植物根系吸收，进入蔬菜体内，影响蔬菜品质。

四、化肥污染

施肥是农业生产中必不可少的一项增产措施，我国传统农业主要是靠使用肥料来增加产量和提高土壤肥力。然而在实际生产中，人们为了提高蔬菜产量，总是不断地对蔬菜施用肥料，施肥过多或施用方法不当均对蔬菜和环境造成污染。

如氮肥施用过多，蔬菜中硝酸盐含量过高，人食用蔬菜后，硝酸盐在人体内积累，如还原成为亚硝酸盐时，可与血液中的血红蛋白结合，形成高铁血红蛋白，这是世界公认的致癌物质，它能降低血液向全身的输氧能力，对人体极为有害。同时，氮肥施用过量，除了部分被植物吸收利用外，大部分进入地下水，使得水中硝酸盐含量上升，同样危害人体健康。此外，磷、钾、硼肥是以矿物为原料，并含有部分污染元素，大量施用也将污染蔬菜的生产环境，影响土壤理化性质，降低蔬菜产量和品质。

五、重金属污染

污染蔬菜的重金属主要有铅、镉、汞、砷、铬等。土壤是蔬菜通过根系吸收重金属的主要介质，因此土壤中重金属污染是蔬菜重金属污染主要来源。在蔬菜生产中，化肥、农药大量使用、污水灌溉、城市垃圾、工业“三废”、大气污染等，均可导致土壤中重金属污染。长期使用含Pb、Cd、Cu、Zn的农药、化肥，如波尔多液、代森锰锌等，会导致土壤中重金属元素的积累。此外，蔬菜叶片也可从大气中吸收气态的铅、汞等元素。重金属污染了蔬菜后，在蔬菜中很难降解。人们食用这些污染的蔬菜后，同样在人体内浓缩积累，严重威胁人们的身体健康。

六、有害微生物的污染

未经腐熟的粪便、食品工业、医院和生活污水常常携带有大量的致病微生物，如大肠杆菌、沙门氏杆菌、肝炎病毒、肠病毒以及大量的寄生性蛔虫卵、绦虫卵等。这些原料不经任何消毒处理，直接用于蔬菜生产，将会引起蔬菜有害微生物的污染。蔬菜采后处理及烹饪处理不当，这些有害微生物就通过蔬菜进入人体，危害人体健康。

七、其他农业投入品的污染

随着覆盖栽培技术的大力推广，农膜在生产上应用越来越广泛，导致农膜增塑剂的污染越来越重。为了增加农膜的可塑性和柔韧性，在农膜生产中会加入40%以上的增塑剂，由于农膜增塑剂的主要成分是酞酸酯类化合物，它具有致癌、致畸、致突变的特性。农膜在农业生产应用过程中，这些增塑剂会不断释放出来，之后被植物吸收，部分残留在土壤中。此外，废弃的塑料垃圾施入农田也会造成增塑剂的污染。在实际生产中，农户进行农膜覆盖生产，往往在作物产品采收后农膜直接丢弃在土壤中，土壤中农膜会阻止植物根系的生长。且农膜在土壤中降解非常缓慢，因此，农膜对农业生产的影响是非常大的。

我国蔬菜的流通方式中，往往存在以农户家庭为单位的群体，他们在蔬菜种植过程中，容易受到诸如种植工具、运输车辆不卫生、养护措施不当等造成的生物性污染。此外，在蔬菜生产及储运过程中，为了让蔬菜保持新鲜，使用违禁保鲜剂也会给蔬菜造成化学性污染。

八、转基因技术的影响

转基因蔬菜是指把人工分离的基因经过或不经过修饰，利用分子生物技术把它导入到某一种蔬菜，使其抗性、品质等属性更加优良而培育出的蔬菜新品种。与传统育种方法相比，转基因可以快速、准确地获得具有目标性状的优良新品种，因此，转基因技术在许多作物种质创新和新品种选育中得到广泛应用。我国转基因蔬菜已经在抗病、抗逆、抗除草剂以及耐贮藏等方面取得一定的成绩，但真正投入生产的少之又少。按照转基因蔬菜育种技术，我们可以随心所欲地培育出期望的优良品种，但是全球对转基因食品的安全性还存在较多的争议。因此，转基因蔬菜投入生产还存在着一些不确定因素。争议焦点如下。

（一）转基因逃逸

转基因逃逸是转基因蔬菜可能造成生态风险的主要因素之一。植物容易与其近缘种或者其他种发生植物间基因流动。转基因蔬菜花粉的飘飞是转基因在空间上逃逸的主要渠道。转基因蔬菜的种子或其他器官也会通过水流、飞鸟、运输工具进行基因逃逸，但这种形式的逃逸规模很小，容易控制。实际观察发现，转基因蔬菜花粉的传播能力很弱，甚至于不传播。

目前转入蔬菜作物的插入特性以抗病虫、抗除草剂居多，当这些转基因向野生种群、非转基因同种作物中发生漂移，就使得作物的野生近缘种有获得选择优势的潜在可能性，将会产生超级杂草、超级病菌。转基因蔬菜作物一旦与其野生近缘种杂交成功，所转基因便已开始逃逸的生涯。转基因蔬菜作物与其野生近缘种杂交后，被转移的基因就可能在自然界的环境中保存下来，而且杂交种的存活能力应比普通蔬菜作物种子要强。存活下来的杂交种可以与其野生亲本不断回交，这样转基因便完成了进入野生植物基因库的全过程。实际上，即使杂种存活下来，随着杂交世代的增加，转基因的传递频率都会有所下降。今天要完全阻断转基因的逃逸是难以实现的，物理的隔离只能减缓转基因逃逸的速度，但不可能避免偶然性逃逸事件。

（二）中毒与过敏

大多数转基因蔬菜转入的均是抗虫、抗病等有毒基因，那么这些转基因蔬菜中就会包含有毒物质。然而这些物质长期在人体积累会不会对人体健康造成影响，目前还尚未见到任何正式报道。但是，已有研究在转基因油菜籽中发现了对人体有害的成分。除此之外，也有研究认为，转基因蔬菜有可能对人体产生过敏现象，过敏原几乎都是蛋白质。不过，过敏蛋白极少，且其在植物体不同部位的分布不同，又容易受到外界环境影响。孟山都公司评估了一种转耐除草剂基因大豆的潜在过敏性，发现转入的苯草酸羟基乙烯转移酶可以在消化系统中很快将其消化降解。

此外，抗生素标记基因也是比较受关注的。在转基因过程中，加入标记基因可以快速鉴定出是否为转基因株系。抗生素标记基因本身不成问题，但是它是否会水平转移到人体肠道微生物或上皮细胞中，从而降低抗生素在临床医学中的有效性呢？这是大家比较关注的问题。从目前的情况看，这种可能性极小。与人、畜患病后抗生素滥用相比，转基因蔬菜引起的抗性增加绝对是可以忽略不计的，不过即便如此，科研人员仍在研制更加安全的标记基因，如甘露糖-6-P-异构酶等。

（三）转基因蔬菜的生态风险评估

总的来讲，转基因蔬菜的风险包括3个方面。

（1）人体和动物健康的风险。例如食品毒性、过敏性、病原体药物抗性等。

（2）对生态环境与农业的风险。例如转基因及其产物在环境中的残留、目标生物体对药物产生耐受性、增加农用化学品的使用、不可预知的转基因及其表达的不稳定性、产生超级杂草、作物营养价值下降、生物多样性下降等。

（3）对非目标生物的风险。例如花粉或种子的扩散造成的遗传污染、转基因或启动子的水平传递、转基因向微生物传递、通过重组产生新的病毒等。

目前，对于转基因蔬菜的安全评价方面，有片面强调其风险的倾向。然而，任何技术既有利也有弊，包括被人们普遍接受的传统育种技术。利用风险—收益评价体系可以比较客观地衡量转基因蔬菜的安全性。例如，转苏云金芽孢杆菌毒素基因（Bt）的马铃薯可能有潜在的基因逃逸、中毒或过敏以及生态环境风险，但是转Bt马铃薯抗性良好，可显著减少农药的使用，保护生态环境，有利于维持生态平衡，反而更有利于保障食用安全。因此，对转基因蔬菜安全性的评价还需要进一步研究，需要较长的一段时间。

第三章　蔬菜质量安全控制体系

蔬菜质量安全直接关系到百姓健康、社会和谐和国民经济全面科学发展。实现质量可追溯正成为世界发达国家农产品质量管理的普遍要求，主要发达国家已经普遍对农产品食品质量安全进行立法，农产品可追溯性已然成为农产品国际贸易的技术壁垒。

当前我国蔬菜质量安全总体情况不容乐观，蔬菜农药残留超标现象依然普遍存在，由蔬菜引起的食物中毒事件仍时有发生，日益突出的蔬菜质量安全问题已经严重威胁到我国人民的生命安全和身体健康。因此，加强我国蔬菜质量安全管理已成为一件迫在眉睫的事情。蔬菜从生产到销售，每一个环节都可能会造成蔬菜质量安全出现问题，因此，要加强蔬菜质量安全管理，关键是要加强蔬菜质量安全控制体系建设，主要依据蔬菜质量安全监管相关法律法规、蔬菜质量安全的相关国家标准，不断提升蔬菜质量安全标准、检测认证、评估应急等支撑体系，从生产销售层面加快标准化生产全面普及，加强整个蔬菜供应链的质量安全控制工作，不断增强生产经营者的质量安全管理水平和诚信意识，提升优质安全蔬菜比重。在新一轮国务院机构改革和职能调整中，强化了农业部门农产品质量安全监管职责，农产品质量安全监管链条进一步延长，任务更重、责任更大。为贯彻落实中央农村工作会议精神和《国务院关于地方改革完善食品药品监督管理体制的指导意见》（国发〔2013〕18号）、《国务院办公厅关于加强农产品质量安全监管工作的通知》（国办发〔2013〕106号）要求，各级农业部门要把农产品质量安全工作摆在更加突出的位置，坚持严格执法监管和推进标准化生产两手抓“产”出来和“管”出来两手硬，用最严谨的标准、最严格的监管、最严厉的处罚、最严肃的问责，落实监管职责，强化全程监管，确保不发生重大农产品质量安全事件，切实维护人民群众“舌尖上的安全”。

第一节　蔬菜质量安全监管相关法律法规

蔬菜质量安全管理的主要相关法律、行政法规有《中华人民共和国农业法》《中华人民共和国农产品质量安全法》《中华人民共和国食品安全法》《中华人民共和国产品质量法》《中华人民共和国商标法》《中华人民共和国农业技术推广法》《中华人民共和国食品安全法实施条例》《国家食品安全事故应急预案》《中华人民共和国农药管理条例》等，以及各省、市、县、区制定的地方性法规、各类执行标准等。这些法律法规规定了蔬菜质量安全保证活动的主体以及职责。随着时代发展和农产品质量安全的重视度越来越高，自20世纪80年代英国流行疯牛病以后，国外关于产品质量安全可追溯问题的研究逐步发展起来。2000年7月，欧盟推出法令《关于建立牛科动物检验和登记体系、牛肉及牛肉制品标签问题》，第一次对牛肉制品质量可追溯性提出了法律方面的要求。2006年1月1日，《中华人民共和国农产品质量安全法》规定国家将逐步实行农产品质量安全追溯制度，对农产品实现有效的“农田到餐桌”的全过程监管，从而保证农产品的质量安全。2015年，国务院办公厅发布《关于加快推进重要产品追溯体系建设的意见》，其中7种重要产品就包括“食用农产品”。

《中华人民共和国农产品质量安全法》规定，从事蔬菜生产、经营和监督管理活动的单位和个人等主体要对自身行为负责。其中对管理部门规定，县级以上人民政府农业行政主管部门负责农产品质量安全的监督管理工作；县级以上人民政府有关部门按照职责分工，负责农产品质量安全的有关工作。县级以上地方人民政府统一领导、协调本行政区域内的农产品质量安全工作，并采取措施，建立健全农产品质量安全服务体系，提高农产品质量安全水平。国务院农业行政主管部门应当设立由有关方面专家组成的农产品质量安全风险评估专家委员会，对可能影响农产品质量安全的潜在危害进行风险分析和评估。国务院农业行政主管部门应当根据农产品质量安全风险评估结果采取相应的管理措施，并将农产品质量安全风险评估结果及时通报国务院有关部门。国务院农业行政主管部门和省、自治区、直辖市人民政府农业行政主管部门应当按照职责权限，发布有关农产品质量安全状况信息。检验检疫机构对菜场、收购站或备案蔬菜种植基地实行日常监督检查，对用药和残留进行监控。对生产者经营活动主体规定“禁止生产、销售不符合国家规定的农产品质量安全标准的农产品”。日常监督检查内容包括菜场、收购站或备案蔬菜种植基地的周围环境及状况、管理人员情况、种植面积及田间蔬菜品种和生长情况；田间蔬菜病虫害情况；菜场农药购买、存放、领取及使用情况；菜场采收蔬菜情况及记录；蔬菜系挂标志情况；企业自查蔬菜农药残留情况；抽取菜样检验检疫；其他应当检查的内容，如病虫害、安全卫生、品质规格、包装等，尤其关注农药残留如甲胺磷、毒死蜱、氯氰菊酯等。

越来越多的市、县、区对蔬菜种植经营者管理越来越严格，要求蔬菜种植经营者应健全各项规章制度。

一、健全各项管理制度

1. 建立相关的生产管理制度

生产管理制度包括严格的田间管理制度，实施安全生产质量管理；蔬菜病虫害发生与防治的报告制度和相关记录制度。设专用的农药保管仓库，地址要适合农药存放，并有专人保管。

2. 建立农用化学品管理制度

农用化学品管理制度内容包括采购、保管、发放、施用、残留控制。

（1）农药设专人专仓保管。

（2）严格遵照执行国家有关农用化学品管理规定如《农药管理条例》等规定。

（3）从合法农资部门采购农用化学品。

（4）不购买使用高毒高残留农药及“三无”农药。

（5）农药购进要有验收，购进入库和领用出库要有记录。

（6）按《农药合理使用准则》等规定合理使用可用农药，不随意加大药量和次数，确保在种植过程中无农药污染。

（7）做好农用化学品施用过程的安全防护措施，确保施用人员安全。

（8）标记农用化学品施用地块，防止未过农药安全间隔期采收蔬菜等情况发生。

（9）安全处理农药施用后余药、工具、包装物（空瓶、袋、桶、罐、箱）等。

（10）对违反农用化学品管理规定人员进行处理。

3. 设专职植保员

负责对菜场安全合理使用农药的技术指导、施药培训以及蔬菜的农药残留控制工作。

4. 建立农药残留检测实验室

配备检测设备和检测人员，对田间蔬菜和采收后蔬菜的农药残留进行检测分析，确保用药安全。

5. 配合检验检疫机构的日常监督管理工作

二、配备蔬菜种植基地植保员

蔬菜种植基地的植保员须具备相关知识和资质，并履行好基本职责，确保农药、肥料的安全使用。

（1）贯彻执行国家有关法律法规，贯彻预防为主综合防治的方针。

（2）负责拟订蔬菜病虫害防治方案，制定检疫对象的防治和消灭措施，做好蔬菜基地的病虫草害防治，并做好相关防治记录，发现异常情况及时向有关部门报告。

（3）做好农药安全合理使用和残留控制工作，包括做好对施药人员安全合理使用农药的技术指导和培训，在化学防治中严格按要求合理使用农药，不使用禁用农药。具体工作中注意如下几点。

①选择安全地点配药，防止污染饮用水源和人、畜、禽中毒。

②配药时戴胶手套，不得用手直接接触农药。

③配药和施药时不准吸烟、进食和饮水。

④施药前要认真检查施药器械，防止倾泻和渗漏。

⑤施药时要穿防护衣、长裤和鞋、袜，戴好防毒口罩。

⑥施药时不能用手擦嘴、脸和眼睛，不能喷射到他人身上。

⑦避免在高温、强风或逆风环境下施药。

⑧施药后应及时用肥皂彻底清洗手、脸，并漱口或洗澡，被农药污染的衣裤和鞋袜要及时换洗。

⑨妥善保管或处理剩余农药。

⑩施用过农药的地方要竖立标志，在一定时间内禁止采收蔬菜，防止人、畜中毒。

⑪包装农药的箱、瓶、袋等包装物应集中处理，如指定回收、深埋、焚烧和其他无害化处理。

⑫蔬菜必须在农药“安全间隔期”进行收获，确保对人、畜无毒。

⑬在蔬菜种植期间和保藏期间，禁止使用高毒高残留农药及其混配剂。

三、蔬菜企业应配备质检员

质检员主要要求如下。

（1）有一定的生物、化学、植保或相关专业基础知识，熟练的实验操作能力。

（2）严格按照操作规程和方法标准进行检测，确保检测数据准确无误，对测试数据的可靠性、真实性负责，并按时提交检测数据。

（3）做好仪器设备使用、维修记录和样品周转、检测原始记录。记录内容应翔实准确，字迹清楚。记录的填写者对记录内容完整、数据真实、结果准确负责。

（4）当对检测方法、标准、操作规程有疑义时，应及时向有关负责人提出。

（5）严格执行各项规章制度，特别是实验室安全卫生制度和仪器操作规程，严防仪器损坏和人身意外事故发生。做好仪器常规保养。发现问题及时报告联系维修。

（6）保持实验室清洁整齐。工作结束关窗锁门，防止跑水漏电。

（7）认真钻研业务，熟悉仪器原理、性能、基本操作，掌握常用误差理论和数据处理方法，不断提高业务素质。

第二节　蔬菜质量安全的相关标准

农业标准化是通过农业产前、产中、产后各个环节标准体系的建立和实施，将先进的科学技术和成熟的经验转化为现实的生产力，从而取得经济、社会和生态的最佳效益，达到高产、优质、高效的目的。与国外相比，我国蔬菜质量安全标准体系存在着管理体制不合理、标准技术水平落后、市场适应性差和国际化程度低的差距是其主要原因。在农产品贸易全球化日益深化，农产品安全备受国际社会广泛关注的背景下，基于蔬菜国际贸易现实与未来的发展要求，完善我国蔬菜质量安全标准体系就显得尤为迫切。《中华人民共和国农产品质量安全法》的颁布与实施，对农产品等级规格标准的制定提出了紧迫的要求。尽快建立一套既符合我国国情又符合国际规则的新型中国农业标准体系，对于推进农业产业结构调整、提高农业产业化和标准化水平、保障农产品消费安全和提高农产品竞争力等具有重要意义。

一、蔬菜质量安全标准的含义

标准（Standard）的定义根据《标准化和有关领域的通用术语第一部分：基本术语（GB/T 3935.1—1996）》中定义："为在一定的范围内获得最佳秩序，对活动或其结果规定共同的和重复使用的规则、导则或特性的文件。该文件经协商一致制定并经一个公认机构批准。"

《农产品质量安全生产消费指南》中指出，农产品质量安全标准是指依照有关法律、行政法规的规定制定和发布的农产品质量安全强制性技术规范。一般是指规定农产品质量要求和卫生要求，以保障人的健康、安全的技术规范和要求。如农产品中农药、兽药等化学物质的残留限量，农产品中重金属等有毒有害物质的允许量，致病性寄生虫、微生物或者生物毒素的规定，对农药、兽药、添加剂、保鲜剂、防腐剂等化学物质的使用规定等。农产品质量安全标准，是农产品质量安全监管的重要执法依据，也是支撑和规范农产品生产经营的重要技术保障。蔬菜作为一种商品，作为一种农产品，就必须有一定质量标准。蔬菜产品安全质量标准主要是指卫生质量指标，只有达到这个质量的要求，才能称为该标准的蔬菜。

二、蔬菜质量标准的分类

目前我国蔬菜质量标准依据安全级别分为无公害蔬菜产品安全质量标准、绿色食品蔬菜产品安全质量标准、有机食品蔬菜产品安全质量标准。无公害食品、绿色食品及有机食品蔬菜的标准体系支撑构件为“国家标准+农业行业标准+地方标准+企业标准”。

我国现行的蔬菜产品质量标准，从标准的适用范围和领域来看，主要包括国际标准、国家标准、行业标准（或部颁标准）、地方标准和企业标准等。

国际标准是指国际标准化组织（ISO）以及其他国际组织所制定的标准。例如农业部组织有关质检机构对我国蔬菜中农药残留情况进行例行监测结果即是按国际食品法典委员会（CAC）标准判定的。

国家标准是对需要在全国范围内统一的技术要求，由国务院标准化行政主管部门制订的标准。例如，中华人民共和国国家标准化指导性技术文件《（GB/Z 21724—2008）出口蔬菜质量安全控制规范标准》就属于国家标准。

行业标准又称为部颁标准，由国务院有关行政主管部门制定并报国务院标准行政主管部门备案。例如《（NY/T 2798.3—

2015）无公害农产品生产质量安全控制技术规范　第3部分：蔬菜》即是农业行业标准，规定了无公害农产品蔬菜生产质量安全控制的基本要求，包括产地环境、农业投入品、栽培管理、包装标志与产品贮运等环节关键点的质量安全控制措施。适用于无公害农产品蔬菜的生产、管理和认证。

地方标准是由地方（省、自治区、直辖市）标准化主管机构或专业主管部门批准、发布，在某一地区范围内统一的标准。但地方标准的范围要从严控制，凡有国家标准、专业（部）标准的不能订地方标准。例如江西省出台首个蔬菜地方标准——《“赣南蔬菜”品牌认定及评价》。

企业标准主要是针对企业生产的产品没有国家标准和行业标准的，制定企业标准作为组织生产的依据而产生的。企业的产品标准须报当地政府标准化行政主管部门和有关行政主管部门备案。已有国家标准或者行业标准的，国家鼓励企业制定严于国家标准或者行业标准的企业标准。企业标准只能在企业内部适用。例如，《Q/QGSP 0001 S—2015山东青果食品有限公司 速冻蔬菜》，是山东青果食品有限公司的企业内部标准，规定了速冻蔬菜的分类、技术要求、生产加工过程卫生要求、检验方法、检验规则、标志、包装、运输与贮存。

第三节　蔬菜质量等级及生产技术

一、无公害蔬菜

（一）无公害蔬菜产品安全质量标准

无公害农产品指产地环境、生产过程、最终产品质量符合无公害农产品标准和规范，并使用无公害农产品标志的农产品。

无公害农产品以全面提高农产品质量安全水平为核心，以农产品质量标准体系和质量检验检测体系建设为基础，以“菜篮子”产品为突破口，以市场准入为切入点，从产地和市场两个环节入手，通过对农产品实行从“农田到餐桌”全过程质量安全控制，实现主要农产品生产和消费无公害化，满足国内、国外市场发展需要。

1. 国家质检总局颁布的无公害农产品安全质量标准

2001年8月，国家质量监督检验检疫总局发布了GB 18406.1—2001国家标准《农产品安全质量无公害蔬菜安全要求》。该标准规定了无公害蔬菜的定义、要求、试验方法、检验规则及标签标志、包装、储存等，指明该标准适用于无公害蔬菜的生产、加工和销售。

GB 18406.1—2001给出39种农药残留限量值，其中杀虫剂35种，杀菌剂4种。在杀虫剂中，有机磷类杀虫剂17种，氨基甲酸酯类4种，菊酯类农药11种，几丁质合成抑制剂3种。上述限量要求和试验方法采用了现行的国家标准。

2. 农业部制定的无公害蔬菜安全质量标准

农业部自推行无公害食品行动计划以来，先后制定出多批次无公害蔬菜安全质量标准。在执行中，一些安全质量标准进行了修订，现仍有效的安全质量标准有24个（表3-1）。无公害蔬菜安全质量标准原则上依据蔬菜分类标准进行制定，采用的限量标准值（MRL）与国家标准值一致。

表3-1　农业部制定的无公害蔬菜安全质量标准

标准号	标准名称
NY 5078—2005	无公害食品　豆类蔬菜

（续表）

标准号	标准名称
NY 5082—2005	无公害食品　根菜类蔬菜
NY 5089—2005	无公害食品　绿叶类蔬菜
NY 5221—2005	无公害食品　薯芋类蔬菜
NY 5238—2005	无公害食品　水生蔬菜
NY 5230—2005	无公害食品　多年生蔬菜
NY 5299—2005	无公害食品　芥菜类蔬菜
NY 5316—2006	无公害食品　可食用花卉
NY 5317—2006	无公害食品　芽类蔬菜
NY 5001—2007	无公害食品　葱蒜类蔬菜
NY 5003—2008	无公害食品　白菜类蔬菜
NY 5005—2008	无公害食品　茄果类蔬菜
NY 5008—2008	无公害食品　甘蓝类蔬菜
NY 5246—2004	无公害食品　鸡腿菇
NY 5247—2004	无公害食品　茶树菇
NY 5095—2006	无公害食品　食用菌
NY 5185—2002	无公害食品　速冻绿叶类蔬菜
NY 5192—2002	无公害食品　速冻葱蒜类蔬菜
NY 5193—2002	无公害食品　速冻甘蓝类蔬菜
NY 5194—2002	无公害食品　速冻瓜类蔬菜
NY 5195—2002	无公害食品　速冻豆类蔬菜
NY 5184—2002	无公害食品　脱水蔬菜
NY 5186—2002	无公害食品　干制金针菜
NY 5232—2004	无公害食品　竹笋干

（二）无公害蔬菜生产技术

1. 叶菜类蔬菜生产技术

（1）范围。无公害叶菜类蔬菜病虫害综合防治技术、合理施肥技术及蔬菜采收的要求，适用于无公害叶菜类（如大白菜、芹菜、甘蓝、韭菜、生菜等）的生产。

（2）主要病虫害种类。病害有黑斑病、霜霉病、病毒病、软腐病、炭疽病、黑腐病、干烧心、斑枯病、白斑病、菌核病等。虫害有蚜虫、菜青虫、小菜蛾、韭菜蛆、甜菜、夜蛾、斜纹夜蛾等。

（3）主要病虫害防治方法。

①农业防治。实行翻耕、轮作、倒茬。要因地制宜选用抗（耐）病优质品种，培育无病虫壮苗。合理布局，加强中耕除草，清洁田园。加强种子消毒工作。防治霜霉病、黑斑病，可用50%福美双可湿性粉剂，或75%百菌清可湿性粉剂按种子量的0.4%拌种，也可用25%瑞毒霉可湿性粉剂按种子量的0.3%拌种；防治病毒病，可在大白菜苗期适时浇水；防治软腐病，可用菜丰宁或专用种衣剂拌种，合理浇水。大白菜成株期及时中耕松土、干旱年份浅中耕保墒。水涝年份深中耕促进水分蒸发，提高地温，注意避免伤根。

②生物防治。防治菜青虫、小菜蛾、甜菜夜蛾等，可采用含活芽孢100亿个/g苏云金杆菌可湿性粉剂200倍液，或1.8%阿维菌素乳油2 000～3 000倍液，或威敌70～105g/hm^2，或5%抑太保乳油2 500倍液喷雾。防治软腐病，用噻菌铜、噻唑锌可溶性粉剂4 000倍液208～417g/hm^{2}喷雾。防治韭菜蛆可用1.8%阿维菌素乳油3 000倍液随水浇灌。

③物理防治。大白菜生产可采用银灰膜避蚜或黄板诱杀蚜虫；小白菜、青菜、甘蓝、芹菜生产可利用防虫网或遮阳网覆

盖，阻止菜青虫、小菜蛾、斜纹夜蛾迁入。

④化学防治。防治软腐病、黑腐病等细菌性病害，可选用77%可杀得可湿性粉剂500～750倍液1 545～2 310g/hm^{2}喷雾。防治霜霉病，可用58%甲霜灵锰锌可湿性粉剂400～500倍液1 035～1 632g/hm^2、69%烯酰吗啉猛锌可湿性粉剂500～600倍液1 035～1 380g/hm^2、70%天王甲托（甲基硫菌灵）可湿性粉剂800倍液937.5g/hm^2、75%百菌清可湿性粉剂600倍液1 500g/hm^{2}等喷雾。防治炭疽病、黑斑病，可用69%烯酰吗啉锰锌可湿性粉剂500～600倍液1 035～1 380g/hm^2、40%福美双可湿性粉剂800倍液1 500～1 800g/hm^2。防治菜蚜，可用10%吡虫啉1 500倍液150～300g/hm^2；50%吡蚜酮可湿性粉剂2 000～3 000倍液250～375g/hm^2。防治韭芽蛆，可选用75%辛硫磷乳油750～1 125g/hm^2、20%噻虫胺2 880～3 600g/hm^{2}随水浇灌。防治甜菜夜蛾，可用52.25%农地乐乳油1 000～1 500倍液247.5～495.8g/hm^2、4.5%高效氯氰菊酯乳油375～600mL/hm^2、20%虫酰肼悬浮剂200～300g/hm^{2}喷雾，在傍晚施药效果最佳。

⑤肥料施用。前期和中期追施缓效肥，可追施充分腐熟的人、畜粪尿及草木灰750～1 500kg/hm^{2}或三元复合肥150kg/hm^2，后期适当喷施叶面肥1次。禁止施用有害的和含重金属的城镇垃圾和污泥，收获前7d不允许追施尿素，收获阶段不允许使用粪水肥追肥。

2. 瓜菜类生产技术

（1）范围。无公害蔬菜瓜菜类的病虫害综合防治技术、合理施肥技术及蔬菜采收的要求、适用于无公害蔬菜瓜菜类（如黄瓜、苦瓜、冬瓜、西瓜等）的生产。

（2）主要病虫害种类。枯萎病、霜霉病、疫病、白粉虱、灰霉病、白粉病、蓟马、炭疽病、细菌性角斑病、菌核病、蚜虫、斑潜蝇等。

（3）病虫害防治方法。

①农业防治。合理布局，因地制宜选用抗（耐）病优质品种，培育无病虫壮苗。实行翻耕、轮作、倒茬。加强中耕除草，清洁田间。注意种子消毒：一是药剂处理。可用50%多菌灵可湿性粉剂按种子量的0.4%拌种（防治炭疽病），或用10%氯溴异氰尿酸浸种10～20min，后用清水冲洗2～3次。二是温汤浸种。将选好的种子放在55℃水中浸泡10min，并不断搅拌，待水温降至25～30℃时，停止搅拌，闷6～10h，控尽水分，催芽育苗或直播。三是土地处理。用福尔马林50mL/m^{2}加水2～4kg/m^{2}喷洒床土，再用薄膜覆盖2～3d后，晾晒7～8d，再育苗；也可用25%甲霜灵可湿性粉剂8g/m^{2}与土拌匀放在苗床上。四是嫁接防病技术。可选用云南黑籽南瓜作砧木，黄瓜作接穗，嫁接防治黄瓜枯萎病。

②生物防治。用1.8%阿维菌素乳油3 000倍液防治处理斑潜蝇或白粉虱。

③物理防治。可采用银灰膜避蚜或黄板（柱）诱杀虫蚜，也可利用黄板诱杀蚜虫、斑潜蝇、白粉虱。

④化学防治。防治霜霉病、疫病，可用69%烯酰吗啉锰锌可湿性粉剂500～600倍液1 035～1 380g/hm^2、72%霜脲锰锌可湿性粉剂600～750倍液1 440～1 800g/hm^2、72.2%霜霉威水剂600～1 000倍液649.8～1 083.0g/hm^2、60%霜脲氰800～1 000倍液；保护地，可用10%百菌清烟剂750～1 200g/hm^2，或10%速克灵烟剂400g/hm^{2}熏烟防治，或用5%百菌清粉尘剂15kg/hm^{2}喷粉防治。防治菌核病，可用腐霉利可湿性粉剂1 000倍液750g/hm^2，或75%异菌脲可湿性粉剂1 000倍液750g/hm^{2}喷雾。防治细菌性角斑病，可用噻唑锌悬浮剂400倍液、30%噻菌铜500倍液。防治枯萎病，可用50%多菌灵250～500倍液33.75～45.0kg/hm^2、50%天王甲托（甲基硫菌灵）可湿性粉剂400倍液28.125kg/hm^{2}灌根，

每株灌药液0.3～0.5kg。防治蚜虫、白粉虱，用10%吡虫啉可湿性粉剂1 500倍液喷雾。防治棉铃虫、烟青虫，可用4.5%高效氯氰菊酯乳油2 000倍液喷雾。

二、绿色蔬菜

（一）绿色食品蔬菜安全质量标准

1. 绿色食品蔬菜的概念

作为绿色食品中的一大类食品，绿色食品蔬菜必须符合绿色食品的定义，即“绿色食品是遵循可持续发展原则，按照特定生产方式生产，经专门机构认定，许可使用绿色食品标志商标的无污染的安全、优质、营养类食品”。根据这一定义，绿色食品蔬菜质量标准的概念为：绿色食品蔬菜是在保护环境和保持资源可持续利用的前提下进行生产，其宗旨是既满足当代人的需求又不危及后代人为满足其需求的发展；绿色食品蔬菜是在良好的生长环境下，严格控制生产投入品的使用，严格规范其操作过程对产品实施全程质量控制；绿色食品蔬菜不同于一般蔬菜，它是有特定标志的蔬菜。绿色食品的优质特性不仅包括产品的商品质量，更重要的是内在品质优良，即营养价值和卫生安全指标高；绿色食品蔬菜质量标准既强调了环境和生产过程，又突出了产品的质量。使全过程质量控制达到高度的和谐与统一。

2. 绿色食品蔬菜质量安全标准

绿色食品安全质量标准以全程质量控制为核心，其质量标准是绿色食品标准体系中的一部分，质量标准是标准体系的有机组成，和整个标准体系密不可分。目前绿色食品标准分为两个技术等级，即AA级绿色食品标准和A级绿色食品标准。

AA级要求：生产地的环境质量符合《绿色食品产地环境质量标准》，生产过程中不使用化学合成的农药、肥料、食品添加剂、饲料添加剂、兽药及有害于环境和人体健康的生产资料，而是通过使用有机肥、种植绿肥、作物轮作、生物或物理方法等技术，培肥土壤、控制病虫草害、保护或提高产品品质，从而保证产品质量符合绿色食品产品标准要求。

A级要求：生产地的环境质量符合《绿色食品产地环境质量标准》，生产过程中严格按绿色食品生产资料使用准则和生产操作规程要求，限量使用限定的化学合成生产资料，并积极采用生物学技术和物理方法，保证产品质量符合绿色食品产品标准要求。

作为绿色食品蔬菜目前只有A级标准，已发布实施的绿色食品蔬菜质量标准如表3-2所示。

3. 绿色食品蔬菜质量标准的性质

绿色食品质量标准使用的是NY/T标准性质，即农业部推荐的国家行业标准。绿色食品蔬菜质量标准是生产绿色食品蔬菜的技术根据。在标准中，明确规定了产地环境技术条件，对蔬菜生产区域的空气中各项污染物指标、农田灌溉水中各项污染物指标、土壤中各项污染物指标作了严格的限量规定。生产者在申请使用绿色食品标志时，首先要提交生产环境的监测数据，只有经国家认定的环境监测部门出具符合上述指标的证明，生产者才有资格进行申请。

表3-2　绿色食品蔬菜质量标准

标准号	标准名称
NY/T 654—2002	绿色食品　白菜类蔬菜
NY/T 655—2002	绿色食品　茄果类蔬菜
NY/T 743—2002	绿色食品　绿叶类蔬菜
NY/T 744—2002	绿色食品　葱蒜类蔬菜

（续表）

标准号	标准名称
NY/T 745—2002	绿色食品　根菜类蔬菜
NY/T 746—2002	绿色食品　甘蓝类蔬菜
NY/T 747—2002	绿色食品　瓜类蔬菜
NY/T 748—2002	绿色食品　豆类蔬菜
NY/T 1044—2006	绿色食品　藕及其制品
NY/T 1048—2006	绿色食品　笋及笋制品
NY/T 1049—2006	绿色食品　薯芋类蔬菜
NY/T 1324—2007	绿色食品　芥菜类蔬菜
NY/T 427—2007	绿色食品　西甜瓜
NY/T 1405—2007	绿色食品　水生蔬菜
NY/T 1507—2007	绿色食品　山野菜
NY/T 1506—2007	绿色食品　食用花卉
NY/T 1325—2007	绿色食品　芽苗类蔬菜
NY/T 1326—2007	绿色食品　多年生蔬菜
NY/T 749—2003	绿色食品　食用菌
NY/T 1406—2007	绿色食品　速冻蔬菜

4. 绿色食品蔬菜质量标准的作用

（1）认定绿色食品的依据。生产者所生产出的蔬菜，必须经绿色食品发展中心认定的蔬菜品质监督检验测试机构进行产品检测，结果的判定依据就是绿色食品蔬菜质量标准。符合该标准的蔬菜就是绿色食品蔬菜，否则不能成为绿色食品蔬菜。

（2）维护生产者和消费者的法律依据。绿色食品蔬菜质量标准作为合格认证的依据标准，对接受认证的生产企业属强制执行标准，生产者的生产活动必须严格遵循绿色食品各项标准要求，当消费者对生产者生产出的绿色食品蔬菜提出异义或依法起诉时，该标准就成为裁决的法律依据。同时，国家工商行政管理部门也将依据该标准打击假冒绿色食品的行为，保护生产者和消费者的合法权益。

（3）出口蔬菜贸易谈判的依据。我国是蔬菜生产大国，由于蔬菜生产属于劳动力密集型产业，因而我国蔬菜出口贸易具有较强的技术优势。加入WTO后，我国蔬菜出口数量是上升趋势，在外贸出口谈判中，很多国家乐于接受和承认我们的绿色食品标准，可以说绿色食品质量标准是一张行有信誉的通行证。由于绿色食品蔬菜质量标准在制定时充分考虑并采用国际标准，因而该标准又是面对进口国“绿色壁垒”的一张有分量的王牌。

（二）绿色蔬菜生产技术

1. 绿色食品蔬菜生产技术要求

（1）绿色食品蔬菜生产生态环境评价达标。

AA级——大气、水质、土壤各项检测数据，不得超过有关标准，生产过程不使用任何有害化学合成物质。

A级——大气、水质、土壤综合污染指数不得超过1。生产过程允许限量使用限定的化学合成物质。

（2）禁止使用的肥料和允许使用的肥料。

AA级——禁止使用化学合成肥料、有害的城市垃圾、污泥、医院粪便垃圾、工业垃圾等。严禁追施未腐熟的人粪尿。叶面肥不得含化学合成的生长调节剂，并且叶面肥必须在收获前20d喷施。微生物肥用于拌种、基肥和追肥，能降低蔬菜产品亚硝酸盐含量，有利改善品质。

A级——有限度地使用部分化学合成肥料，但禁止使用硝态氮肥；化肥必须与有机肥配合施用，有机氮与无机氮之比为1∶1。但最后一次追肥必须在收获前30d进行。化肥可与有机肥、微生物肥配合施肥。生活垃圾必须经无害化处理，达标后方可使用。

AA级、A级使用农家肥料（人粪尿、秸秆、杂草、泥炭等）必须制作堆肥，高温发酵，杀死各种寄生虫卵、病原菌、杂草种子，除去有害气体和有害有机酸，达到卫生标准后使用。AA级、A级允许使用的肥料如下。

①农家肥。堆肥、沤肥、厩肥、绿肥、作物秸秆、未经污染的泥肥、饼肥。

②商品有机肥。以大量生物物质、动植物残体、排泄物、生物废弃物等为原料，加工制成的商品肥。

③腐殖酸类肥料。以草炭、褐煤、风化煤为原料生产的腐殖酸类肥料。

④微生物肥料。是特定的微生物菌种生产的活性微生物制剂，无毒无害，不污染环境，通过微生物活动能改善植物的营养或产生植物激素，促进植物生长，根据微生物肥料对改善植物营养元素的不同，分为5类，使用时根据蔬菜种类不同，加以选用。

微生物复合肥以固氮类细菌、活化钾细菌、活化磷细菌3类有益细菌共生体系，互不拮抗，能提高土壤营养供应水平，成本低、效益高、增产度大，是生产绿色食品和无污染蔬菜理想肥源，适合任何蔬菜和农作物。

固氮菌肥能在土壤和作物根际固定氮素，为作物提供氮素营养，适宜叶菜类和豆类蔬菜。

根瘤菌肥能改善豆科植物的氮素营养，适宜豆类蔬菜。

磷细菌肥能把土壤中难溶性磷转化为作物可利用的有效磷，改善磷素营养，如磷细菌、解磷真菌、菌根菌剂等。

A级除适宜AA级肥料外也可使用下列基肥。

①有机复合肥。有机和无机肥物质混合和化合制剂，如经无害化处理后的畜禽粪便，加入适量的锌、锰、硼等微量元素制成的肥料——发酵干燥肥料等。

②无机（矿质）肥料。矿物钾肥和硫酸钾，矿物磷肥（磷矿粉），煅烧磷酸盐（钙镁磷肥、脱氟磷肥），粉状硫肥（限在碱性土壤使用），石灰石（限在酸性土壤使用）。

允许使用的追肥：叶面追肥中不得含化学合成的生长调节剂。A级允许使用的叶面肥有微量元素肥料，以Cu、Fe、Mn、Zn、B、Mo等微量元素有益元素配制的肥料；植物生长辅助物质肥料，如用天然有机物提取液或接种有益菌类的发酵液，再配加一些腐植酸、藻酸氨基酸、维生素、糖等配制的肥料。

允许使用的其他肥料：不含合成的添加剂的食品、纺织工业品的有机副产品；不含防腐剂的鱼渣、牛羊毛废料、骨粉、氨基酸残渣、骨胶废渣、家畜加工废料等有机物制成的肥料。

（3）允许使用和禁止使用的农药。

①AA级允许使用和限制、禁止使用的农药。允许使用植物源杀虫剂、杀菌剂、驱避剂和增效剂，允许使用寄生性、捕食性天敌动物，矿物油乳剂和植物油乳剂，矿物源农药中硫制剂、铜制剂。允许限量使用活体微生物农药、农用抗生素。AA级禁止使用有机合成的化学杀虫剂、杀螨剂、杀菌剂、除草剂和植物生长调节剂。禁止使用生物源农药中混配有机合成农药的各种制剂。

②A级允许使用的农药，限制、禁止使用的农药。

允许使用的农药：允许使用生物源农药农用抗生素、活体微生物农药等。例如防治真菌病害可用灭瘟素、春雷霉素、多抗霉素、井冈霉素、农抗120等；防治螨类（红蜘蛛）选用浏阳霉素、华光霉素等。可使用真菌剂绿僵菌、鲁保1号；细菌剂苏云金杆菌等。植物源农药如除虫菊素、鱼藤酮、烟碱、植物油乳剂、大蒜素、芝麻素等。矿物源农药如无机杀螨杀菌剂如硫悬浮剂、石硫合剂、硫酸铜、波尔多液、高锰酸钾等。

限量使用的农药：有机合成农药应限量使用，包括有机合成杀虫剂、杀菌剂、除草剂等。

禁止使用的农药：如剧毒、高毒、高残留或致癌、致畸、致突变的农药严禁使用。无机砷杀虫剂、无机砷杀菌剂、有机汞杀菌剂、有机氯杀虫剂，如DDT、六六六、林丹、艾氏剂、狄氏剂等。有机磷杀虫剂如甲拌磷、乙拌磷、对硫磷、氧化乐果、磷胺等；马拉硫磷在蔬菜上也不能使用。取代磷类杀虫杀菌剂如五氯硝基苯；有机合成植物生长调节剂；化学除草剂，如除草醚、草枯醚等各类化学除草剂。

2. 绿色食品蔬菜生产技术规程要点

（1）生产环境。大气环境质量符合国家一级标准GB 3095—1996或省级相关标准。

灌溉用水（地下水）符合国家地面水环境质量一类标准GB 3838—1988或省级相关标准。土壤理化性质良好，无污染，符合国家土壤环境质量标准GB 15618—1995。远离设施，防止对蔬菜产品污染。

（2）种子与育苗。选择对病虫害抗性强的品种。种子用物理方法消毒，如热水烫种消毒，严禁使用化学物质处理种子，可用各种植物或动物制剂、微生物活化剂、细菌接种等处理种子。育苗床土无虫、无病、无杂草种子，床土用草炭土和大田土配制，施有机肥，配合微生物肥，A级可适合施用磷酸二铵和硫酸钾，AA级严禁使用人工合成的化学肥料。床土配制过程，严禁用化学杀虫、杀菌剂消毒，可用高温发酵堆制消毒。苗期控制生态环境培育壮苗。AA级严禁用人工合成激素，允许使用由植物或动物生产的天然生长调节剂、矿物悬浮液等。

（3）肥料。施用经充分腐熟的有机质肥料，包括草炭、作物残株、农作物秸秆、绿肥、经高温堆肥等处理后的无寄生虫和传染病的人粪尿和畜禽粪便及其他未受污染的商品有机肥料。可以使用草木灰、豆饼、动物蹄、角粉、未经处理的骨粉、鱼粉及其他类似的天然产品；允许使用以植物或动物生产的生长调节剂、辅助剂、润湿剂等。

不允许施用未经处理的人粪尿进行追肥。允许使用硫酸钾、钼酸钠和含有硫酸盐的微量元素矿物盐。

允许使用自然形态（未经化学处理）的矿物肥料，但使用含氮矿物肥时，不能影响园艺设施内生态条件以及蔬菜产品的营养、口感和对病虫等灾害的抵抗力。禁止使用硝酸盐、磷酸盐、氯化物等导致土壤重金属积累的矿渣和磷矿石。

（4）病虫害防治。严禁使用高毒、高残留农药。AA级禁止使用人工合成的化学农药，A级允许限量、限时使用低毒、低残留化学农药。

温室栽培，推广生态防治、生物防治、物理防治和农业综合防治及生物农药（植物、微生物农药）。

允许使用石灰、硫酸铜、波尔多液和元素铜以及杀（霉）菌的肥皂、植物制剂、醋和其他天然物质防治病虫害。含硫酸铜的物质、鱼藤酮、除虫菊、硅藻土等必须按规定使用。

允许使用肥皂、植物性杀虫剂，微生物杀虫剂及利用外源激素、视觉性和物理方法捕虫、驱避害虫、设施防治害虫。

（5）草害。AA级严禁使用化学类、石油类和氨基酸类除草剂和增效剂。温室内推广地膜覆盖技术，但应及时清除残膜；提倡用工人、机械、电力、热除草和微生物除草剂等除草或控制杂草生长。

（6）温室内环境管理。推广膜下软管滴灌节水灌溉技术，结合四段变温管理进行生态防治；叶菜推广微喷灌节水灌溉技术；阴、雨天控制灌水；高温注意通风排湿。悬挂聚酯反光膜增加光照强度提高蔬菜抗性。进行CO_2气体施肥，提高光合效益。增施充分腐熟、不含重金属及其他有害物质的有机肥，配合施用微生物肥。严禁施用未腐熟或未经处理的有机肥，以免污染土壤和产生有害气体。温室进行配方平衡施肥，严禁滥施化肥，污染土壤，防止温室内土壤盐渍化。建立蔬菜轮作制度，严防连作重茬，以市场为导向，提倡蔬菜多样化、多种类、间套复种。

（7）蔬菜产品检测。蔬菜产品上市前接受主管部门田间检测，执行绿色食品卫生标准。

（8）蔬菜产品清洗整理防止二次污染。鲜菜上市前清洗，必须用检测合格的生活饮用水清洗。净菜小包装采用有绿色（食品无污染农产品）标志的无毒、无污染环境的包装设备，操作人员需体检合格上岗。蔬菜产品消毒，精选整理后可用紫外灯、臭氧发生器、高频磁法等消毒杀菌。

（9）蔬菜产品贮藏保鲜。选择耐贮品种及长势好，无病虫，无机械伤、成熟度适宜的蔬菜产品。贮藏保鲜前，窖内空间、工具、容器等，需消毒杀菌，密闭熏蒸消毒后通风，然后再使用。处理后的蔬菜先在预冷间预冷装袋（箱）。

三、有机蔬菜

（一）有机食品蔬菜产品安全质量标准

有机食品蔬菜是指来自有机农业生产体系的蔬菜食品。在国际有机农业运动联合会和我国国家环保总局有机食品发展中心的章程中，都对有机食品的生产作了详细和严格的规定。其生产过程中完全不许使用化学合成的农药、肥料、生长调节剂，也不使用基因工程技术。有机食品的生产与认证在原有传统农业生产的基础上转变为有机农业生产，一般要经过2～3年转换时期。在转换期间，不允许用化学农药、化肥、化学添加剂及转基因物种。经过2～3年转换期，继续按有机农业标准生产，其产品要通过认证并授予有机食品证书。从事有机食品认证的机构需经国家认证认可监督管理委员会（CNCA）批准，获取认证资质后即可进行认证工作。

有机食品认证机构对有机蔬菜认证的依据是：《中华人民共和国国家标准有机产品》（GB/T 19630.1～19630.4—2005）。标准中对作物栽培中土肥管理、病虫草害防治、污染控制、水土保持和生物多样性保护作了明确的规定。在规范性附录A和附录B中对有机作物种植允许使用的土壤培肥和改良物质及允许使用的植物保护产品作了规定。有机蔬菜作为有机食品中的一部分，有其生产的特殊性。蔬菜种类繁多，对生长环境及对温、光、水、气、肥等要求不尽相同，其生长时间从几十天到百十天乃至更长时间不等，整个生长过程中极易发生病虫害。在有机蔬菜生产中，有相当数量是利用日光温室进行反季节生长。因而，从某种意义上讲，有机蔬菜生产的难度高于一般有机食品的生产。

有机食品蔬菜重在对产品生产过程的控制，重在对环境的保护。其理念在于整个过程符合标准，产品也一定符合标准。因而有机食品产生的本质，是建立在保持良好的生态环境，形成人与自然和谐共生的理念基础上。实现上述理念，必须首先人与人之间建立诚信的关系。国外有机食品认证，一般只进行过程检查，不做产品检测。正是基于遵守这一诚信原则。

有害金属及农药残留标准见表3-3，硝酸盐含量标准见表3-4。

表3-3 有害金属及农药残留标准

项目	最高含量标准（mg/kg）	标准依据
汞（Hg）	≤0.01	GB 2762— 1994

（续表）

项目	最高含量标准（mg/kg）	标准依据
氟（F）	≤1.0	GB 4809—1994
砷（As）	≤0.5	GB 4810—1994
镉（Cd）	≤0.05	GB 15201—1994
锌（Zn）	≤20	GB 13106—1991
铅（Pb）	≤0.2	GB 14935—1994
铬（Cr）	≤0.5	GB 14961—1994
铜（Cu）	≤10	GB 15199—1994
六六六（BHC）	≤0.2	GB 2763—1981
滴滴涕	≤0.1	GB 2763—1981
敌敌畏	≤0.2	GB 5127—1985
乐果	≤1.0	GB 5127—1985
马拉硫磷	不得检出	GB 5127—1985
对硫磷	不得检出	GB 5127—1985
呋喃丹	不得检出	GB 14928.7—1994
甲拌磷	不得检出	GB 4788—1994
氧化乐果	不得检出	农药使用准则
久效磷	不得检出	农药使用准则
甲基对硫磷	不得检出	农药使用准则
三氯杀螨醇	不得检出	农药使用准则
杀螟硫磷	≤0.4	GB 4788—1994
倍硫磷	≤0.05	GB 4788—1994
敌百虫	≤0.2	GB 16319—1996

（续表）

项目	最高含量标准（mg/kg）	标准依据
代森锰锌	叶类菜≤3.0，瓜豆类≤0.5	GB 16333—1996
亚胺硫磷	≤0.5	GB 16319— 1996
辛硫磷	≤0.05	GB 14868.1— 1994
百菌清	≤1.0	GB 14869— 1994
多菌灵	≤0.5	GB 14870— 1994
抗蚜威	≤1.0	GB 14928.2— 1994
氯氰菊酯	叶类菜≤1.0，番茄≤0.5	农药安全使用准则
溴氰菊酯	叶类菜≤0.5，果菜类≤0.2	GB 14928.4—1994
氰戊菊酯	叶类菜≤0.5，果菜类≤0.2	GB 14928.5— 1994
二氯苯醚菊酯	≤1.0	GB 14871— 1994
乙酰甲胺磷	≤0.2	GB 14872— 1994
地亚农	≤0.5	GB 14928.1— 1994
喹硫磷	≤0.2	GB 14928.10— 1994
西维因	≤2.0	GB 14971— 1994
粉锈宁	≤0.2	GB 14972— 1994
敌菌灵	≤10.0	GB 14974— 1994
双甲脒	≤0.5（瓜豆类）	GB 16333— 1996

表3–4　硝酸盐含量标准

蔬菜品种	最高含量（mg/kg）
小白菜、菠菜、生菜、水萝卜	3 000
芹菜、茼蒿、芫荽、茴香、莴笋	2 000
伏白菜、大白菜、甘蓝	1 500

（续表）

蔬菜品种	最高含量（mg/kg）
西葫芦、冬瓜、苦瓜、丝瓜、白萝卜、青蒜	1 000
芸豆、豇豆	500
韭菜、大葱、生姜、蒜薹	500
茄子、辣椒、青椒、番茄、黄瓜	300

（二）有机蔬菜生产技术

由于有机蔬菜栽培过程中不允许使用人工合成的农药、肥料、除草剂、生长调节剂等，因此，在栽培中不可避免地对病虫草害和施肥技术提出了不同于常规蔬菜的要求。

1. 生产基地要求

（1）基地的完整性。基地的土地应是完整的地块，其间不能夹有进行常规生产的地块，但允许存在有机转换地块；有机蔬菜生产基地与常规地块交界处必须有明显标记，如河流、山丘、人为设置的隔离带等。

（2）必须有转换期。由常规生产系统向有机生产转换通常需要2年时间，其后播种的蔬菜收获后，才可作为有机产品；多年生蔬菜在收获之前需要经过3年转换时间才能成为有机作物。转换期的开始时间从向认证机构申请认证之日起计算，生产者在转换期间必须完全按有机生产要求操作。经3年有机转换后的田块中生长的蔬菜，可以作为有机转换作物销售。

（3）建立缓冲带。如果有机蔬菜生产基地中有的地块有可能受到邻近常规地块污染的影响，则必须在有机和常规地块之间设置缓冲带或物理障碍物，保证有机地块不受污染。不同认证机构对隔离带长度的要求不同，如我国OFDC认证机构要求8m，德国BCS认证机构要求10m。

2. 栽培管理

（1）品种选择。应使用有机蔬菜种子和种苗，在得不到已获认证的有机蔬菜种子和种苗的情况下（如在有机种植的初始阶段），可使用未经禁用物质处理的常规种子。应选择适应当地的土壤和气候特点，且对病虫害有抗性的蔬菜种类及品种，在品种的选择中要充分考虑保护作物遗传多样性。禁止使用任何转基因种子。

（2）轮作换茬和清洁田园。有机基地应采用包括豆科作物或绿肥在内的至少3种作物进行轮作；在1年只能生长一茬蔬菜的地区，允许采用包括豆科作物在内的两种作物轮作。前茬蔬菜收获后，彻底打扫清洁基地，将病残体全部运出基地外销毁或深埋，以减少病害基数。

（3）配套栽培技术。通过培育壮苗、嫁接换根、起垄栽培、地膜覆盖、合理密植、植株调整等技术，充分利用光、热、气等条件，创造一个有利于蔬菜生长的环境，以达到高产高效的目的。

3. 肥料使用

有机蔬菜生产与常规蔬菜生产的根本不同在于病虫草害和肥料使用的差异，其要求比常规蔬菜生产高。

（1）施肥技术。只允许采用有机肥和种植绿肥。一般采用自制的腐熟有机肥或采用通过认证、允许在有机蔬菜生产上使用的一些肥料厂家生产的纯有机肥料，如以鸡粪、猪粪为原料的有机肥。在使用自己沤制或堆制的有机肥料时，必须充分腐熟。有机肥养分含量低，用量要充足，以保证有足够养分供给，否则，有机蔬菜会出现缺肥症状，生长迟缓，影响产量。针对有机肥料前期有效养分释放缓慢的缺点，可以利用允许使用的某些微生物，如具有固氮、解磷、解钾作用的根瘤菌、芽孢杆菌、光合细菌和溶磷菌等，经过这些有益菌的活动来加速养分释放与养分积累，促进有机蔬菜对养分的有效利用。

（2）培肥技术。绿肥具有固氮作用，种植绿肥可获得较丰富的氮素来源，并可提高土壤有机质含量。一般每亩绿肥的产量为2 000kg，按含氮0.3%～0.4%，固定的氮素为68kg。常种绿肥有紫云英、苕子、苜蓿、蒿枝、兰花籽、箭筈豌豆、白花草木樨等50多个品种。允许使用的肥料种类有机肥料包括动物的粪便及残体、植物沤制肥、绿肥、草木灰、饼肥等；矿物质包括钾矿粉、磷矿粉、氯化钙等物质；另外还包括有机认证机构认证的有机专用肥和部分微生物肥料。肥料的无害化处理有机肥在施前2个月需进行无害化处理，将肥料泼水拌湿、堆积、覆盖塑料膜，使其充分发酵腐熟。发酵期堆内温度高达60℃以上，可有效杀灭农家肥中带有的病虫草害，且处理后的肥料易被蔬菜吸收利用。

（3）肥料的使用方法。

①施肥量。有机蔬菜种植的土地在使用肥料时，应做到种菜与培肥地力同步进行。使用动物和植物肥的比例应掌握在1∶1为好。一般每亩施有机肥3 000～4 000kg，追施有机专用肥100kg。

②施足底肥。将施肥总量80%用作底肥，结合耕地将肥料均匀地混入耕作层内，以利于根系吸收。

③巧施追肥。对于种植密度大、根系浅的蔬菜可采用铺肥追肥方式，当蔬菜长至3～4片叶时，将经过晾干制细的肥料均匀撒到菜地内，并及时浇水。对于种植行距较大、根系较集中的蔬菜，可开沟条施追肥，开沟时不要伤断根系，用土盖好后及时浇水。对于种植株行距较大的蔬菜，可采用开穴追肥方式。

4. 病虫草害防治

（1）农业措施。选择适合的蔬菜品种、合理轮作、科学管理。在地下水位高，雨水较多的地区，推行深沟高畦，利于排灌，保持适当的土壤和空气湿度。适时的通风换气，控制设施内的湿温度，营造不利于病虫害发生的温湿度环境。此外，及时清除落蕾、落花、落果、残株及杂草，清洁田园，消除病虫害的中间寄主和侵染源等也是重要方面。

（2）生物、物理防治。有机蔬菜栽培时可利用害虫天敌进行害虫捕食和防治。还可利用害虫固有的趋光、趋味性来捕杀害虫。其中较为广泛使用的有费洛蒙性引诱剂、黑光灯捕杀蛾类害虫，利用黄板诱杀蚜虫等方法，达到杀灭害虫，保护有益昆虫的作用。利用有机蔬菜上允许使用的某些矿物质和植物药剂进行防治。可使用硫黄、石灰、石硫合剂、波尔多液等防治病虫。可用于有机蔬菜生产的植物有除虫菊、鱼腥草、大蒜、薄荷、苦楝等。如用苦楝油2 000～3 000倍液防治潜叶蝇，使用艾菊30g/L（鲜重）防治蚜虫和螨虫等。

因不能使用除草剂，一般采用人工除草及时清除。还可利用黑色地膜覆盖，抑制杂草生长。在使用含有杂草的有机肥时，需要使其完全腐熟，从而杀亡杂草种子，减少带入菜田杂草种子数量。

杂草控制应通过采用限制杂草生长发育的栽培技术（如轮作、种绿肥、休耕等）控制杂草，提供使用秸秆覆盖除草，允许采用机械和电热除草，禁止使用基因工程产品和化学除草剂除草。

5. 有机蔬菜生产的条件

（1）有机蔬菜生产的场地选择。有机蔬菜生产必须符合有机产品的生态环境，产品生产区域内应没有大气污染、水质污染、土壤污染、放射性物质污染的地区。

（2）有机蔬菜的土壤条件。土壤应是质地疏松，有机质含量高，腐殖质含量在3%以上，蓄肥保肥能力强，水解氮70mg/L以上，代换性钾100～150mg/L，速效磷8mg/L。土壤应保水供水、供氧能力强，土壤应具稳温性。有机蔬菜的土壤质量标准——土壤临界容量见表3-5。

表3-5　有机蔬菜的土壤质量标准——土壤临界容量（mg/L）

土壤类别	汞（Hg）	镉（cd）	铅（Pb）	砷（As）	铬（6+）	油
草垫褐土	0.43	2.8	400	12	2.5	150
黑土	0.2	2.0	150	15	35	250
红壤性土	0	1.1	—	25	—	—

（3）有机蔬菜的水质条件。有机蔬菜灌溉用水标准应执行GB 5084—2005所列的二级标准（表3-6）。

表3-6　GB 5084—2005二类标准

项目	二类标准	项目	二类标准
水温	≤35℃	石油类	≤10mg/L
含盐量	≤1 500mg/L	挥发性酚	≤1mg/L
pH值	5.5～8.5	苯	≤2.5mg/L
氯化物	≤200mg/L	三氯乙醛	≤0.5mg/L
硫化物	≤1mg/L	丙烯醛	≤0.5mg/L
汞及其他化合物	≤0.001mg/L	硼	≤3mg/L
镉及其他化合物	≤0.003mg/L	大肠杆菌	≤1 000个/L
砷及其他化合物	≤0.1mg/L		
六价铬化物	≤0.5mg/L		

（续表）

项目	二类标准	项目	二类标准
铅	≤1mg/L		
铜	≤1mg/L		
锌	≤2mg/L		
硒	≤0.02mg/L		
氟	≤3mg/L		
氰化物	≤0.5mg/L		

（4）有机蔬菜的大气环境要求。有机蔬菜生产的大气环境质量标准，执行GB 3095—1996所列的一级标准（表3-7）。

表3-7　空气污染物三级标准浓度限制

污染物名称	浓度限制（单位：mg/标准立方米）			
	取值时间	一级标准	二级标准	三级标准
总悬浮微粒	日平均任何一次	0.15～0.30	0.3～1.00	0.5
飘尘	日平均任何一次	0.05		
二氧化硫	日平均任何一次	0.02	0.06	0.10
氮氧化物	日平均任何一次	0.05～0.10	0.10	0.15
一氧化碳	日平均任何一次	4	4	
光化学氧化剂	日平均任何一次	0.12	0.16	0.2

（5）难点。

①有机蔬菜生产地的选择。在选择的过程中要对土壤、水源进行鉴别，看是否符合有机生产的要求，主要检测重金属含量是否超标。

②有机蔬菜的认证。有机蔬菜的认证一般要经过3年的有机转化，经过相关部门的检测认证才可以达到有机蔬菜的要求。

四、无公害蔬菜、绿色蔬菜和有机蔬菜的区别与执行

（一）无公害蔬菜、绿色蔬菜和有机蔬菜的区别

无公害蔬菜是按照相应生产技术标准生产的、符合通用卫生标准并经有关部门认定的安全蔬菜。严格来讲，无公害是蔬菜的一种基本要求，普通蔬菜都应达到这一要求。

绿色蔬菜是我国农业部门推广的认证蔬菜，分为A级和AA级两种。其中A级绿色蔬菜生产中允许限量使用化学合成生产资料，AA级绿色蔬菜则较为严格地要求在生产过程中不使用化学合成的肥料、农药、兽药、饲料添加剂、食品添加剂和其他有害于环境和健康的物质。从本质上讲，绿色蔬菜是从普通蔬菜向有机蔬菜发展的一种过渡性产品。

有机蔬菜是指以有机方式生产加工的、符合有关标准并通过专门认证机构认证的农副产品及其加工品。

1. 无公害蔬菜

蔬菜中有害物质（如农药残留、重金属、亚硝酸盐等）的含量，控制在国家规定的允许范围内，人们食用后对人体健康不造成危害的蔬菜。

2. 绿色蔬菜

遵循可持续发展的原则，按照绿色食品标准生产，经中国绿色食品发展中心认证，许可使用绿色食品标志的无污染的安全、优质、营养类蔬菜。绿色蔬菜分为A级和AA级两类，AA级等同于有机蔬菜，通常绿色蔬菜指A级。

3. 有机蔬菜

蔬菜生产过程中完全不使用农药、化肥、除草剂、生长调节剂等化学物质，不使用基因工程技术，根据国际有机农业的生产技术标准生产出来，经独立的有机食品认证机构认证允许使用有机食品标志的蔬菜。

（二）三者的共同特征

1. 环保

产地环境要求无污染，具有良好的生态条件，生产过程中减少使用或完全不使用化肥、农药等人工合成的化学物质，有效地防止生产过程对环境的污染。

2. 安全

在生产过程中，通过严密的监测和控制，防止有毒有害物质在各个环节的污染，确保蔬菜内有毒有害物质的含量在安全标准以下，不构成对人体健康的危害。

3. 优质

蔬菜的商品质量要符合标准要求。

4. 卫生

不使用尚未充分腐熟的人、畜粪尿，产品中不带有危害人体健康的各种病原菌和寄生虫等。广义的卫生还包括重金属残留及物料内的毒性。

5. 营养

蔬菜的内在品质，即品质优良，营养价值和卫生安全指标高。

6. 标志

对产品依法实行标志管理，3类食品都有一个质量证明商标，受《中华人民共和国商标法》保护。绿色食品标志、有机食品标志和无公害食品标志就是优质安全的象征。

（三）三者的区别

1. 标准不同

（1）无公害农产品。无公害农产品执行的是国家质检总局发布的强制性标准及农业部发布的行业标准。无公害蔬菜的产品标准、环境标准和生产资料使用标准均为强制性的国家及行业标准，生产操作规程为推荐性的国家行业标准，其中部分指标等同于国内普通食品标准，部分指标高于国内普通食品标准。

（2）绿色食品。绿色食品标准是由国家绿色食品发展中心组织制定的统一标准。A级标准是参照联合国粮农组织和世界卫生组织食品法典委员会（CAC）的标准、欧盟质量安全标准制定的，高于国内同类标准的水平；AA级标准是根据IFOAM有机产品的基本原则，参照欧盟及有关国家有机食品认证机构的标准，再结合我国的实际情况而制定的。

（3）有机食品。有机食品在不同的国家，不同的认证机构，其标准也不尽相同。我国是以国家环境保护总局有机食品发展中心制定了有机产品的认证标准即《DFFC有机认证标准》。目前，以国际有机农业运动联盟（IFOAM）的基本标准为代表的民间组织标准和各国政府推荐性标准并存，强调生产过程的自然与回归，与传统所指的检测标准无可比性。

2. 标志不同

（1）无公害农产品标志。“无公害农产品”标志是由麦穗、对勾和无公害农产品字样组成，麦穗代表农产品，对勾表示合格，金色寓意成熟和丰收，绿色象征环保和安全。

（2）A级绿色食品标志（绿底白）。上方的太阳、下方的叶片和中心的蓓蕾。标志图形为正方形。绿标图形告诉人们绿色食品正是出自纯净、良好生态环境的安全无污染食品，象征着蓬勃的生命力。

（3）AA级绿色食品标志（白底绿）。上方的太阳、下方的叶片和中心的蓓蕾。标志图形为正圆形，意为保护。绿标图形告诉人们绿色食品正是出自纯净、良好生态环境的安全无污染食品，象征着蓬勃的生命力。

（4）有机食品标志。一只手向上持着一片绿叶，寓意人类对自然和生命的渴望；两只手一上一下握在一起，将绿叶拟人化为自然的手，寓意人类的生存离不开大自然的呵护，人与自然需要和谐的生存关系。

3. 认证机构不同

（1）有机蔬菜。有机蔬菜的认证机构为国家环保总局有机食品发展中心。另外也有一些国外有机食品认证机构在我国开展有机食品的认证工作，如德国的BCS、美国的OCIA等。

（2）绿色蔬菜。绿色蔬菜主要中国绿色发展中心负责认证和最终认证审批。随着中国绿色食品发展中心加入了IFOAM，认证资格得到了大多数国家和机构的承认。

（3）无公害蔬菜。无公害蔬菜的认证机构较多，目前农业农村部农产品质量安全中心和国家认证认可监督管理委员会及许多省、市的农业管理部门都进行无公害食品的认证工作，但只有在国家工商总局正式注册标志或颁发了省级法规的前提下，其认证才有法律效力。

4. 认证方法不同

（1）有机食品和AA级绿色食品。有机食品和AA级绿色食品的认证实行检查员制度，在认证方法上是以实地检查认证为主，检测认证为辅，注重生产方式，认证重点是农事操作的真实记录和生产资料购买及应用记录等。

（2）A级绿色食品和无公害食品。A级绿色食品和无公害食品的认证是以检查认证和检测认证并重的原则，同时强调从土地到餐桌的全程质量控制，注重产品质量。

5. 目标定位和质量水平不同

（1）目标定位。

①无公害蔬菜以规范农业生产、保障基本安全、满足大众消费为目标，达到中国普通蔬菜质量水平。

②绿色蔬菜以提高生产水平、环境良好、食品安全优质、满足更高需求、增强国内外市场竞争力为目标，达到发达国家普通食品质量水平。

③有机蔬菜以保持良好生态环境，回归自然，人与自然的和谐共生为目标，达到生产国或销售国普通蔬菜质量水平。

（2）质量水平。

①无公害食品保证人们对食品质量安全最基本的需求，符合国家食品卫生质量标准，是最基本的市场准入条件。

②绿色食品达到了国家的先进标准，满足人们对食品质量高层次的需求。

③有机食品是满足更高层次的安全消费。

所以，可以把它们分为3个档次，即无公害食品是基本档次，A级绿色食品是第2档次，AA级绿色食品和有机食品为最高档次。

（四）三者之间的关系

①无公害蔬菜、绿色蔬菜和有机蔬菜都是经质量认证的安全蔬菜。

②无公害蔬菜是绿色蔬菜和有机蔬菜发展的基础，绿色蔬菜和有机蔬菜是在无公害蔬菜基础上的进一步提高。

③无公害蔬菜、绿色蔬菜和有机蔬菜都注重生产过程的管理，无公害蔬菜和绿色蔬菜侧重对影响产品质量因素的控制，有

机蔬菜侧重对影响环境质量的控制。

④无公害食品相当于绿色食品中的A级绿色食品，有机食品相当于我国制定的AA级绿色食品的标准。

（五）三者的发展

随着无公害蔬菜的进一步发展，其标准将日趋严格，并最终与绿色蔬菜走向统一。无公害蔬菜和绿色蔬菜尽管名称和具体标准不同，但其原则和宗旨都一样，二者都是为了能够提供安全、卫生、无污染的蔬菜产品，以满足人们不断呼吁的回归自然的消费需求，所以二者的回归与统一也是必然的。就目前情况而言，蔬菜生产首先必须达到无公害食品的要求，这不仅有利于亿万民众的身体健康，而且有利于提高生态农业的技术和管理水平，有利于生态环境。在此基础上，进一步发展面向国内中、高档消费群体的绿色蔬菜。最后根据国际市场需求和生产管理标准，在生态环境和生产过程中控制好基地，有选择地生产有机蔬菜。以上3个层次可以相互带动，相互支持，在一定条件下可以相互转化，达到发展我国蔬菜产业的目标。

第四节　蔬菜包装

一、建设蔬菜品牌，提升包装档次

蔬菜的品牌，不仅仅是商标或标志的差别，它更是企业或生产者的一种象征。对消费者而言，品牌代表着一种安全感，它是企业或生产者和消费者沟通的重要手段，保证了企业或生产者对消费者信息的准确传达。在农业园区建设中，园区蔬菜品牌的建设作为一项重要工程不容忽视。

（一）提高品牌意识

由地方政府开展品牌商标帮扶工作，通过宣传培训逐步树立农民“品牌就是竞争力”意识，引导农民专业合作社申请商标，同时做好商标管理、商标培育指导、商标法律告知、商标注册建议等行政指导。扶持已有农产品商标申请著名商标、知名商标，提高商标使用效率，挖掘提升品牌影响力，防止出现部分商标在生产销售过程中成为闲置资产。

（二）提升蔬菜品质

政府应该组织农业推广、科研、教学有关部门，根据当地的气候条件，地理特点，因地制宜地规划具体品种的最佳区域，发展名、特、优品牌蔬菜产品。通过土壤的检测，合理养护土壤，充分发挥土壤养分作用，提高产出效率；科学合理地安排蔬菜种植茬口，提高种植者的经济效益，满足市场供应和消费者的要求；选择合适的地区建立育苗基地，引入和培育新的品种；优化种植设施，防止蔬菜病虫害；细分产品质量，进行产品分级。

蔬菜的品牌化建设离不开严格的质量监管制度。通过推进市场准入制，加大投入品管理、生产档案、产品检测、基地准出、质量追溯5项质量管理制度建设，规范农民生产行为，构建产品质量安全管理长效机制。聘请农产品质量安全监管员，形成县、镇、村三级监管服务体系，确保蔬菜产品质量安全。

（三）做好品牌宣传

蔬菜品牌建设中，明确市场定位十分重要。品牌蔬菜由于生产成本高、营销成本高，多数适合走中高端消费市场。通过其面向不同的销售渠道，选择合适的产品定位，比如采摘和观光，供应宾馆、饭店、酒楼和超市，装箱礼品菜、出口和运往外埠销售以及供应市民的普通蔬菜等。

积极推进无公害农产品、绿色食品、有机农产品的认证标志及GMP认证。鼓励农业合作社或企业积极参与有潜力的蔬菜展销会，并通过电视、报刊和网络等媒体来展示自身形象，通过“三品”标志，提高产品的知名度和公信力，提高品牌效应。

规范品牌蔬菜包装标志工作是培育品牌蔬菜的重要手段。满足不同产品的用标需求，确保标志使用的正确性和真实性，从而提高广大消费者对不同品牌蔬菜的认知度。

二、提高蔬菜包装档次

蔬菜包装设计是商品实用性与新颖性的结合，是商家销售心理与购买者需求心理的共鸣。其主要功能是保护商品、美化商品和向消费者传递信息。随着物质文化生活水平的提高，人们的消费观念也在不断发展，所以必须不断改进蔬菜包装设计，根据不同层次的人不同的需求，进行多角度的蔬菜包装设计。

人们在紧张的生活节奏下，尤其需要放松和幽默。消费者的欣赏兴趣和生活方式越来越个性化和多样化，具有趣味性、创新性结构等特点的个性包装更容易引起消费者的好奇心，增加对消费者的刺激作用。

独特的蔬菜包装设计模式对促进商品销售也起着重要作用。例如，食品包装封口大多采用塑料或纸卡从结构上密封，给消费者一种清洁卫生的感觉，使消费者安全地选择和购买。如果商家能有效地利用包装设计的结构细节，让消费者在体验设计师对细节的关注和消费者的关怀的同时，享受产品，这样的品牌和商品一定会在市场上取胜。一些商家，主要针对年轻消费者，经常推出卡通形象和吉祥物蔬菜包装设计来吸引消费者的注意力。

传统的吉祥图案如果能在蔬菜包装设计中得到恰当的运用，并能利用这些图案的文化价值向消费者表达愿望，在一定程度上与消费者心理产生共鸣，提高产品的附加值。蔬菜包装设计是影响消费者最终购买决策的重要因素，因此，作为设计师，我们必须了解市场，分析消费者的需求，改进蔬菜包装设计策略。

（一）个性化包装设计

“个性化包装设计”是指在买方市场细分和目标消费者分化的情况下，采用不同于常规的设计形式令产品脱颖而出，并以小批量的数量的数目来吸引目标消费者的包装设计类型。

独特性造就了个性化的包装特征，旨在表现产品的新颖和与众不同，在产品展示和销售环节具有决定性的作用。并不是面对大多数的消费者，而是以特定的目标，消费者群体为主的小众设计。个性化包装设计强化了某些功能，不但从造型方面强化保护功能，同时也追求形式美感，从某种程度上说，个性化包装是普通包装的艺术升华。

（二）个性化包装设计

设计理念是设计的“核”，它把握设计的全局，引导设计的路线，规定设计的程序，选择设计的材料，确定设计的结果。

在进行包装结构设计时首要考虑人体的自然结构，人在使用包装时达到手物一体的状态。其次，除了满足最基本的保护商品的功能之外，还要从艺术性和美感的角度来进行考虑，既要保留被仿生物最重要的形态特征，又要抽象简化某些不重要的结构。从包装结构角度来看，也可通过设计师对结构的合理设计使商品的包装与其他附加功能结合在一起，被消费者直接利用，使商品的包装可以通过消费者的简单再创造具有新的使用功能。也可以设计概念型包装，但一般不用于正常的商业渠道，它的价值在于可以展示最新的科技手段和传达最新的设计理念，甚至可以将不同领域的结构相结合进行探索和发展，形成超越常规的包装形态，为个性化包装提供了无限的可能性。可以从功能、运输、销售、材料、表现等方面进行挖掘、提炼概念，深入主题，表现最前沿的设计理念和设计水平。

（三）个性化包装设计手法

包装分为包装结构和包装视觉两大部分，从结构形态上另辟蹊径，通过“习惯性”包装，“延展性”包装和“高颜值”包装等角度进行分析并指导实践。

1. “习惯性”的包装结构

保持包装结构的原有形态，是习惯性包装的特征之一，主要利用的是原有包装物的结构形态，在消费者印象中的记忆作用以及与结构相关的联想信息，如结构中的物品，物品的属性，物品的使用经验，使用物品产生的实际结果等。

2. “延展性”的包装结构

“延展性”包装功能是基于保护和宣传功能之外的设计。在保护产品的基础上，主要通过包装结构的变化，延展其他的功能，如有效利用整合功能、再利用功能等。

3. “高颜值”的包装结构

从设计实践角度来看，依据产品的属性形态从技术工艺、气质风格、形态结构等角度入手，通过“技精工美”“合理夸张法”“以形示韵法”“仿生提炼”等具体方法的使用，达到提高包装结构“颜值”的目的，进而追求增加销售量的最终结果。

（四）视觉感受强化个性

消费者依据视觉元素的组合所传达出的信息来进行商品的辨识，信息越清晰，被选择的可能性就越大，在某种程度上的信息清晰度与消费者的选择成正比。依据这个原则，个性化包装可通过强化信息的方式达到吸引消费者的目的。

1. 利用色彩强化包装个性

色彩是视觉上最直观的形式要素，它能产生瞬间的视觉印象，成为吸引消费者的核心元素。色彩具有色相、明度、纯度三大基本属性。色相就是颜色的样貌，明度是颜色的明亮程度，纯度是色彩的纯净度。对比和调和是色彩的两大主旋律。色彩或附着于文字之上，来确立文字的重要性和信息传达的清晰度，或附着于图形之上，成为消费者眼球的重要信息源，强化色彩的个性与情感表现，色彩的个性化也成就包装设计个性化。每种色彩都有其特定的视觉特征，表现为色彩的冷与暖，轻与重，膨胀与收缩，前进与后退，兴奋与沉静，华丽与朴素，活泼与庄重，以及色彩的味觉和季节等。这就要求对消费者心理的把握。可以通过运用同一色系、降低对比度、利用色彩心理等手段强化个性化。

2. 利用图形强化包装个性

包装设计中的图形分为具体图形、抽象图形、意象图形。依据商品的种类和消费者定位，确定选择何种图形来进行表达和展示。

利用品牌名称是最简单也是最直接的一种图形表现方式，它通过呈现品牌名称或标志的手法，减少设计程序的同时，却是强化品牌宣传和培养消费者群体的好方法。

利用摄影或者写实绘画的方式来表达产品，往往将实物或人物宣传的照片直接展示在包装上，是最直接的商品展示方式，是消费者能够直接了解包装里的内容物，以便产生供需之间的对接。以情感为媒介，消费者凭借生活经验，由此及彼的一种思维方式。

利用产品本身的形态、成分、使用以及产品的历史、产品产地的风俗习惯等角度来引起对产品的思考。

3. 字体选择

个性化包装设计中文字的选择既要具有识别性，又要讲究形式美。形式美是与文字的构成有关的，不同的字体具有各自的形式美感，同时会呈现出不同的个性和特征，如能将特质相似的文字与商品相结合，商品本身的内涵也会得到更好的体现。

包装设计上有多种文字类型、处于视觉重点的品牌文字、灵活的广告文字、说明性文字、通过材料选择来强化个性化，这样依据其特点，并结合产品可以设计出千变万化的个性化包装。

4. 商品特征与包装材料

首先，包装材料的使用价值要以商品特性为前提，以保护商品的目的。其次，包装材料的艺术价值，主要是通过材料肌理与纹路展现，以自然的方式融入包装的形象之中，形成包装的独特风格。

包装材料具有质地、肌理、色彩等特征，质地或平滑、或粗糙，肌理或纵横交错、或高低不同，色彩或鲜亮、或朴实，因而可以产生不同的视觉效果。

造型以材料为基础，材料以造型为媒介，两者相辅相成，塑造完整的包装形态。在进行个性化包装设计时不论是图形还是文字，都可以利用材料的各种属性将其融合，使包装变得更加富有创意和情趣。

三、发展高档包装

发展高档包装是目前国际公认潮流。当前绝大部分包装（企业）生产的主要是附加值不高的低档包装材料，其造纸原料主要是各种秸草。据市场调研表明，蔬菜主产区有广阔的秸秆资源，完全可以成为高档木浆纸的生产原料，木浆纸可以用来制造高档纸箱、纸张、果实袋等，市场前景看好。

（一）蔬菜包装现状

蔬菜礼品箱一般都是彩色覆膜的，也有是普通的牛皮对口纸箱。蔬菜礼品箱样式分为普通的对口纸箱、手提礼品箱、绳子手提礼品箱、塑料手提礼品箱、自提礼品箱等，根据客户的需要不同，纸箱的样式也不同。蔬菜礼品箱按照承重量分类有三层礼品箱、五层礼品箱之分。

随着现代人对食品安全的要求越来越高，无污染、无化肥农药残留的有机蔬菜受到更多市民喜爱。有机食品被誉为“朝阳产业”，具有广阔的市场。有机蔬菜的种植讲究的是安全、自然的生产方式，可以很好地促进和维持生态平衡。有机蔬菜无化学残留，口感佳，而且已被证明比普通蔬菜更具营养。人们对安全食品的需求日益强烈，国内市场前景非常乐观。既然有机蔬菜好处那么多，所以近年来每逢过节都会有好多厂家会定做一批有机蔬菜的礼品箱。

纸箱纸盒是目前国内外包装中使用最多、最广泛的一种装潢形式。其原因是纸材料普遍易取、花色品种繁多、规格齐全、加工方便。另一个原因是纸箱纸盒设计便于销毁、容易回收并能保证成品质量稳定、价格合理、便于加工，因而受到社会的广泛欢迎。

纸箱纸盒按几何形态分类有方形、圆形、圆柱形、三角形、菱形、梯形、球形等包装。按模拟形态分有扇形、桃形、橘子形、金鱼形、模拟汽车和飞机等诸多自然形态的包装。

总之，纸箱纸盒的种类和包装设计是科学性和艺术性相结合的产物。消费对象、消费层次的不同，纸箱纸盒形态结构设计的要求也不相同，力求美观、新颖以表现出各类商品的个性特征是包装设计所要追求的。合理的结构、理想的选材是保护商品、方便携带、便于销售陈列、降低生产成本的要求。这是设计者必须要注意到的问题。

（二）现代包装设计发展的新趋势

1. 科学合理

一件成功的包装品，并非用料越高级越好，价格越贵越好，而是应以商品本身价值、消费者、使用场合的不同而异。如果超出了限度，就成了过分包装、夸大包装、欺骗包装，导致加重消费者的负担，引起消费者的不满。忽略经济与自然资源和环境的关系，这种以影响自然生态环境和经济可持续发展为代价的做法是不可取的。

科学设计已成为包装设计发展的主流之一，它推崇的是最合理的包装结构，最精练的造型、最低廉的成本。合理的包装取决于完整性与包装成本的平衡性，是为了防止储运过程中发生意外、商品受破坏和损伤而采取的必要措施。因此，在商品包装设计中，应避免过大、过度和过于简单的包装，还应充分考虑保护性、安全性及包装废弃物处理等因素。

2. 绿色生态

绿色包装是指对自然生态环境不造成污染、对人体健康不造成危害、能循环使用和再生利用、可促进持续发展的包装。在“新时代中国特色社会主义价值观”思想影响下，以保护环境和节约资源为中心的绿色浪潮悄然兴起，人们的消费进入绿色消费时代，不利于环境保护的包装将不被消费者所接受，绿色包装将是包装变革的必然趋势。

在包装设计过程中，设计师应多使用可进行生物降解和再生循环使用的材料进行包装，尽量选用以自然材料如贝壳、竹、木、土、石、棉、麻、棕、草等为主的传统环保材料，因地制宜、量材施用。注重宣传，要在包装上印上诸如“请在抛弃这个包装时注意环境清洁”等字样，以提高人们的环保意识。

3. 人性化设计

人性化设计是包装设计发展的另一趋势。要顺应时代的审美潮流。包装形象的塑造与表现应向自然活泼的人性化发展，包装应有个性品质、独特风格。首先，包装应从功能出发，以人为本，合理设计造型、结构，尽量追求方便、适用，适应各类消费者的需要。设计创意更追求唯美的效果。近年来备受年轻人推崇而流行的随意版式，就迎合了年轻一代求新、求奇、不愿受约束的心理特点，所以把握风格化的趋势也是包装设计成功的关键，它使设计作品具有艺术观赏性，提高大众审美的新趋势，又增强了产品的市场竞争力。

4. 传统因素设计

包装设计不但要追求时代性，还要充分发挥传统文化的影响力，将传统性和现代性合理融合，在“全球化”的同时不失其自我，创立自己的品牌，抢占市场份额，这也是当今国内包装装潢设计的发展趋势。如山西杏花村酒的包装设计，以杏花、牧童表达了“牧童遥指杏花村”的诗情画意，结合龙凤纹样传达吉祥，以汉代画像石酿酒图体现其历史悠久，圆筒瓶身，扎系蓝花缎布，与传统青花瓷纹样结合，配合书法品名，体现了商品包装的民族化。设计师利用巧妙而生动的解构技巧将传统元素形成一个个既有视觉冲击力又富有民族文化特征的包装设计，在人们选择这样的商品时，很容易产生情感上的共鸣，并得到满足。可以肯定地说，只有这类既能很好地利用视觉设计语言的共同性，又能充分体现文化个性的包装设计作品，在现代社会才更具有生存的空间。

当今市场，产品更新换代的速度越来越快，人们对商品的需求也更加多样化、个性化，中国现代包装设计发展至今，设计者若能理解其现状，把握其发展趋势，才能设计出适应时代的包装产品，企业才能在激烈的竞争中抢得先机。

技术篇

第四章　蔬菜生产与质量安全控制

蔬菜产品安全分为数量安全、质量安全和生产安全3类。蔬菜产品数量安全主要指在总量和结构上蔬菜产品满足季节性、结构性和区域性的供给平衡；质量安全，指蔬菜产品的营养价值和质量符合各项营养指标，对人体健康没有直接或潜在的不良影响；蔬菜产品生产安全是指在农业生产过程中，从产地、种子、种苗、肥料、农药、植物生长调节剂和抗生素等投入品管理、检测至采收、包装、运输和贮存，均可保证蔬菜丰收和产品优质。一般所说蔬菜质量主要关注于质量安全和生产安全，其影响因素主要包含环境、栽培技术及产品的采后处理技术等。本章主要从蔬菜产地质量安全控制、蔬菜生产过程投入品质量控制与管理、病虫草害防控技术、蔬菜采后贮藏保鲜技术、产地田间档案管理及蔬菜产品质量追溯等方面进行详细介绍。

第一节　蔬菜产地质量安全要求和评价

蔬菜产地的环境包含光照、温度、水分和土壤等环境因素，蔬菜生产基地应选择温湿度及光照适宜的生产区域，建在生态环境良好，环境空气质量、灌溉水质量及土壤环境质量符合各等级蔬菜质量生产技术规范要求，基本没有环境污染、交通便利、地势较平坦、土壤肥沃、排灌条件良好的产地。蔬菜产地质量安全控制是蔬菜质量安全的基础和前提。

一、蔬菜生长发育所需的环境条件

蔬菜生长发育所需的环境条件指其生长地点周围空间的所有因子，主要包括光照、温度、湿度、土壤营养、气体条件及气候条件等。

（一）不同种类蔬菜对光照条件的要求及调节

光照环境包括光照强度、光质和光周期3个方面。

1. 蔬菜生长发育对光照强度的要求

光照强度是指单位时间单位面积上所接受的光通量。光照强度影响蔬菜光合作用的强弱。在一定光照强度范围内，其他条件一定的情况下，植株的光合强度随光照强度的增加而增强。但光照强度超过光饱和点后，光照强度的增加不再引起光合作用的增强。一般喜温蔬菜光饱和点高，耐寒的叶菜类光饱和点低。根据蔬菜对光照强度的要求不同可分为4种类型。

（1）强光性蔬菜。对光照强度要求较高，适宜的光照强度范围为5万～6万lx（勒克斯）。包括大部分瓜类、茄果类、豆类、薯芋类，该类作物不能忍受长期荫蔽环境，如遇阴雨天气对产量和品质会造成负面影响。

（2）中光性蔬菜。对光照强度要求不严格，一般喜欢阳光充足或微阴环境，适宜的光照强度范围为3万～4万lx。包括白菜类、根菜类、甘蓝类、葱蒜类，该类作物在夏季或早秋栽培时应在光照较强时进行遮阴。

（3）耐阴性蔬菜。对光照强度要求较低，不能忍受强烈的直射光，适宜的光照强度为2万lx，包括生姜、绿叶菜等。

（4）耐弱光性蔬菜。能够耐受弱光，生长环境要求低于1万lx的弱光环境，包括食用菌类、芽菜类。

2. 蔬菜生长发育对光质的要求

光质是指光的组成成分，即不同波长光的分布比例。不同光质或波长的光对植物的形态结构与化学组成、光合作用和器官生长发育有不同影响。一年中，光质随季节变化，其组成差异较大，春季太阳光中紫外线较秋季的少，夏季紫外线和蓝紫光成分含量较其他季节高。太阳光中被叶绿素吸收最多的是红光，其作用最大，黄光次之，蓝紫光的同化作用效率仅为红光的14%。此外，散射光中红光和黄光比其在直射光中的比例高，弱光情况下，散射光对蔬菜的生长作用大。光质不同会引起植物形态结构、化学组成、光合作用和器官生长发育不同，因而光质的变化对不同季节生产的蔬菜产量及品质均有影响。

不同光质或波长的光生物学效应不同，红光的作用主要体现在对植株的节间伸长调控、促进分蘖、增加叶绿素、类胡萝卜素、可溶性糖等物质的积累等方面。红光可以加速长日照植物的发育并延迟短日照植物的发育；蓝光抑制茎伸长、促进蔬菜的横向伸展，促进叶绿素合成，有利于氮同化和蛋白质合成，有利于抗氧化物质合成。某些蔬菜块茎及球茎的膨大主要在蓝光作用下形成；黄光基本上表现为对植株生长的抑制，但在红蓝光基础上添加黄光可显著提高菠菜苗的生长，且黄光对提高叶用莴苣的营养品质效果显著；紫外光主要作用体现在减少植物叶面积、抑制下胚轴伸长、降低光合作用和生产力，植株易受侵染等方面，但适当的增补紫外光可以促进花色苷及类黄酮的合成；远红外光对光合作用影响较小，但红光与其比值（R/FR）对植株高度、植株形态建成具有重要作用。在生长室内白色荧光灯为主要光源时用LEDs补充远红辐射（发射峰734nm），花色素苷、类胡萝卜素和叶绿素含量降低，而植株鲜重、干重、茎长、叶长和叶宽增加。

光质作为光环境的重要特性，直接或间接地影响植物激素的合成和运输。在苗期照射红、蓝光可显著促进蔬菜幼苗的生长，提高壮苗指数。不同波段的光可通过影响植物体内的激素水平来调节植物节间的生长。远红光促进番茄和莴苣幼苗的下胚轴显著伸长，幼苗严重徒长。蓝紫光降低植株体内生长素的水平，削弱顶端优势、增强分蘖能力，进而抑制植物节间的伸长。幼苗下胚轴伸长与不同波长的光质有关，白光、蓝光可以抑制茎的伸长，而绿光则显著促进节间的伸长。利用LED红光进行夜间延时补光能够促进黄瓜幼苗前期生长，红蓝混合光夜间延时补光可促进黄瓜幼苗后期生长，提高壮苗指数。利用LED红蓝光为光源，可有效促进豇豆、苦瓜、生菜和辣椒幼苗的形态建成，并且随着LED红蓝光的增强，幼苗形态指标逐渐提高，叶绿素合成逐渐增加，根系活力逐渐增强。不同的LED光质对黄瓜、辣椒和番茄等不同品种的幼苗生长影响显著且存在差异，在苗期补充红光或红蓝光可促进幼苗的生长，有利于培育壮苗。补光可以提高番茄和辣椒的类黄酮和总酚的含量，增强抗氧化酶系统CAT和SOD的活性，有利于提高植株的抗逆性和对环境的适应能力。

3. 蔬菜生长发育对光周期的要求

光周期指一天中日出至日落的理论日照时数。光周期现象是蔬菜作物的生长和发育（花芽分化、抽薹开花）对日照长短周期性变化反应的现象。蔬菜作物根据生长发育和开花对光周期的反应可分为长日性、短日性和中光性蔬菜。

（1）长日性蔬菜。要求日照时数为12h以上才能开花结实，短日照条件下延迟开花或不开花。属于长日性蔬菜的有多数绿叶菜类（白菜、芹菜、菠菜）、甘蓝类（结球甘蓝、球茎甘蓝、花椰菜等）、芥菜、萝卜、胡萝卜、莴苣、蚕豆、豌豆、大葱、洋葱等。长日性蔬菜要求一定时间的连续光照才可以开花，对暗期没有要求。

（2）短日性蔬菜。要求日照时数为12h以下才能开花结实，在长日照下不开花或延迟开花。属于短日性蔬菜的有丝瓜、豇豆、扁豆、茼蒿、苋菜、空心菜、木耳菜等。短日性蔬菜要求一定时间的连续黑暗才可以诱导花原基形成，即连续黑暗时间超过一定时长，不论光照时间长短均可开花。

（3）中光性蔬菜。对光照长短要求不严，只要温度适宜，在较长或较短的日照条件下均能开花结实。属于中光性蔬菜的有茄果类、黄瓜、菜豆、早熟大豆等。这类蔬菜在生产上可以采用设施周年栽培。

光周期不仅影响蔬菜的花芽分化，还对蔬菜叶的形状、色素、分枝习性、地下贮藏器官（块根、块茎、球茎、鳞茎）的形成等有影响。许多短日性豆类蔬菜在短日照情况下蔓性变矮，且可以促生侧枝；而在长日照条件下，侧枝及第一花序的着生节位均较高。一般的，瓜类在短日照及较低温度环境下，可以促进雌花分化。马铃薯、芋、菊芋、甘薯等薯芋类的块根形成需要短日照条件；洋葱、大蒜等鳞茎的形成则需要长日照条件。不同品种的蔬菜对光周期的反应差异很大，且光周期对蔬菜生长发育的作用受环境温度影响。

4. 蔬菜生产过程中光照条件的调节

蔬菜露地栽培光照强度较强、光照时数较长一般采用遮阴方式。如生姜栽培管理过程中可采用畦上覆盖遮阳网、遮阳草；间作遮阴、插姜草遮阴等方法。

光照强弱必须与温度高低相配合，在栽培上，尤其是保护地栽培，如果光照减弱，温度也应相对降低，光照增加，温度也要相应提高，这样才有利于蔬菜的生长发育及产品器官的形成，利于光合产物的积累。如果在弱光环境下，温度过高会导致呼吸作用增强，从而消耗过多的营养物质，不利于蔬菜产量及品质的提高。大多数蔬菜的光饱和点（光强增加到光合作用不再增加时的光照强度）为5万lx左右，但西瓜可达7万～8万lx，白菜、包菜和豌豆为4万lx。超过光饱和点，光合作用不再随光照强度增加而增加，且伴随高温，往往造成植株生长不良。因此，可以根据蔬菜对光照强度的不同要求，在夏季、早秋选用不同规格遮阳网覆盖的措施降低光照强度，确保光照强度在光补偿点（光照下降到光合作用的产物为呼吸消耗所抵消时的光照强度，大多数蔬菜为1 500～2 000lx）以上的基础上，降低环境温度，以促进蔬菜生长。

（二）不同种类蔬菜对温度的要求及调节

蔬菜生长发育对温度最敏感，温度可以通过影响光合、呼吸、蒸腾等代谢过程，或者影响地温、气温及水肥吸收等过程来影响蔬菜的生长，对蔬菜的生长和发育及其产量有重要作用。每种蔬菜作物的生长发育对温度都有一定的要求，具有各自的最高温度、最低温度和最适温度。在最适温度下，蔬菜生长良好，同化作用强，光合作用产物大于呼吸作用的消耗，产量高。超出最适温度范围在最低和最高温度范围内，如继续升高或降低温度，植株仍可以生长，但是同化作用降低或呼吸作用增强，生长发育不良且会降低产量。

1. 不同种类蔬菜对温度的要求

根据蔬菜对温度的不同要求，及植株所能耐受的最低、最高温度，将蔬菜分为以下5类。

（1）耐寒性多年生宿根蔬菜。包括韭菜、黄花菜、芦笋、葱蒜类、茭白、石刁柏等。生长适温12～25℃，在生长季节，地上部可耐受30℃以上高温。冬季地上部枯死，以地下宿根（茎）越冬，能耐受-10℃的低温。

（2）耐寒性蔬菜。包括大部分绿叶菜如菠菜、冬寒菜、芫荽、茼蒿、荠菜等，白菜类的部分耐寒品种及葱、蒜等。生长适温17～20℃，耐热性较差，温度超过20℃时生长不良。可耐受-2～-1℃的低温，短期耐受-5～-3℃低温。

（3）半耐寒蔬菜。包括根菜类、芹菜、莴苣、大白菜、马铃薯、蚕豆、豌豆等。生长适温17～20℃，大部分此类蔬菜可耐受-2～-1℃的低温，产品器官形成期温度超过20℃引起生长不良，最高忍耐30℃高温，但此时同化作用产物基本被呼吸作用消耗。

（4）喜温蔬菜。包括茄果类蔬菜如番茄、茄子、辣椒，黄瓜和菜豆等。生长适温20～30℃，在生长季节，40℃高温会引起生长不良，不耐5℃以下低温，低于10℃停止生长，15℃以下影响正常开花结果。

（5）耐热蔬菜。包括豇豆、甜瓜、西瓜、丝瓜、苦瓜、南瓜、冬瓜等。生长适温30～35℃，部分蔬菜如豇豆、甜瓜和西瓜在40℃高温仍能正常生长，可耐受高温，不耐低温。

2. 蔬菜不同生育期对温度的要求

（1）种子发芽期。蔬菜种子发芽要求较高的温度，种子出土前在适温范围内，温度越高，出土越快。喜温、耐热类蔬菜发芽适温为20～30℃，耐寒、半耐寒蔬菜为15～20℃。发芽期保持较高的温度，可促进种子胚芽萌发，出土后至第一片真叶展开前应适当降温，温度过高易徒长形成高脚苗。

（2）幼苗期。蔬菜幼苗期的适应温度范围相对较宽，但幼苗期适温往往比种子发芽时要低， 方面种子贮藏的养分大部分用于出芽，另一方面，新叶较少，植株同化作用弱，如温度过高，呼吸作用过强而使幼苗生长衰弱，且容易造成幼苗徒长，故与发芽期相比蔬菜幼苗期温度可采用适温范围内的低温。在蔬菜定植前5～7d进行低温炼苗，将苗床温度控制到比平时低

3～5℃，可增强蔬菜的抗逆性，提高幼苗定植后的成活率，促进缓苗。但应注意低温炼苗时，气温和地温都不能过低，长期过低的气温和地温，不但达不到炼苗效果，反而会影响根系的生理机能以及花芽分化的正常进行。经过低温锻炼的番茄苗可忍耐0～3℃的短期低温，白菜苗可忍耐30℃以上的高温。另外，大部分一年生蔬菜花芽分化开始于幼苗期，花芽分化的节位、数量和质量均对温度反应敏感，故在生产上可将夜温控制在生长适温的下限，以促进雌花的形成。根据这一特点，生产上多将幼苗期安排在月均温高于或低于适温的月份，以便将更多的适宜温度时间安排给蔬菜营养生长期和产品器官形成期，从而延长生产期提高产量。

（3）营养生长与生殖生长并进期。从花芽分化完成开始，大部分蔬菜就一直处于营养生长与生殖生长并行的状态，一般蔬菜营养生长所需温度较幼苗期略高，且生殖生长期，不论是喜温蔬菜还是耐寒蔬菜都要求相对较高的温度。但是对于白菜、甘蓝、萝卜等二年生蔬菜，在其叶球或肉质根形成时期，温度要低一些，以此降低贮藏器官的呼吸作用，便于此类蔬菜进入休眠期后可保存更长时间。

（4）产品器官形成期。蔬菜产品器官形成期营养生长变慢，养分积累在各产品器官，结球叶菜养分积累于叶球，根菜类将养分积累在肉质根部，葱蒜类将养分积累于鳞茎中，此过程适温范围较窄。果菜类适温为20～30℃，根、茎、叶菜类适温为17～20℃。

3. 蔬菜的温周期现象及其作用

不同种蔬菜最适温度不同，且温度有季节变化和昼夜变化。自然界日夜温度的周期性变化称为“温周期”。植物生长发育对昼夜温度周期性变化的反应称为“温周期现象”。保持适当的昼夜温差可促进蔬菜的生长、碳水化合物的积累、改善蔬菜品质。以番茄为例，其生长最适温度日温为26.5℃，夜温为17℃，而昼夜温度不变均为26.5℃的恒温条件下，其生长率反而比变温的低。其原因为白天较高的温度有利于植株的光合速率提高，增加光合作用产物，而夜晚较低的温度可降低呼吸作用消耗，从而积累更多的同化物质。这也是我国西部等温差较大地区所产的西瓜和甜瓜品质显著优于东部沿海地区产品的主要原因。因此，昼夜变温对植物生长是有利的。

昼夜温度变化对二年生蔬菜影响较大。二年生蔬菜中冬性较强的品种，昼夜温差大使得叶球产量远比长江以南地区高。但萝卜在昼夜温差大的高原地区栽培，往往因为夜间连续低温引发春化作用造成萝卜未成熟即出现抽薹的现象，从而降低商品价值。

4. 春化作用

许多一年生植物和二年生蔬菜开花必须经历一定天数的低温诱导，如果不经过低温处理，作物会一直保持营养生长状态，不能抽薹开花。这种经过一段时间低温诱导花芽分化或促进开花的作用，称为春化作用。对低温条件要求不严格，比较容易通过春化阶段的品种称为冬性弱的品种；对春化时低温要求严格，不容易抽薹开花的品种称为冬性强的品种。

春化作用的影响和光周期影响一样，是诱导性的，本身并不直接引起开花。春化作用对花芽分化、生化组成及生长锥的形态均有影响。春化过程结束后，植株需较高的温度分化花原基，且多数情况下需与光照条件配合。在春化过程完成前，如果破坏掉低温条件即可结束春化过程，这种现象称为去春化作用。一般的，需要经历的低温时间越长，该品种蔬菜解除春化作用越困难。且春化作用一旦完成，其效应不会因随后的高温而解除。

不同品种的蔬菜对于低温要求不同，如大部分二年生蔬菜白菜类、根菜类、洋葱、大蒜、芹菜等，都需要一段时间的低温春化才能开花结实。如蔬菜提早开花而不形成产品器官，称为先期抽薹。生产上往往因播期不当或温度调控不合理导致蔬菜先期抽薹，影响蔬菜的商品性质，造成经济损失。

5. 温度胁迫对蔬菜生长发育的影响

蔬菜生产面临两种温度胁迫情况，低温和高温逆境。低温胁迫又分为寒害和冻害，分别是冰点以上和冰点以下低温逆境对蔬菜植物的危害。不同种类蔬菜，细胞液浓度不同，如乌塌菜、羽衣甘蓝等细胞液浓度很高，结冰温度很低，因而非常耐寒（李莉，2013）。同种蔬菜在不同的生长季节及栽培条件下，细胞液的浓度也不同，因而抗寒性也不同。低温逆境情况较轻时会引起植株生长迟缓或停止，常见症状包括叶斑、黄化、萎蔫、畸形花果、先期抽薹及落花落果等现象，低温能引起茄果类蔬菜的畸形花、畸形果、影响瓜类蔬菜的雌雄花比例和果实发育。冻害发生可引起细胞内部或细胞间隙结冰，造成植株死亡。生产上通过低温炼苗、减少水分供应等能增加细胞液的浓度，降低冰点，可提高蔬菜植株的耐寒性。高温胁迫一般与强光相结合，导致蒸腾作用加剧，改变细胞膜过氧化酶活性，造成细胞失水和蛋白质凝固，从而影响蔬菜的正常生长。另外，高温胁迫会导致果实“日灼”、落花落果、雄性不育、生长瘦弱等。如番茄在开花初期遭遇高温（40℃以上），1h以内对产量影响不大，但如果持续10h以上，就会大大降低坐果率，温度越高，时间越长，减产作用越显著。

6. 蔬菜生产过程中温度条件的控制与调节

高温会引起呼吸作用、蒸腾作用增强，低温会引发寒害和冻害，均不利于蔬菜正常生长。在蔬菜生长过程中，通过合理安排生产季节，把产品器官的形成时间安排在昼夜温差较大的时期，以利于同化物质的积累，获得更好的产品品质；育苗时通过不同时期日温和夜温的调控可培育壮苗；保护地栽培常根据天气阴晴，把昼温和夜温分为几段进行调控：如晴天昼温比阴天的提高

2～5℃，晴天的夜温比阴天的高1～4℃，下午的温度比午前的温度低2～5℃，在日落后的3～4h养分进行转化，其后温度继续下降，以抑制呼吸作用，使呼吸作用消耗降到最低限度。露地栽培通过地面覆盖、上覆遮阳网、辅以灌溉、排水、中耕等农业措施调节温度，为蔬菜生长提供有利的条件。

（三）不同种类蔬菜对水分的要求及调节

水是植物体的主要组成成分，是蔬菜新陈代谢的基础保障，水分既是光合作用的原料，又是养分运移的载体，对蔬菜生长起着至关重要的作用。植物鲜重的70%～90%由水分占据，生理活性强的器官如嫩叶、嫩果等的含水量高；而生理活性弱的器官如种子、孢子等则含水分较少。细胞中水分是生化反应的良好介质，因其较高的汽化热、比热，对调节植物体温有重要作用。细胞中含有大量水分，可以保持细胞的膨胀度，使植株挺立、叶片开展，有利于接受阳光进行光合作用。另外，植物体中许多大分子物质的合成也都离不开水分。

1. 不同种类蔬菜对水分的要求

水分对蔬菜的影响通过地下和地上两种途径，即土壤湿度和空气湿度。一般的，根系强大，可以从较大体积土体中吸水的种类抗旱能力强；叶片面积大、组织柔嫩、蒸腾作用旺盛的种类抗旱能力弱。

（1）蔬菜对土壤湿度的要求。根据蔬菜对土壤水分的需要程度、吸水和耗水特征的不同，可以将蔬菜分为以下5类。

①耐旱性蔬菜。此类蔬菜叶子较大，叶上常有裂刻及茸毛，从而减少水分蒸腾，具有分布既深又广的强大根系，可吸收深层土壤水分，抗旱能力强，如南瓜、胡萝卜、西瓜、甜瓜等。

②半耐旱性蔬菜。此类蔬菜叶片呈管状或带状，叶面积小，叶表常覆有蜡质，蒸腾作用缓慢，水分消耗较少，根系分布范围

小，吸水能力弱，要求较高的土壤湿度，如葱蒜类和石刁柏等蔬菜。

③半湿润性蔬菜。此类蔬菜叶面积小，叶面常有茸毛，组织粗硬，蒸腾作用弱，水分消耗较少，根系较发达，在栽培过程中要适时灌溉，以满足蔬菜对水分的需求，如茄果类、豆类和根菜类等蔬菜。

④湿润性蔬菜。此类蔬菜叶面积大、组织柔嫩、蒸腾作用强、消耗水分多，但根系入土较浅，根群小且密集在浅层土壤，吸水能力弱。因此，对土壤湿度和空气湿度要求较高。在栽培上要及时灌溉，如大部分绿叶菜、白菜、芥菜和黄瓜等。

⑤水生蔬菜。此类蔬菜根系不发达，根毛退化，吸水能力很弱，茎叶柔嫩，在高温下蒸腾旺盛，植株的全部或大部分需生长在水中，分为深水和浅水两大类。深水水生蔬菜有莲藕、菱、莼菜等，浅水水生蔬菜有茭白、水芹、慈姑、荸荠等。

（2）蔬菜对空气湿度的要求。根据蔬菜对空气湿度的要求，可以将蔬菜分为以下4类。

①耐干燥蔬菜。此类蔬菜要求空气湿度很低，适宜空气湿度为45%～55%，如西瓜、甜瓜、南瓜和葱蒜类。

②喜干燥蔬菜。此类蔬菜要求空气湿度较低，适宜空气湿度为55%～69%，如茄果类和豆类。

③喜湿性蔬菜。此类蔬菜要求空气湿度中等，适宜空气湿度为70%～80%，如马铃薯、黄瓜和根菜类。

④耐湿性蔬菜。此类蔬菜要求空气湿度较高，适宜空气湿度为85%～95%，如水生蔬菜、绿叶菜类和白菜类。

2. 蔬菜不同生育期对水分的要求

（1）种子发芽期。种子发芽期要求充足的水分，供种子吸水膨胀，促进种子萌发和出土。如土壤水分不足，播种后，种子较难萌发，或萌发后胚轴不能伸长而影响出苗。所以，应在土壤墒情较好或造墒后播种。另外，发芽期土壤湿度也不宜过大，湿度过大容易引发烂种，适宜的土壤湿度为地面半干半湿至湿润。

（2）幼苗期。苗期蔬菜根群小，分布浅，吸水能力弱，不耐干旱。但幼苗期植株叶面积小，蒸腾量也小，需水量不多，一般较发芽期偏低。适宜的土壤湿度为地面半干半湿。

（3）营养生长旺盛期和养分积累期。此期是根、茎、叶菜类蔬菜需水量最多的时期，要进行营养器官的形成和养分的大量积累，细胞、组织迅速增大，养分的制造、运转、积累和贮藏等，都需要大量的水分。但在养分贮藏器官开始形成的时候，水分不能供应过多，以抑制叶、茎徒长，促进产品器官的形成。产品器官形成后进入生长旺盛期，应勤浇多浇。

（4）开花结果期。开花期蔬菜对水分要求严格，水分过多或过少都会导致授粉不良，引起落花落蕾。水分过多，易使茎叶徒长而引起落花落果；水分过少，植物体内水分重新分配，也会导致落花落果。所以，在开花期应适当控制灌水。果实坐住后，进入果实膨大期和结果盛期需水量加大，为果菜类需水最多的时期，应经常保持地面湿润，供给充足的水分，使果实迅速膨大与成熟。

3. 水分逆境对蔬菜生长发育的影响

水分逆境包括干旱和水涝。

（1）干旱。干旱缺水是蔬菜生产过程中最常见，对蔬菜产量影响最大的水分逆境。干旱导致水分散失超过水分吸收，降低植物组织含水量和细胞膨压，导致新陈代谢失调，逐渐萎蔫，严重干旱会导致蔬菜永久萎蔫而死亡。在植物水分亏缺时，首先引起细胞伸长生长受抑制，导致叶片较小，光合面积减小；随着胁迫加剧，水势明显降低，净光合率随之下降。另外，水分亏缺时细胞合成作用减弱而水解作用加强，水解产物又在呼吸中消耗；水分亏缺初期呼吸作用增强，持续的水分亏缺会导致呼吸底物消耗过多而降低呼吸速率，最终形成无效呼吸，导致正常代谢进程紊乱、失调。

（2）水涝。在淹水条件下，土中缺氧，有氧呼吸受抑制，进而抑制蔬菜生理活动，影响水肥吸收，导致根系衰亡。呼吸作用产生硫化氢、甲烷等有害物质可给蔬菜带来次生灾害。另外，淹水也可导致细胞缺水失去膨压而萎蔫，持续的水涝会导致蔬菜因缺氧而窒息死亡。

水涝如伴随光照不足，呼吸消耗大，长势衰弱，甚至发黄、霉烂，可造成落花落果并诱发多种病害。大部分蔬菜均不耐涝，尤其是大多数瓜豆类和茄果类蔬菜，水淹数日甚至一日即可造成严重伤害，瓜类中的黄瓜虽较喜潮湿的环境，但因黄瓜根系呼吸强度大，需氧多，在积水条件下易因缺氧而造成烂根。瓜类中除丝瓜较耐湿外，其他瓜类均不耐涝，特别是西瓜和甜瓜，稍有积水则全株死亡。

4. 蔬菜生产过程中水分条件的控制与调节

在生产上通过合理的灌溉、保水、排水等措施来调节土壤水分。保护地栽培可采用通风排湿、覆盖地膜、适时中耕等措施来降低空气湿度。为减少水资源浪费及大水漫灌带来的次生盐渍化，有条件的地区可以大力发展滴灌及水肥一体化设备。

滴灌是利用管道将水通过直径约1.6mm的孔口或滴头，把水一滴滴均匀而又迟缓地滴入植物根区邻近的泥土中，借助于泥土毛细管力的作用，使水分在泥土中渗入和扩散，供植物根系吸收和利用，泥土水分始终处于非饱和情况，使泥土蓬松透气性强，利于植物生长。它是目前干旱缺水地区最有效的一种节水灌溉方式，其水的利用率可达95%。滴灌较喷灌具有更高的节水增产效果，同时可以结合施肥，提高肥效1倍以上。可适用于露天和保护地蔬菜栽培，其不足之处是滴头易结垢和堵塞，因此应对水源进行严格的过滤处理。近期生产中常用的滴灌为软管滴灌，是专为大棚温室生产而开发的节水增产灌溉技术，属于局部灌溉，使地面局部湿润，无积水且水汽蒸发较少。它利用双上孔滴灌带，直接铺设在作物畦面上灌水，能为棚内作物生长供给良好的环境。现将双上孔软管滴灌方法介绍如下。

一是灌水时，将施肥器的吸管阀门开至最大，接通有压水源，即可灌水；二是施肥水时，将阀门开放，打开施肥器吸管开关，把过滤器固定在肥料溶液桶底部，接通水源即可施肥。施肥结束后继续灌水，以便将管内残余肥料冲净。采取软管滴灌的原则是勤灌少灌，一次灌水量为7～15m^3/亩。软管滴灌注意事项如下。

（1）滴灌系统安装时保证每一段主管的节制面积不超过半亩，与各软管接触的地面确保平整，保证水流通畅。

（2）滴灌带中的孔通常向上铺设，覆盖地膜后使用，若不覆盖地膜，可将滴灌带孔口向下铺设。

（3）使用干净的水源，水中不能有大于0.8mm的悬浮物，否则要加装网式过滤器净化水质。用自来水和井水时通常不用过滤。

（4）安装和田间浇灌操作时，谨防划伤、戳破滴灌带或主管。

（5）施肥后应延续灌一段时间清水，以防肥料在孔口积攒堵塞孔口。

（6）为避免泥沙等杂质在管内积攒而造成堵塞，可逐一放开滴灌带和主管的尾部，加大水流量对各管道进行冲刷。

（7）作物换茬时，将滴灌带拆除后要放置阴凉处妥善保管。

水肥一体化技术，指灌溉与施肥融为一体的农业新技术。水肥一体化是借助压力系统（或地形自然落差），将可溶性固体或液体肥料，按土壤养分含量和作物种类的需肥规律和特点，将肥水配合后，通过滴灌系统均匀、定时、定量的供给作物。该技术的优点是大大提高了水分和养分利用率，可比常规施肥节省肥料

50%～70%，且节省了大量劳动力。水肥一体化技术通过人为定量调控，可满足作物在关键生育期对水分和养分的需要，避免了蔬菜作物缺素带来的问题，因而在生产上可达到较高的作物产量和品质。

近年来极端天气增多，除干旱外，部分蔬菜产区受涝害严重，出现菜田被淹，保护地栽培农业设施损毁的情况。无论是露天栽培还是保护地栽培，在建园之初要根据当地年均降水情况，挖设排水沟，确保雨季来临时，可以尽快排出田间积水。辣椒、番茄、茄子等茄果类蔬菜根部积水对后期产量影响较大，要防止积水过深、积水时间过长。苦瓜、黄瓜、南瓜等瓜类蔬菜稍耐淹渍，但也要尽快排水。建园初期未设排水沟而实际生产中经常积水的地块，要在积水地域增设排水沟或蓄水坑，在涝害严重时可结合排水泵将水排出。

（四）不同种类蔬菜对土壤条件的要求及调节

与禾谷类作物相比，蔬菜作物复种指数高，生长迅速，生物量大，产量高，要求品质鲜嫩，对土壤条件要求较高。一般蔬菜种植要求土层深厚，土质肥沃的壤土或沙壤土，且应满足蔬菜生长发育对土壤生态环境的基本要求，符合各级蔬菜认证标准所需的土壤条件。通常情况下蔬菜地土壤应土壤结构良好，土层深厚，有机质含量高、供肥性能好，疏松透气，酸碱度适宜等条件。但是在生产实践中，不可能完全具备这样的土壤条件，黏土、黏壤土、沙土、碱性土的地区也要生产蔬菜，必须根据各种不同的蔬菜种类对土壤的适应性不同，进行适当的安排，因地制宜地种植，还要进行土壤改良，尽量利用好土地资源。

1. 蔬菜地对土壤条件的要求

（1）土壤高度熟化。一般说来，菜田应有一层较厚的人工腐殖质累积层，腐殖质含量在3%以上，最好能达到4%～5%；土壤团粒结构好，菜田的三相比以固相40%、气相28%、液相32%为好。地下水位应大于2.5m以上；壤土是理想的土质，沙土和黏土均需改良熟化后才能作为蔬菜地土壤。

（2）土壤耕性良好。蔬菜生产要求耕性良好，土质疏松，保水保肥性强。蔬菜生长在土中，除受温、气、含水量等影响外，土壤紧实度和容重对根系生长影响也较大。土壤容重越大，表示土壤越板结，有机质含量越少，耕性不良。菜地土壤最适含水量应为田间持水量的60%～80%，容重为1.1～1.3g/cm^3，当容重达1.5g/cm^{3}时，根系生长受抑制。

（3）无有害物质存在。蔬菜根部常分泌产生一些有益物质，是土壤微生物养分来源之一，其分泌的各种土壤酶类积聚于根际周围，对土壤养分转化起重要作用。但根也常会分泌一些有毒物质，影响根际微生物活性，从而影响到土壤有机质的分解和腐殖质的矿化，这是有些蔬菜不宜连作的主要原因之一。一般肥力高的土壤，因有机质含量高，微生物丰富，微生物代谢能力强，土壤缓冲力高，有毒物质可较快降解或被有机质吸附而不产生毒害作用。

（4）因地制宜发展蔬菜种植。蔬菜一般喜欢土层深厚、土质肥沃的壤土或沙壤土，但日常生产中，土壤类型较为复杂，需要根据各种蔬菜对土壤适应性的不同，因地制宜发展种植。如壤土肥力较高，保水能力较好，适于种植黄瓜、茄子、辣椒、萝卜、洋葱等；沙壤土含沙较多，通气性好，但保水保肥能力较差，适于种植马铃薯、胡萝卜、菜豆、甘蓝、萝卜等；沙土沙性较大，肥力低，保肥保水力差，易干旱，种植南瓜、冬瓜、西瓜、甜瓜等较为适宜。

（5）土壤酸碱度适宜。不同蔬菜种类对土壤酸碱度适应性也不一样，绝大部分蔬菜适宜中性或微酸性土壤。而微碱性土壤比较黏重，有机质含量较少，土性冷，不宜发苗，可选择种植菠菜、芹菜、莴苣、甘蓝、茄子、豌豆等蔬菜。

2. 蔬菜对土壤营养条件的需求

不同种类蔬菜的生物学特性和食用器官不同，其对土壤营养条件的需求不同，一般同类蔬菜需肥有一定的共性。

（1）不同种类蔬菜对营养的需求。以绿叶为产品器官的叶菜类蔬菜，如菠菜、生菜、蕹菜、茼蒿等，生长期短，生长速率快，种植密度大，其肥水要求集中充足的供应，全生育期对氮素营养的需求较大，磷钾次之。以果实为产品器官的茄果类蔬菜、瓜类蔬菜和豆类蔬菜，需肥总体上以磷、钾为主，但其幼苗期需氮较多，对磷钾需求较少，进入花期后对磷、钾肥需求较多，对氮的需求减少。以变态营养器官为产品的蔬菜，如白菜甘蓝类、根菜类，幼苗期需要较多的氮，适量的磷和较少的钾肥；产品器官形成期，需要较多的钾，适量的磷和氮肥。除氮、磷、钾外，一些蔬菜对其他土壤营养也有特殊需求，如大白菜、芹菜、莴苣、番茄等对钙的需求量比较大；嫁接蔬菜对缺镁反应敏感，镁供应不足时容易发生叶枯病；芹菜、菜豆等对缺硼比较敏感，需硼较多。

蔬菜对土壤养分的吸收量，在很大程度上取决于根系发育情况。一般根系入土深而广、须根多的蔬菜（如南瓜、冬瓜等）和根系较大的蔬菜（如甜菜、胡萝卜、茄子等），可以吸收更多的养分，而且能在瘠薄的土壤上生长，在施肥上可以粗放些。而那些根系发育差、分布浅、吸收养分差的蔬菜（如黄瓜、洋葱、莴苣等），则必须栽植在肥沃的土壤上，且要精细施肥。另外，在保护地栽培蔬菜时，要充分考虑前茬肥料的后效，多施有机肥和菌肥，适当少施化肥，避免蔬菜因为盐类积聚而受害。多施用微生物菌剂，不仅释放出被土壤固化的营养，还可活化改良土壤，提高土壤活性，抑制土壤中有害病菌，防治土传病害的发生。

（2）蔬菜不同生育期对土壤营养的需求。一般苗期的总需肥量较少，在营养的种类上对氮的吸收比例较大，磷、钾较少，但果菜类的花芽分化期对缺磷却比较敏感。进入营养生长旺盛期后，需肥量加大，对各种营养的需求量剧增。产品器官形成期为一生中需肥量最大的时期。根、茎、叶球类蔬菜的产品器官形成期，对钾的需求量明显增大，对缺钾反应敏感。果菜类进入结果期后，则需要较多的磷。

3. 土壤疲劳对蔬菜种植的影响

我国人均农业耕地不足1.3亩，随着工业化、城镇化步伐加快，耕地数量呈减少趋势。土地在减少，而产量却通过提高复种指数、增加施用化肥和农药在提高。过去60年间，我国化肥农药施用过量，但有效利用率不足30%，造成土壤有机污染严重。重施化肥、轻施甚至不施有机肥，使土壤有机质积累缓慢而消耗多。我国土壤有机质平均含量为1.8%，约为西方发达国家土壤有机质含量的1/2。由于我国土壤肥力低，为确保高产而过量施用化学氮肥，造成氮肥供应与作物需求严重不同步。长期不合理过量使用化肥，造成土壤结构变差、土壤板结、地力下降、农作物减产，农产品硝酸盐含量过高、重金属含量超标。由于追求产量，连作和过量施用化肥导致土壤酸化严重、土壤生物活性下降、土壤养分转化变慢，很多露地土壤已经成为或正在变成“僵土、死土”。为缓解土传病害状况，农户每隔2～3年施用一次土壤消毒剂，不仅加大成本，而且严重污染土壤，影响农产品安全。常年的连续耕种，过度使用化肥、农药，导致土壤地力透支过度而又得不到应有的恢复，致使土壤功能衰退，使作物生长受限，不能高产或稳产，造成土壤疲劳。其表现形式主要有以下几种。

（1）土壤板结，通气不良。长期连续使用化学肥料或化学肥料使用过量，破坏了土壤原有的团粒结构，土壤酸性增强，渗透性能下降，好气性微生物活性低，土壤板结，容重增高，孔隙度变小，透水透气性变差，阻碍了蔬菜根系的正常伸展。且长期种植单一作物，根系分布的土层趋于某特定土层导致土壤结构性变差。

（2）土壤生物区系发生变化，微生物多样性指数降低。微生物在土壤中具有分解、固定、转化并释放养分的作用，微生物多样性高，分解释放的养分种类多，土壤可供应的养分均衡；相反，常年连作导致土壤微生物多样性降低，食物链较为单一，一方面对养分的供应能力不再平衡，另一方面原本互相制约的土壤生态系统平衡被打破，造成某些线虫、细菌和真菌等占据优势地位，从而引发相应的病害，对作物的生长不利。

（3）土壤营养不平衡，大量元素、中量元素和微量元素供应不平衡。长期施用大量元素化肥，导致中微量元素钙、铁、锰、锌、钼、硫等的亏缺，引发许多由缺素造成的生理性病害。

（4）土壤病原物和有害物质增多。受当地市场和种植习惯的影响，蔬菜种植地域性、专业性非常强，一地基本上常年种植同一种蔬菜。长期大量使用化肥、农药、农用抗生素会导致土壤中的农药残留、重金属、抗生素等含量超标。长期种植的单一作物缺乏合理的轮作体系，作物根系所产生的化感物质连年累积也会致使土壤累积过多的酚类、萜类、生物碱等物质。多年的连作重茬使得土壤中病原物和对蔬菜有害的物质逐年积累，严重影响了蔬菜的生长。蔬菜病害如枯萎病、根结线虫病、青枯病等发生不断加重。这些病原物和有毒物质超出土壤环境容量后不能及时分解，均会对后期的蔬菜种植形成或多或少的影响。

（5）盐渍化。由于大量施用化肥或长期用含盐量高的水浇灌，使土壤中盐离子不断增多，盐渍化加重，易形成生理干旱，抑制蔬菜的生长和发育。盐渍化较严重的标志为：干土表面变白或变红，湿土表面长绿毛等。通常土壤含盐量高于0.3%，盐渍化就较为严重，土壤性状变差。

对土壤来说，养好地才能供足肥。土壤是肥料的一个大仓库，但有机质含量不足会使土壤结构变差，储存、提供肥料的能力下降，虽然施用了大量的化肥，但速效养分缺少了有机质的吸附无法留在根系所在的土层中，容易随水流失，或很快被土壤固定，植物根系无法吸收利用，使肥料的有效利用率大大下降。土壤是第一大生产资料，是生产食品重要的基础条件，它的状况决定着整个农业产业以及人类食物链的安全问题，需要强化耕地质量提升与土壤污染防控的科技支撑，加大有机肥的资源化利用，改良中低产田和提高土壤基础地力，强化修复病原土壤技术途径与配套措施。

4. 蔬菜地土壤改良措施

土壤改良，是指运用土壤学、生物学、生态学等多学科的理论与技术，排除或防治影响农作物生育和引起土壤退化等不利因素，改善土壤性状，提高土壤肥力，为农作物创造良好土壤环境条件的一系列技术措施的统称，主要包括土壤结构改良、盐碱地改良、酸化土壤改良、土壤科学耕作和治理土壤污染。

土壤结构改良是通过施用天然土壤改良剂（如农家肥、腐殖酸类、纤维素类、沼渣等有机肥）和人工土壤改良剂（如聚乙烯醇、聚乙烯醛酸盐、二甲胺基乙基内烯酸盐、聚内烯酰胺等）来促进土壤团粒的形成，改良土壤结构，以便为作物生长、发育，实现高产和稳产提供良好的土壤结构，做到保水保肥，及时通气排水，调节水气矛盾，协调肥水供应，并有利于根系在土体中穿插等。正常生产蔬菜地年施腐熟好的农家肥2～3t/亩，辅以适量的化学肥料可以确保土壤地力和结构的维持。

次生盐渍化改良，可在闲茬时，浇大水，使表土积聚的盐分下淋以降低土壤溶液浓度；或在夏季蔬菜换茬空隙，撤膜淋雨或大水浸灌，使土壤表层盐分随雨水流失或淋溶到土壤深层。

酸化土壤改良是控制废气二氧化碳的排放，制止酸雨发展或对已经酸化的土壤添加碳酸钠、消石灰等土壤改良剂来改善土壤肥力，增加土壤的透水性和透气性。

土壤板结问题可采用深松技术辅以大量有机质施用来解决由于耕作方法不当造成的土壤板结和退化问题。

土壤污染改良可采用客土法或采取生物措施和改良措施将土壤中有毒物质浓度降低到不危害作物生产的限度以下。

二、蔬菜产地环境质量要求与评价

蔬菜的生产受生产基地的自然环境与栽培条件的双重影响与制约。随着经济社会的发展和人民生活水平的提高及环保技术发展，人们对蔬菜产品的质量提出了更高的要求。安全、无污染的优质蔬菜将成为市场和消费者的第一需要，提高蔬菜产品品质成为广大消费者的迫切愿望和要求。只有在清洁的农业生态环境中用清洁的栽培技术，才能生产出品质更优的蔬菜产品，以更好地满足消费者需求，所以对蔬菜产地环境质量有严格的要求。一般的，蔬菜产地应选择在生态环境良好，并具有可持续生产能力的农业生产区域。生产区域内禁止使用高毒、高残留或未经正式登记的农药（包括植物生长调节剂）；使用基因工程产品及制剂，必须在生产、加工、销售等各环节予以明确标示（NY/T 848—2004）。

（一）蔬菜产地环境质量要求

1. 环境无污染

无公害蔬菜、绿色食品蔬菜及有机食品蔬菜生产基地的首要条件就是环境无污染，即基地的大气、水质和土壤环境均为未遭受污染的优良生态环境。

产地及周边大气无污染，上风口不得有化工厂、钢铁厂、水泥厂等污染源；其环境空气质量指标应符合表4-1的要求。

表4–1　环境空气质量指标

项目	取值时间	浓度限值	
		日平均	
总悬浮颗粒物（标准状态）（mg/m^3）	日平均	≤0.30	
二氧化硫（标准状态）（mg/m^3）	日平均	≤0.15[a]	≤0.25
	1h平均	≤0.50[a]	≤0.70
二氧化氮（标准状态）（mg/m^3）	日平均	≤0.12	
铅（标准状态）（$\mu g/m^3$）	季平均	≤1.5	
苯并[a]芘（标准状态）（$\mu g/m^3$）	日平均	≤0.01	
氟化物（标准状态）（$\mu g/m^3$）	日平均	≤1.5[b]	≤7
氟化物（标准状态）［$\mu g/(dm^2 \cdot d)$］	植物生长季平均	≤2.0	

注：日平均指任一日的平均浓度；1h平均指任一小时的平均浓度；季平均指任一季的日平均浓度的算术均值；植物生长季平均指任何一个植物生长季月平均浓度的算术均值。

[a] 菠菜、青菜、白菜、黄瓜、莴苣、南瓜、西葫芦的产地应满足此要求

[b] 甘蓝、菜豆的产地应满足此要求

注：根据《无公害食品：蔬菜产地环境条件》（NY 5010—2002）、《蔬菜产地环境技术条件》（NY/T 848—2004）整理

生产基地应具备充足的水源以确保生产需要，地下水和地表水均达到水质良好无污染，不能含有重金属和有毒有害物质，如汞、镉、铅、砷、铬、酚类和氰化物等。产地要在地表水和地下水的上游，远离水质造成污染的工矿区。医药、生物制品、石化、化工等行业废水（包括处理后的废水）不可作为蔬菜产地的灌溉水。蔬菜产地灌溉水质量指标划分为基本控制项目和选择性控制项目两类，其指标值应分别符合表4–2和表4–3的要求。

表4-2　灌溉水水质基本控制项目质量要求

项目		浓度限值	
pH值	≤	5.5～8.5	
化学需氧量（mg/L）	≤	40[a]	150[b]
阴离子表面活性剂（mg/L）	≤	5.0	
氯化物（mg/L）	≤	250	
总汞（mg/L）	≤	0.001	
总镉（mg/L）	≤	0.005[c]	0.01
总砷（mg/L）	≤	0.05	
总铅（mg/L）	≤	0.05[d]	0.10
铬（六价）（mg/L）	≤	0.10	
粪大肠菌群（个/L）	≤	40 000[e]	
蛔虫卵（个/L）	≤	2	

[a] 采用喷灌方式的菜地、生食类蔬菜产地应满足此要求
[b] 加工、烹调及去皮类蔬菜产地应满足此要求
[c] 白菜、莴苣、茄子、蕹菜、芥菜、芜菁、菠菜的产地应满足此要求
[d] 萝卜、水芹的产地应满足此要求
[e] 采用喷灌方式灌溉的菜地以及浇灌、沟灌方式灌溉的叶菜类菜地应满足此要求

注：根据《无公害食品：蔬菜产地环境条件》（NY 5010—2002）、《蔬菜产地环境技术条件》（NY/T 848—2004）整理

表4-3　灌溉水水质选择性控制项目质量要求

项目		浓度限值
总铜（mg/L）	≤	1.0
总锌（mg/L）	≤	2.0

（续表）

项目		浓度限值
总硒（mg/L）	≤	0.02
氟化物（mg/L）	≤	2.0
氰化物（mg/L）	≤	0.50
石油类（mg/L）	≤	1.0
挥发酚（mg/L）	≤	1.0
苯（mg/L）	≤	2.5

注：根据《蔬菜产地环境技术条件》（NY/T 848—2004）整理

产地土壤应为未遭受污染，位于土壤元素背景值正常区域。产地及其周边无金属或非金属矿山，土壤中无农药残留。土壤有机质含量高，肥力状况良好，避免放射性元素和重金属元素本底值高的区域。具体土壤环境质量指标应符合表4-4要求。

表4-4　土壤环境质量指标

项目		含量限值					
		pH值<6.5		pH值6.5～7.5		pH值>7.5	
镉（mg/kg）	≤	0.30		0.30		0.40[a]	0.60
汞（mg/kg）	≤	0.25[b]	0.30	0.30[b]	0.50	0.35[b]	1.0
砷（mg/kg）	≤	30[c]	40	25[c]	30	20[c]	25
铅（mg/kg）	≤	50[d]	250	50[d]	300	50[d]	250
铬（mg/kg）	≤	150		200		250	
铜（mg/kg）	≤	50		100		100	

（续表）

项目	含量限值		
	pH值<6.5	pH值6.5～7.5	pH值>7.5
锌（mg/kg） ≤	200	250	300
镍（mg/kg） ≤	40	50	60
六六六（mg/kg） ≤		0.10	
滴滴涕（mg/kg） ≤		0.10	

注：本表所列重金属含量限值适用于阳离子交换量>5cmol/kg的土壤，若≤5cmol/kg，其标准值为表内数值的半数

[a]白菜、莴苣、茄子、蕹菜、芥菜、苋菜、芜菁、菠菜的产地应满足此要求
[b]菠菜、韭菜、胡萝卜、白菜、菜豆、青椒的产地应满足此要求
[c]菠菜、胡萝卜的产地应满足此要求
[d]萝卜、水芹的产地应满足此要求

注：根据《无公害食品：蔬菜产地环境条件》（NY 5010—2002）、《蔬菜产地环境技术条件》（NY/T 848—2004）和《食用农产品产地环境质量评价标准》（HJ/T 332—2006）整理

2. 产地自然环境适宜蔬菜生长

产地除大气、水质和土壤环境满足上述条件以外，其气候包括光照、温度、降水、风力、年有效积温及无霜期等均应满足蔬菜生长发育的需要。

3. 产地区位交通条件优越

规模化、规范化的蔬菜产地，一般应远离繁华都市和城市近郊，远离工矿区和生活区，应以中远郊乡镇为主体，既要远离交通要道，又应交通便捷，确保农产品可以及时运输销售。

（二）蔬菜产地环境质量评价

对蔬菜产地空气、灌溉水、土壤环境质量条件进行评价的指标、依据、方法以及评定称为蔬菜产地环境质量评价。蔬菜产地空气、灌溉水及土壤环境质量指标限值如蔬菜产地环境质量要求所述。

1. 采样及分析要求

空气样品采样应符合《农区环境空气质量监测技术规范》（NY/T 397—2000）中第4条规定；灌溉水样品采样应符合《农用水源环境质量监测技术规范》（NY/T 396—2000）中第4条规定；土壤样品采样应符合《土壤环境监测技术规范》（HJ/T 166—2004）中第4、5、6条的规定。大气、灌溉水及土壤样品指标分析方法参照《食用农产品产地环境质量评价标准》（HJ/T 332—2006）中第5条规定执行。

2. 指标分类

评价指标分为严格控制指标和一般控制指标，具体指标分类见表4-5。

表4-5 蔬菜产地环境质量评价指标分类

环境要素	严格控制指标	一般控制指标
环境空气	二氧化硫、氟化物、铅、苯并[a]芘	总悬浮颗粒物、二氧化氮
灌溉水	pH值、总汞、总镉、总砷、六价铬、总铅	化学需氧量、阴离子表面活性剂、氯化物、粪大肠菌群、蛔虫卵、总铜、总锌、总硒、氟化物、氰化物、石油类、挥发酚、苯
土壤	汞、镉、铅、砷、铬、铜、六六六、滴滴涕	锌、镍

注：根据《食用农产品产地环境质量评价标准》（HJ/T 332—2006）和《温室蔬菜产地环境质量评价标准》（HJ/T 333—2006）整理

3. 评价参数及计算方法

单项质量指数=单项实测值/单项标准值

某单项超标倍数=（单项实测值-单项标准值）/单项标准值

某单项分担率（%）=（某单项质量指数/各项质量指数之和）×100

样本超标率（%）=（超标样本总数/监测样本总数）×100

超标面积百分率（%）=（超标样本面积之和/监测总面积）×100

$$各环境要素综合质量指数=\sqrt{\frac{(平均单项质量指数)^2+(最大单项质量指数)^2}{2}}$$

4. 环境质量评定

蔬菜产地环境质量的评价，严格控制项目依据各单项质量指数进行评定，一般控制项目参与环境要素综合质量指数评定。蔬菜产地环境质量等级划定见表4-6。

表4-6　蔬菜产地环境质量等级划定

环境质量等级	环境空气各单项或综合质量指数	灌溉水各单项或综合质量指数	土壤各单项或综合质量指数	等级名称
1	≤0.6	≤0.5	≤0.7	清洁
2	0.6～1.0	0.5～1.0	0.7～1.0	尚清洁
3	＞1.0	＞1.0	＞1.0	超标

注：根据《食用农产品产地环境质量评价标准》（HJ/T 332—2006）和《温室蔬菜产地环境质量评价标准》（HJ/T 333—2006）整理

各严格控制指标超标一项即视为“不合格”。各环境要素综合质量指数超标，灌溉水、环境空气可视为污染，土壤则需进一步进行调研，若确定对其所影响的植物（生长发育、可食部分超标或用作饮料部分超标）、周围环境（地下水、地表水、大气等）有危害，方能确定为污染。

第二节　蔬菜投入品与科学控制

蔬菜产品品质除了受环境条件影响外，还受外来投入物质的影响。蔬菜投入品是指在蔬菜生产过程中采用的所有物质或材料。蔬菜生产主要投入物质包括农药、肥料、种子种苗、植物生长调节剂和农用地膜等。对蔬菜投入品的科学使用与管理是确保蔬菜优质、安全和卫生的重要保障。

一、常用农药种类与合理使用

随着时代的发展，人们的环保和保健意识日益增强，对环境质量要求和绿色农产品的需求越来越高。在生态优良的环境，食用安全的绿色食品是现代文明社会的主要诉求。在农业污染源中，农药污染是最严重的一方面。大量剧毒、高残留的广谱性化学农药，不仅造成农田土壤、水域和农产品中农残含量超标，还经常造成人、畜中毒事件，威胁人类的生命与健康，故使用低毒、高效或无毒、低残留或无残留的农药是现代农业的必然要求。

（一）蔬菜农药登记情况

近年来，我国蔬菜上取得农药登记的产品种类日益丰富，蔬菜上共取得农药登记制剂10 947个，其中以阿维菌素、多菌灵和高效氯氰菊酯等有效成分为主要成分登记的农药产品778个，主要登记作物种类为十字花科蔬菜、黄瓜、番茄和辣椒等106种蔬菜，登记的防治对象（或用途）有145个，剂型涉及乳油、可湿性粉剂和水分散粒剂等农药剂型43个。取得农药登记产品最多的是杀虫剂，登记数量为5 928个，占蔬菜登记农药总数的54%。其次为杀菌剂和除草剂，登记数量最少的是植物生长调节剂，共有330个农药产品取得登记，占蔬菜上农药登记总数的3%。阿维菌素是蔬菜上登记数量最多的有效成分，登记数量占总登记数量的6%；顺式氯氰菊酯和嘧菌酯登记数量最少。乳油是蔬菜上农药制剂登记最多的剂型，其次是可湿性粉剂，这两个剂型产品的登记数量占总登记产品数量的68%，泡腾片剂、悬浮种衣剂和可溶片剂登记的产品数量最少。十字花科蔬菜、黄瓜和番茄是蔬菜用药登记最多的作物，其中甘蓝是蔬菜上登记最多的作物，登记数量占总登记数量的22%，小油菜上登记的产品数量最少（于洋，2018）。

（二）蔬菜常用农药及安全施用标准

农药化学成分多为合成有机物，过量使用和不合理使用会导致农产品中的农药残留，对人体健康产生一定的威胁，同时也可造成生态环境污染。合理使用农药是农业生产的基础保障，是确保农产品品质的重要措施，对促进农业经济发展有重要意义。蔬菜是涉及千家万户、量大面广的食用农产品，其质量安全对于保障广大人民群众的身体健康非常重要。在实际生产中，根据病虫害防治的实际需求，合理使用低毒、低残留农药，从而保障蔬菜生产的质量安全。下面列举了一些蔬菜常用农药品种及其安全使用标准，具体内容见表4-7。

表4–7　蔬菜常用农药品种及其安全使用标准

中文通用名	剂型、含量、毒性	防治对象	每亩每次制剂施用量或稀释倍数及施药方法	建议安全间隔期（d）	每季作物最多使用次数
阿维菌素	1.8%乳油、低毒	菜青虫、小菜蛾、斑潜蝇、甜菜夜蛾、红蜘蛛、叶螨、茶黄螨、根结线虫、韭蛆等多种害虫	33 ~ 50mL、喷雾	7	1
阿维·哒	1.8%乳油、低毒	红蜘蛛等螨类	2 000 ~ 2 500倍液、喷雾	15	2
甲氨基阿维菌素苯甲酸盐	1.8%乳剂、低毒	甜菜夜蛾、斜纹夜蛾、棉铃虫、瓜绢螟、豆荚螟、斑潜蝇、小菜蛾、菜青虫、蚜虫、红蜘蛛等	1 000 ~ 2 000倍液、喷雾	7	2
富表甲氨基阿维菌素	0.5%乳油、低毒	瓜实蝇、蚜虫、烟粉虱、小菜蛾、黄曲条跳甲、甜菜夜蛾、美洲斑潜蝇、豆野螟、菜螟	1 000 ~ 1 500倍液、喷雾	3	2
氯虫苯甲酰胺	20%悬浮剂、低毒	黏虫、棉铃虫、小食心虫、马铃薯块茎蛾、小菜蛾、菜青虫、玉米螟、瓜绢螟、瓜野螟、烟青虫、甜菜夜蛾、二化螟、三化螟、大螟	5 ~ 10mL、喷雾	1	2 ~ 3
氯虫·噻虫嗪（福戈）	30%水分散粒剂、低毒	菜青虫、小菜蛾、甜菜夜蛾、斜纹夜蛾、棉铃虫、烟青虫、地老虎、黄曲条跳甲、蚜虫、白粉虱、斑潜蝇、蓟马	33g、苗期喷淋或灌根	15	3
抑食肼	20%悬浮剂、低毒	菜青虫、斜纹夜蛾、甜菜夜蛾、小菜蛾	50 ~ 60g、喷雾	7 ~ 10	2
多杀霉素	2.5%悬浮剂、低毒	小菜蛾、甜菜夜蛾、烟青虫、棉铃虫、蓟马等	1 000 ~ 1 500倍液、喷雾	1	3

（续表）

中文通用名	剂型、含量、毒性	防治对象	每亩每次制剂施用量或稀释倍数及施药方法	建议安全间隔期（d）	每季作物最多使用次数
虫酰肼	20%悬浮剂、低毒	甜菜夜蛾、斜纹夜蛾、银纹夜蛾、瓜绢螟、甘蓝夜蛾	1 500～2 000倍液、喷雾	14	4
甲氧虫酰肼	24%悬浮剂、低毒	甜菜夜蛾、斜纹夜蛾、菜青虫、瓜绢螟、棉铃虫等	15～20mL、喷雾	14	2
茚虫威	15%悬浮剂、低毒	甜菜夜蛾、斜纹夜蛾、小菜蛾、棉铃虫、菜青虫、地老虎、菜螟、瓜绢螟、豆野螟、豆荚螟、豆天蛾、豆卷叶螟、草地螟等	3 500倍液、喷雾	3	2
虫螨腈	10%悬浮剂、低毒	小菜蛾、菜青虫、甜菜夜蛾、甘蓝夜蛾、斜纹夜蛾、蚜虫、马铃薯叶蝉、瓜蓟马、洋葱蓟马、二点叶螨、红蜘蛛	500～750mL、喷雾	14	2
氟啶脲	5%乳油、低毒	小菜蛾、菜青虫、甜菜夜蛾、棉铃虫、潜叶蛾、豆野螟、地老虎、茄二十八星瓢虫等	30～50mL、喷雾	7	3
氟虫脲	5%乳油、低毒	潜叶蝇、小菜蛾、夜蛾类、棉铃虫、螨类、菜青虫、豆荚螟、红蜘蛛、豆叶螨等	40～60mL、喷雾	10	2
氟铃脲	5%乳油、低毒	小菜蛾、甜菜夜蛾、斜纹夜蛾、甘蓝夜蛾、棉铃虫、烟青虫、豆荚螟、菜青虫、茄子红蜘蛛、尺蠖类、多种潜叶蛾、小地老虎等	1 000～2 000倍液、喷雾	7	3
杀铃脲	5%悬浮剂、低毒	棉铃虫、甘蓝夜蛾等	500～1 000倍液、喷雾	21	1

（续表）

中文通用名	剂型、含量、毒性	防治对象	每亩每次制剂施用量或稀释倍数及施药方法	建议安全间隔期（d）	每季作物最多使用次数
虱螨脲	5%乳油、低毒	甜菜夜蛾、斜纹夜蛾、蓟马、锈螨、白粉虱、豆野螟、瓜绢螟	1 000～1 500倍液、喷雾	10～14	2
除虫脲	25%可湿性粉剂、低毒	菜青虫、小菜蛾	756～944g、喷雾	7	3
灭蝇胺	75%可湿性粉剂、低毒	斑潜蝇	5 000～7 500倍液、喷雾	2	2
定虫隆	5%乳油、低毒	菜青虫、小菜蛾	40～80mL、喷雾	7	3
啶虫脒	20%乳油、中等	毒蚜虫、飞虱、蓟马、鳞翅目害虫	2 000～2 500倍液、喷雾	2	3
伏虫隆	5%乳油、低毒	菜青虫、小菜蛾	45～60mL、喷雾	10	2
苏云金杆菌	8 000IU/mg可湿性粉剂、低毒	小菜蛾、菜青虫、银纹夜蛾、美洲斑潜蝇、造桥虫、棉铃虫、烟青虫等	60～100g、喷雾	7	3
苦参碱	0.36%水剂、低毒	黏虫、菜青虫、蚜虫、红蜘蛛、斜纹夜蛾、甜菜夜蛾、棉铃虫、蓟马、小绿叶蝉、粉虱、地下害虫等	500～800倍液、喷雾	2	2

（续表）

中文通用名	剂型、含量、毒性	防治对象	每亩每次制剂施用量或稀释倍数及施药方法	建议安全间隔期（d）	每季作物最多使用次数
印楝素	0.3%乳油、低毒	小菜蛾、豆荚螟、红蜘蛛、蚜虫、潜叶蝇、粉虱、菜青虫、烟青虫、棉铃虫、茶黄螨、蓟马、地下害虫	800～1 000倍液、喷雾	3	3
除虫菊素	5%乳油、低毒	蚜虫、蓟马、飞虱、叶蝉、菜青虫、猿叶虫、蝽象等	1 500～2 500倍液、喷雾	1	
鱼藤酮	2.5%乳油、中等毒	蚜虫、菜青虫、害螨、瓜实蝇、甘蓝夜蛾、斜纹夜蛾、蓟马、黄曲条跳甲、黄守瓜、二十八星瓢虫等	400～800倍液、喷雾	3	
烟碱	10%乳油、低毒	蚜虫、烟青虫、菜青虫、美洲斑潜蝇、蓟马、小菜蛾、食心虫、飞虱	800～1 200倍液、喷雾	7～10	
藜芦碱	0.5%醇溶液、低毒	蚜虫、菜青虫、小菜蛾、甜菜夜蛾、棉铃虫、烟青虫、小绿叶蝉等	400～800倍液、喷雾	10	
茴蒿素	0.65%水剂、低毒	菜青虫、蚜虫、侧多食跗线螨、朱砂叶螨、韭蛆、桃小食心虫、造桥虫等	250～400倍液、喷雾		
川楝素	0.5%乳油、低毒	菜青虫、食心虫、甘蓝夜蛾、甜菜夜蛾、斜纹夜蛾、小菜蛾、菜螟、叶螨等	500～1 000倍液、喷雾		
苦皮藤素	20%乳油、低毒	黄守瓜、菜青虫、马铃薯叶甲、二十八星瓢虫等	500～600倍液、喷雾		
闹羊花素Ⅲ	0.1%乳油、低毒	菜青虫、斜纹夜蛾、叶蝉等	800～1 000倍液、喷雾		

（续表）

中文通用名	剂型、含量、毒性	防治对象	每亩每次制剂施用量或稀释倍数及施药方法	建议安全间隔期（d）	每季作物最多使用次数
瑞香狼毒素	1.6%水乳剂、低毒	菜青虫、棉铃虫、小菜蛾、玉米螟幼虫、桃蚜等	60～80mL、喷雾		
血根碱	1%可湿性粉剂、低毒	菜青虫、蚜虫	30～50g、喷雾		
烟·百·素	1.1%乳油、低毒	小菜蛾、菜青虫、斑潜蝇、蚜虫、红蜘蛛、白粉虱、介壳虫等	1 000～1 500倍液、喷雾		
皂素·烟碱	27%可溶性粉剂、低毒	蚜虫、螨类、蚧类、菜青虫等	300倍液、喷雾		
白僵菌	50亿～80亿活孢子/g粉剂、低毒	鳞翅目、同翅目、膜翅目、直翅目害虫和螨类	加水稀释至0.5亿～2亿活孢子/mL、喷雾		
绿僵菌	23亿～28亿活孢子/g粉剂、低毒	蛴螬、小菜蛾、菜青虫等	加水稀释至0.05亿～0.1亿活孢子/mL、喷雾		
杀螟杆菌	100亿以上活孢子/g可湿性粉剂、低毒	玉米螟、菜青虫、小菜蛾、甘蓝夜蛾、黄曲条跳甲、刺蛾、灯蛾、大蓑蛾、甘薯天蛾等	50～100g、喷雾		

（续表）

中文通用名	剂型、含量、毒性	防治对象	每亩每次制剂施用量或稀释倍数及施药方法	建议安全间隔期（d）	每季作物最多使用次数
块状耳霉菌	200万菌体/mL悬浮剂、低毒	蚜虫、蛞象、白粉虱、潜叶蛾、蓟马、叶蝉等	1 500～2 000倍液、喷雾		
蜡蚧轮枝菌	23亿～28亿活孢子/g粉剂、低毒	虹虫、白粉虱、螨类等	加水稀释至0.1亿～0.3亿活孢子/mL、喷雾		
青虫菌	100亿个以上活孢子/g可湿性粉剂、低毒	菜青虫、棉铃虫、小菜蛾幼虫、灯蛾幼虫、刺蛾幼虫、大菜螟幼虫、菜野螟幼虫、黑纹粉蝶幼虫、粉斑夜蛾幼虫、甘薯天蛾、松毛虫等	500～1 000倍液、喷雾		
棉铃虫核型多角体病毒	10亿PIB/g可湿性粉剂、低毒	棉铃虫、烟青虫、小菜蛾、菜青虫、玉米螟等	100～150g、喷雾		
银纹夜蛾核型多角体病毒	10亿PIB/mL悬浮剂、低毒	甜菜夜蛾、斜纹夜蛾、银纹夜蛾、小菜蛾、烟青虫、棉铃虫等	1 000倍液、喷雾	3	2
斜纹夜蛾核型多角体病毒	1 000万PIB/mL悬浮剂、低毒	斜纹夜蛾	75～100mL、喷雾		

（续表）

中文通用名	剂型、含量、毒性	防治对象	每亩每次制剂施用量或稀释倍数及施药方法	建议安全间隔期（d）	每季作物最多使用次数
甜菜夜蛾核型多角体病毒	300亿PIB/g水分散粒剂、低毒	甜菜夜蛾	50g、喷雾		
苜蓿银纹夜蛾核型多角体病毒	10亿PIB/mL悬浮剂、低毒	甜菜夜蛾、斜纹夜蛾、银纹夜蛾、烟青虫、小菜蛾、棉铃虫等	800～1 000倍液、喷雾		
菜青虫颗粒体病毒	1万PIB/mg可湿性粉剂、低毒	菜青虫、小菜蛾、银纹夜蛾、甜菜夜蛾、斜纹夜蛾、菜螟、棉铃虫	40～60g、喷雾		
小菜蛾颗粒体病毒	40亿PIB/g可湿性粉剂、低毒	小菜蛾、菜青虫、银纹夜蛾等	150～200g、喷雾		
松脂酸钠	10%水剂、低毒	介壳虫、红蜘蛛、黄蜘蛛、二斑叶螨、锈壁虱、黑刺粉虱、蚜虫等	70～150倍液、喷雾		
华光霉素	2.5%可湿性粉剂、低毒	螨类	1 200～1 400倍液、喷雾	15	
浏阳霉素	10%乳油、低毒	红蜘蛛、茶黄螨等	1 000～1 500倍液、喷雾	15	

（续表）

中文通用名	剂型、含量、毒性	防治对象	每亩每次制剂施用量或稀释倍数及施药方法	建议安全间隔期（d）	每季作物最多使用次数
阿维·苏	2%可湿性粉剂、低毒	小菜蛾、菜青虫、蚜虫、红蜘蛛、潜叶蝇、豆荚螟、棉铃虫、玉米螟、烟青虫	50～60g、喷雾		
藻酸丙二醇酯（藻盖杀）	0.12%悬浮剂、低毒	白粉虱	600倍液、喷雾		
灭蝇胺	50%可湿性粉剂、低毒	斑潜蝇	3 500～5 000倍液、喷雾	7	2
高效氟氯氰菊酯	2.5%乳油、低毒	菜青虫、蚜虫	15～25mL、喷雾	7	2
氟氯氰菊酯	5.7%乳油、低毒	菜青虫、小菜蛾、菜蚜、大豆食心虫、玉米螟、黏虫、地老虎、斜纹夜蛾	23.3～28.3mL、喷雾	7	2
氯氟氰菊酯	2.5%乳油、低毒	小菜蛾、蚜虫、菜青虫	25～50mL、喷雾	7	3
顺式氯氰菊酯	10%乳油、中等毒	菜青虫、蚜虫、小菜蛾等	叶菜：5～10mL、喷雾 黄瓜：5～10mL、喷雾	3	叶菜3次 黄瓜2次
氯氰菊酯	10%乳油、中等毒	菜青虫、小菜蛾、蚜虫、棉铃虫	25～35mL、喷雾	小青菜2d 大白菜5d 番茄1d	叶菜3次 番茄1次

（续表）

中文通用名	剂型、含量、毒性	防治对象	每亩每次制剂施用量或稀释倍数及施药方法	建议安全间隔期（d）	每季作物最多使用次数
高效氯氰菊酯	10%乳油、低毒	菜青虫	75～150mL，喷雾	3	3
溴氰菊酯	2.5%乳油、中等毒	菜青虫、小菜蛾、蚜虫	20～40mL、喷雾	2～3	3
联苯菊酯	10%乳油、中等毒	白粉虱、螨类、菜蚜、菜青虫、斜纹夜蛾	5～10mL、喷雾	4	3
顺式氰戊菊酯	5%乳油、中等毒	菜青虫、小菜蛾、瓜野螟、蓟马、黄曲条跳甲、蚜虫、潜叶蛾、桃小食心虫、小绿叶蝉、尺蠖、甘蓝夜蛾、烟青虫、美洲斑潜蝇、玉米螟等	10～20mL、喷雾	叶菜3d	叶菜3次
醚菊酯	10%悬浮剂、低毒	菜青虫	30～40mL、喷雾	甘蓝7d	甘蓝2次
甲氰菊酯	20%乳油、中等毒	菜青虫、小菜蛾、白粉虱	25～30mL、喷雾	夏季5d 秋冬12d以上	2
氰戊菊酯	20%乳油、中等毒	菜青虫、小菜蛾等	15～40mL、喷雾	叶菜12d	叶菜3次
氟胺氰菊酯	10%乳油、中等毒	菜青虫等	25～50mL、喷雾	叶菜7d	叶菜3次

（续表）

中文通用名	剂型、含量、毒性	防治对象	每亩每次制剂施用量或稀释倍数及施药方法	建议安全间隔期（d）	每季作物最多使用次数
敌敌畏	80%乳油、中等毒	蚜虫、红蜘蛛、菜青虫、小菜蛾、甘蓝夜蛾、斜纹夜蛾、大猿叶甲、黄曲条跳甲、菜螟等	50g、喷雾	5	5
敌百虫	90%晶体、低毒	棉铃虫、黏虫、菜青虫、小菜蛾、斜纹夜蛾	50g、喷雾	7	5
乐果	40%乳油、中等毒	菜蚜、茄子红蜘蛛、葱蓟马、豌豆潜叶蝇、黄守瓜	250mL、喷雾	7	3
辛硫磷	50%乳油、低毒	棉铃虫、地老虎、马铃薯瓢虫、二十八星瓢虫、黄曲条跳甲、大小猿叶成虫、各类金龟子、菠菜潜叶蝇、豌豆潜叶蝇、番茄斑潜蝇幼虫、葱斑潜蝇幼虫、豆天蛾幼虫、小菜蛾幼虫、葱蓟马、烟蓟马、葱蚜等	50～100mL、喷雾	6	3
		黄曲条跳甲幼虫、韭萤叶甲幼虫、大猿叶虫幼虫、各类金龟子幼虫、各类地老虎幼虫、金针虫、韭菜迟眼蕈蚊虫幼虫、根蛆、黄守瓜幼虫等	50～100mL、浇根	17	1
溴螨酯	50%乳油、低毒	叶螨	30～50mL、喷雾	14	2
鱼藤酮・氰戊菊酯	1.3%乳油、低毒	蚜虫、菜青虫	100～123mL、喷雾	5	3
噻嗪酮	25%可湿性粉剂、低毒	飞虱、叶蝉	25～50g、喷雾	10	1

（续表）

中文通用名	剂型、含量、毒性	防治对象	每亩每次制剂施用量或稀释倍数及施药方法	建议安全间隔期（d）	每季作物最多使用次数
吡虫啉	20%浓可溶剂、低毒	蚜虫、蓟马、粉虱、潜叶蝇、潜叶蛾、黄曲条跳甲、种蝇、异型眼蕈蚊幼虫、长绿飞虱、白背飞虱、灰飞虱、斜纹夜蛾幼虫、银纹夜蛾幼虫等	2 000～2 500倍液、喷雾	10	3
抗蚜威	5%可湿性粉剂、中等毒	蚜虫	10～18g、喷雾	7（二次11d）	3
噻虫嗪	25%水分散粒剂、低毒	蚜虫、飞虱、叶蝉、蓟马、粉虱、马铃薯甲虫、黄曲条跳甲、金针虫等	10～20g、喷雾	5	
虫螨腈	10%悬浮剂、低毒	菜青虫、甜菜夜蛾、菜螟、菜蚜、斑潜蝇、蓟马	40～50mL、喷雾	14	2
炔螨特（克螨特）	73%乳油、低毒	红蜘蛛、茶黄螨、截形叶螨、二斑叶螨	2 000～3 000倍液、喷雾	7	3
噻螨酮（尼索朗）	5%可湿性粉剂、低毒	螨类	1 500～2 000倍液、喷雾	28	1
哒螨灵	15%乳油、低毒	螨类	1 000～1 500倍液、喷雾	10	1
四螨嗪（螨死净）	20%悬浮剂、低毒	螨类	2 000～2 500倍液、喷雾	30	2

（续表）

中文通用名	剂型、含量、毒性	防治对象	每亩每次制剂施用量或稀释倍数及施药方法	建议安全间隔期（d）	每季作物最多使用次数
四聚乙醛	6%颗粒剂、低毒	蜗牛、蛞蝓	400～544g、撒施	7	2
螺螨酯	24%悬浮剂、低毒	红蜘蛛、黄蜘蛛、茶黄螨、叶螨	4 000～6 000倍液、喷雾	30	1
百菌清	75%可湿性粉剂、低毒	早疫病等	145～270g、喷雾	7d（番茄上使用需30d）	3
	45%烟剂、低毒	霜霉病	110～180g、烟熏	3	4
霜脲·锰锌	72%可湿性粉剂、低毒	霜霉病	185.2～231.5g、喷雾	2	3
代森锰锌	80%可湿性粉剂、低毒	早疫病、晚疫病、霜霉病、立枯病、猝倒病、炭疽病、褐斑病、斑点病	番茄：167g、喷雾 西瓜：2 490～3 750g、喷雾	番茄15d 西瓜21d	
	375%干悬浮剂、低毒	炭疽病	3 000～3 600g、喷雾	21	3
氢氧化铜	77%可湿性粉剂、低毒	霜霉病、疫病、炭疽病、叶斑病、早疫病和细菌性病害等多种病害	134～200g、喷雾	3～5	3

（续表）

中文通用名	剂型、含量、毒性	防治对象	每亩每次制剂施用量或稀释倍数及施药方法	建议安全间隔期（d）	每季作物最多使用次数
王铜	30%悬浮剂、低毒	细菌性角斑病、疫病、霜霉病、立枯病、枯萎病等	600～800倍液、喷雾	1	
氧化亚铜	56%水分散粒剂、低毒	蔬菜霜霉病、炭疽病、疮痂病、软腐病、叶斑病、黑星病、白粉病、菌核病、紫斑病、枯萎病、立枯病和番茄早疫病	500～1 000倍液、喷雾	20	2
碱式硫酸铜	30%悬浮剂、低毒	南瓜黑斑病、角斑病，西葫芦软腐病，丝瓜轮纹病，落葵叶斑病，姜眼斑病，芋细菌性斑点病，冬瓜和节瓜的绵疫病、软腐病，甜瓜软腐病，茄子果实疫病、软腐病、细菌性褐斑病，菜豆白粉病、细菌性叶斑病，豇豆角斑病、细菌性疫病，莴苣腐败病，甜菜霜霉病，青花菜和紫甘蓝黑腐病、软腐病，黄瓜软腐病，苦瓜细菌性角斑病、褐斑病，瓠瓜果斑病，番茄斑点病、果腐病，芹菜软腐病等多种细菌性和真菌病害	300～500倍液、喷雾	20	2
噻菌酮（龙克菌）	20%悬浮剂、低毒	十字花科蔬菜黑腐病，萝卜软腐病，辣椒疫病、细菌性斑点病、炭疽病、枯萎病，番茄、辣椒、茄子青枯病，百合灰霉病，大蒜根腐病，黄瓜细菌性角斑病，大白菜软腐病，大蒜软腐病，西瓜枯萎病，芋软腐病，姜瘟病，大豆细菌性斑点病，魔芋软腐病等	500～600倍液、喷雾	10	3～4
春雷·王铜	47%可湿性粉剂、低毒	可防治多种真菌和细菌性病害，如霜霉病、角斑病、炭疽病、蔓枯病、白粉病、黑星病、黑腐病、白锈病、细菌性腐烂病、芹菜烂心病、草莓或木耳菜蛇眼病等	600～800倍液、喷雾	7	3

（续表）

中文通用名	剂型、含量、毒性	防治对象	每亩每次制剂施用量或稀释倍数及施药方法	建议安全间隔期（d）	每季作物最多使用次数
氢氧化铜·锰锌（猛杀生）	75%干悬浮剂、低毒	黄瓜霜霉病、炭疽病、疫病、黑星病、叶斑病，番茄晚疫病、早疫病、叶霉病、灰叶斑病、炭疽病，白菜霜霉病、黑斑病，西瓜炭疽病、叶斑病，辣椒疫病、炭疽病，茄子早疫病、炭疽病，芦笋褐斑病、锈病、茎枯病，菜豆锈病，玉米锈病、叶斑病，大葱炭疽病，冬瓜疫病	500～600倍液、喷雾		
波·锰锌（科博）	78%可湿性粉剂、低毒	霜霉病、疫病、细菌性角斑病、蔓枯病、黑星病、灰霉病、绵腐病、各种叶斑病、炭疽病	500～800倍液、喷雾	7	
硫黄	80%干悬浮剂、低毒	白粉病、腐烂病、疮痂病、叶斑病、部分锈病及其他真菌，兼治螨类	400～600倍液、喷雾		
苯醚甲环唑	10%水分散粒剂、低毒	马铃薯早疫病，豆类叶斑病、炭疽病、白粉病，辣椒、番茄叶斑病、炭疽病、白粉病、早疫病，瓜类白粉病、炭疽病、蔓割病，大蒜、洋葱早疫病、锈病、黑斑病，草莓白粉病、轮纹病、叶斑病和黑斑病，玉米大、小叶斑病	50～80g、喷雾	7～10	2～3
氟硅唑（福星）	40%乳油、低毒	番茄晚疫病，黄瓜菌核病、黑星病，瓜类白粉病，草莓白粉病，豆类锈病，玉米黄斑病等	112.5～187.5mL、喷雾	7～10	2
腐霉利	50%可湿性粉剂、低毒	灰霉病、菌核病	黄瓜：40～50g、喷雾	1	3
	15%烟剂、低毒	灰霉病、菌核病、早疫病、茎腐病	0.2～0.3g/m^3、烟熏	7	1

（续表）

中文通用名	剂型、含量、毒性	防治对象	每亩每次制剂施用量或稀释倍数及施药方法	建议安全间隔期（d）	每季作物最多使用次数
氟菌唑	30%可湿性粉剂、低毒	白粉病、锈病	15～20g、喷雾	2	2
丙环唑	25%乳油、低毒	茄子茎基腐病、茄科蔬菜白粉病、番茄早疫病、番茄白粉病、甜（辣）椒白粉病、辣椒褐斑病、辣椒叶枯病	1 500～3 000倍液、喷雾	10	3～4
乙嘧酚	25%悬浮剂、低毒	白粉病	1 000倍液、喷雾	7	2
烯肟菌胺（高扑）	5%乳油、低毒	白粉病	600～800倍液、喷雾		
烯肟菌酯（佳斯奇）	25%乳油、低毒	白粉病	25～55mL、喷雾	3	
乙烯菌核利	50%可湿性粉剂、低毒	灰霉病	75～100g、喷雾	4	2
甲霜铜	50%可湿性粉剂、低毒	疫病、霜霉病、疮痂病、细菌性角斑病、叶枯病、白锈病、晚疫病等	150～200g、喷雾	5	3
甲霜灵	58%可湿性粉剂、低毒	马铃薯晚疫病，茄子绵疫病，黄瓜、白菜霜霉病等	200g、喷雾	7	3
甲霜·锰锌	58%可湿性粉剂、低毒	霜霉病	75～120g、喷雾	1	3

（续表）

中文通用名	剂型、含量、毒性	防治对象	每亩每次制剂施用量或稀释倍数及施药方法	建议安全间隔期（d）	每季作物最多使用次数
噁霜·锰锌	64%可湿性粉剂、低毒	霜霉病	170～200g、喷雾	3	3
噁露灵	96%可湿性粉剂、低毒	西瓜、黄瓜枯萎病、蔓枯病、疫病、菌核病、立枯病、白绢病、灰霉病，番茄灰霉病、早疫病、晚疫病、绵疫病、枯萎病，茄子褐纹病、枯萎病、绵疫病、菌核病，辣椒灰霉病、疫病，白菜、甘蓝黑根病、菌核病，豆类枯萎病、灰霉病、菌核病，葱、蒜类灰霉病、紫斑病等	3 000～6 000倍液、喷雾	7	2～3
氮菌·锰锌（仙生）	62.25%可湿性粉剂、低毒	瓜类蔓枯病、白粉病、黑星病、炭疽病、霜霉病和蔬菜上的多种叶斑病	400～600倍液、喷雾	7～10	
多菌灵	50%可湿性粉剂、低毒	立枯病、炭疽病、纹枯病、根腐病、枯萎病	500～1 000倍液、喷雾	15d（二次30d）	2
多菌灵盐酸盐	50%可湿性粉剂、低毒	霜霉病、疫病、灰霉病、炭疽病、菌核病、黄萎病、蔓枯病、白粉病、黄瓜黑星病、莲藕叶疫病、扁豆斑点病等	500～800倍液、喷雾	7	
嘧霉胺	40%乳油、低毒	灰霉病、菌核病、褐腐病、黑星病、叶斑病	800～1 200倍液、喷雾	3	2
嘧菌酯	25%悬浮剂、低毒	霜霉病、晚疫病、早疫病、炭疽病、白粉病、叶霉病、立枯病、猝倒病、根腐病、锈病、灰霉病、菌核病、褐纹病、褐斑病	24～48mL、喷雾	1	4

（续表）

中文通用名	剂型、含量、毒性	防治对象	每亩每次制剂施用量或稀释倍数及施药方法	建议安全间隔期（d）	每季作物最多使用次数
咪鲜胺（施保克）	25%乳油、低毒	茄子黑枯病、番茄炭疽病、茄子炭疽病、辣椒炭疽病	3 000～4 000倍液、喷雾	12	2
咪鲜胺锰络合物（施保功）	50%可湿性粉剂、低毒	褐斑病、白腐病、青绿霉病、蒂腐病、炭疽病、灰霉病、枯萎病、早疫病、叶枯病、叶斑病、茎枯病、紫斑病	1 000～1 500倍液、喷雾	7	2
丙森·缬霉威（霉多克）	66.8%可湿性粉剂、低毒	霜霉病、疫病	500～600倍液、喷雾	3	3
氯苯嘧啶醇	6%可湿性粉剂、低毒	白粉病、褐斑病、锈病、炭疽病	1 000～1 500倍液、喷雾	14	3
噁唑菌酮	68.75%水分散粒剂、低毒	炭疽病、黑星病、黑斑病、叶斑病、霜霉病、早疫病、晚疫病、灰霉病、白粉病、茎枯病、疮痂病等	1 000～1 500倍液、喷雾	20	
噁酮·氟硅唑	20.67%乳油、低毒	西瓜枯萎病，葱类灰霉病、霜霉病，芹菜斑枯病，玉米大、小叶斑病，黄瓜蔓枯病，大蒜白腐病，荸荠秆枯病，番茄晚疫病、早疫病、叶霉病、灰叶斑病，黄瓜霜霉病、黑星病、炭疽病，草莓白粉病，芹菜晚疫病，辣椒斑枯病，芦笋锈病，西葫芦锈病、白粉病，马铃薯晚疫病、早疫病等	2 000～3 000倍液、喷雾		

（续表）

中文通用名	剂型、含量、毒性	防治对象	每亩每次制剂施用量或稀释倍数及施药方法	建议安全间隔期（d）	每季作物最多使用次数
丙森锌	70%可湿性粉剂、低毒	黄瓜霜霉病，番茄早疫病、晚疫病，大白菜等十字花科霜霉病，西瓜蔓枯病，马铃薯环腐病、早疫病、晚疫病，大葱紫斑病，菜豆炭疽病，辣椒、芋疫病等	400～600倍液、喷雾	3	3
霜霉威·霜霉威（银法利）	67.5g/L悬浮剂、低毒	辣椒疫病，番茄晚疫病、腐霉根腐病，马铃薯晚疫病，黄瓜霜霉病，茄科蔬菜及冬瓜的绵疫病和猝倒病	600～1 000倍液、喷雾	3	3
醚菌酯（翠贝）	50%干悬浮剂、低毒	炭疽病、灰霉病、黑星病、叶斑病、霜霉病、疫病	15～20g、喷雾	5	3
溴菌腈	25%可湿性粉剂、低毒	炭疽病、黑斑病、软腐病、黑星病、疮痂病、白粉病、锈病、立枯病、猝倒病、根茎腐病、溃疡病、青枯病、角斑病等真菌性、细菌性病害	400～800倍液、喷雾	7～10	3
氰霜唑（科佳）	10%悬浮剂、低毒	黄瓜、甜瓜、菠菜等的霜霉病，番茄、马铃薯、辣椒、甘蓝的晚疫病，白菜、甘蓝等十字花科的根肿病等	2 000～2 500倍液、喷雾	3	3～4
氟啶胺（福帅得）	50%悬浮剂、低毒	对辣椒、马铃薯疫病和块茎腐烂有特效，对多种蔬菜的根肿病、霜霉病、炭疽病、疮痂病、灰霉病、黑星病、轮纹病、菌核病有较好防治效果	1 500～2 000倍液、喷雾	7	3
甲基硫菌灵	70%可湿性粉剂、低毒	瓜类白粉病、番茄叶霉病、甘薯黑斑病、豇豆根腐病、枯萎病等	70～80g、喷雾	7	3

（续表）

中文通用名	剂型、含量、毒性	防治对象	每亩每次制剂施用量或稀释倍数及施药方法	建议安全间隔期（d）	每季作物最多使用次数
异菌脲	50%悬浮剂、低毒	早疫病、灰霉病、立枯病、菌核病、黑斑病、蔓枯病、褐纹病、十字花科褐腐病、草莓或空心菜轮斑病、落葵蛇眼病、西葫芦根霉腐烂病、十字花科黑根病和芦笋茎枯病等	1 000～2 000倍液、喷雾	7	3
吡唑醚菌酯（凯润）	25%乳油、中等毒	黄瓜蔓枯病、白粉病、霜霉病，西瓜蔓枯病、炭疽病，甜瓜叶枯病、霜霉病，辣椒疫病，番茄猝倒病，芦笋茎枯病，草莓蛇眼病，胡萝卜黑斑病，菜豆锈病，马铃薯晚疫病等	2 000～3 000倍液、喷雾	7～14	3～4
代森联	70%水分散粒剂、低毒	霜霉病、早疫病、晚疫病、疮痂病、炭疽病、锈病、叶斑病等	600～800倍液、喷雾	4	3
双炔酰菌胺（瑞凡）	25%悬浮剂、低毒	辣椒疫病，西瓜疫病，马铃薯晚疫病，甜瓜霜霉病、疫病，瓠瓜疫病等	2 500倍液、喷雾	3	4
烯酰吗啉（安克）	50%可湿性粉剂、低毒	疫病、晚疫病、霜霉病、黑胫病	30～40g、喷雾	7	24
烯酰·锰锌	69%水分散粒剂、低毒	霜霉病、疫病、猝到病、晚疫病	100～167g、喷雾	4	3
唑醚·代森联（百泰）	60%水分散粒剂、低毒	黄瓜霜霉病、西葫芦细菌性茎基软腐病和枯萎病、番茄茎基腐病、辣椒疫病、马铃薯炭疽病、草莓蛇眼病、西瓜蔓枯病、甜瓜蔓枯病	1 000～1 500倍液、喷雾	7～14	3

（续表）

中文通用名	剂型、含量、毒性	防治对象	每亩每次制剂施用量或稀释倍数及施药方法	建议安全间隔期（d）	每季作物最多使用次数
戊唑醇（好力克）	430g/L悬浮剂、低毒	番茄叶霉病、黄瓜枯萎病、冬瓜蔓枯病、南瓜白粉病、西瓜蔓枯病、豇豆锈病、菜豆锈病、萝卜黑腐病、白菜黑斑病、莴苣菌核病、生姜叶枯病、大葱紫斑病、草莓白粉病等	2 000～4 000倍液、喷雾	14	2
啶菌噁唑（菌思奇）	25%乳油、低毒	番茄灰霉病、叶霉病，黄瓜灰霉病、白粉病、黑星病，草莓灰霉病等	600～800倍液、喷雾	3	3
嘧菌环胺（和瑞）	50%水分散粒剂、低毒	草莓、辣椒灰霉病，油菜菌核病	1 000倍液、喷雾		
硫菌·霉威	65%可湿性粉剂、低毒	灰霉病	1 000～1 500倍液、喷雾	7	3
氟吗啉	50%可湿性粉剂、低毒	黄瓜霜霉病、番茄晚疫病、马铃薯晚疫病、白菜霜霉病、辣椒疫病等	15～30g、喷雾	3	3
氟吗·锰锌（施得益）	50%可湿性粉剂、低毒	黄瓜霜霉病、番茄晚疫病、辣椒疫病、白菜霜霉病、马铃薯晚疫病等	600～1 000倍液、喷雾	3	3
氟吗·乙铝（锐扑）	50%可湿性粉剂、低毒	霜霉病、疫病	500～1 000倍液、喷雾	3	3
三唑酮	20%乳油、低毒	白粉病、锈病	15～20g、喷雾	15	2

（续表）

中文通用名	剂型、含量、毒性	防治对象	每亩每次制剂施用量或稀释倍数及施药方法	建议安全间隔期（d）	每季作物最多使用次数
硫酸链霉素	72%可溶性粉剂、低毒	白菜软腐病、霜霉病、黄瓜细菌性角斑病、番茄青枯病等	15～30g、喷雾	3	
新植霉素	90%可溶性粉剂、低毒	各类细菌性病害	12～14g、喷雾		
嘧啶核苷类抗菌素	2%水剂、低毒	番茄早疫病、黄瓜霜霉病、大白菜黑斑病、冬瓜和节瓜白粉病等	100～300倍液、喷雾	7～10	2
		枯萎病	130～200倍液、灌根	7～10	2
氨基寡糖素	0.5%水剂、低毒	枯萎病、立枯病、猝倒病、根腐病	600～800倍液、喷雾	3～7	3
乙蒜素	80%乳油、中等毒	枯萎病、蔓基病、西瓜立枯病、葱黑斑病、白菜霜霉病、大豆紫斑病等	5 000～6 000倍液、喷雾	5	2
银杏提取物	20%可湿性粉剂、低毒	番茄、草莓灰霉病、白粉病	600～1 000倍液、喷雾		
低聚糖素	0.4%水剂、低毒	瓜类、茄果类霜霉病、炭疽病、白粉病、枯萎病、灰霉病、早疫病，叶菜类叶斑病、软腐病等	250～400倍液、喷雾	0	
丁子香酚	0.3%可溶性液剂、低毒	灰霉病、霜霉病、白粉病、炭疽病、疫病、叶霉病、枯萎病等	1 000～1 200倍液、喷雾	15	3

（续表）

中文通用名	剂型、含量、毒性	防治对象	每亩每次制剂施用量或稀释倍数及施药方法	建议安全间隔期（d）	每季作物最多使用次数
儿茶素	1.1%可湿性粉剂、低毒	霜霉病、叶霉病、黑星病、炭疽病、灰霉病、软腐病等	400～600倍液、喷雾		
荧光假单胞杆菌	5亿/g可湿性粉剂、低毒	根腐病、纹枯病	100～150g、灌根		
春雷霉素	2%水剂、低毒	黄瓜炭疽病、细菌性角斑病，番茄叶霉病、灰霉病，甘蓝黑腐病，芹菜早疫病，辣椒细菌性疮痂病，菜豆晕枯病等	500～1 000倍液、喷雾	4～7	3
中生霉素	3%可湿性粉剂、低毒	茄科青枯病、大白菜软腐病、辣椒疫病、西瓜枯萎病、黄瓜细菌性角斑病、姜瘟病等	600～1 000倍液、喷雾	8	2
水合霉素	88%可溶性粉剂、低毒	番茄溃疡病、青枯病，茄子褐纹病，辣椒青枯病和枯萎病，豇豆枯萎病，大葱软腐病，大蒜紫斑病，白菜软腐病，大白菜细菌性角斑病、细菌性叶斑病，甘蓝类细菌性黑斑病，西瓜苗期猝倒病，苦瓜枯萎病，黄瓜枯萎病，姜根腐病等	1 000～1 500倍液、喷雾		
武夷菌素	2%水剂、低毒	叶霉病、白粉病、黑星病、灰霉病、炭疽病等	100～200倍液、喷雾		
宁南霉素	8%水剂、低毒	病毒病、豆类根腐病、白粉病、瓜类蔓枯病、十字花科蔬菜软腐病、芦笋茎枯病等	800～100倍液、喷雾	7～10	1～2
长川霉素	1%乳油、低毒	灰霉病、白粉病、霜霉病	500～700倍液、喷雾		

（续表）

中文通用名	剂型、含量、毒性	防治对象	每亩每次制剂施用量或稀释倍数及施药方法	建议安全间隔期（d）	每季作物最多使用次数
井冈霉素	5%水剂、低毒	各类纹枯病、瓜类立枯病、根腐病等	500～1 000倍液、灌根	14	2
木霉菌	1亿活孢子/g水分散粒剂、低毒	瓜类霜霉病，十字花科霜霉病，瓜类、番茄、马铃薯、菜豆、豇豆白绢病，茄科、豆科立枯病，茄子黄萎病，瓜苗猝倒病，瓜类炭疽病等	600～800倍液、喷雾	0	
健根宝	108cfu/g可湿性粉剂、低毒	猝倒病、立枯病、枯萎病、根腐病、软腐病、姜瘟病等	1：50拌土、穴施		
霜霉威	72.2%水剂、低毒	黄瓜苗期猝倒病、疫病，辣椒疫病，番茄根腐病，空心菜白锈病，洋葱苗期猝倒病，西葫芦霜霉病，马铃薯晚疫病，菜豆猝倒病等	500～1 000倍液、喷雾	3	2～3
恶酮·霜脲氰（抑快净）	52.5%水分散粒剂、低毒	番茄晚疫病、早疫病、灰叶斑病和叶霉病，黄瓜霜霉病、黑星病、疫病、叶斑病，辣椒、茄子疫病，莴苣霜霉病，葱、韭疫病，芹菜晚疫病，马铃薯晚疫病和早疫病等	1 500～3 000倍液、喷雾	7	
多抗霉素	10%可湿性粉剂、低毒	蔬菜苗期猝倒病，番茄晚疫病、灰霉病，草莓灰霉病，黄瓜霜霉病、白粉病、枯萎病，西瓜枯萎病，茄子和番茄叶霉病，甜菜立枯病、褐斑病，洋葱、大葱、大蒜紫斑病，白菜黑斑病，绿菜花灰霉病	500～1 000倍液、喷雾	10	3
吗胍·乙酸铜	20%可湿性粉剂、低毒	病毒病	20 g、喷雾	7	3

（续表）

中文通用名	剂型、含量、毒性	防治对象	每亩每次制剂施用量或稀释倍数及施药方法	建议安全间隔期（d）	每季作物最多使用次数
吗胍·羟烯腺	40%可溶性粉剂、低毒	病毒病	1 000～1 500倍液、喷雾	7	3
菌毒清	5%水剂、低毒	病毒病	200～300倍液、喷雾	7	3
菇类蛋白多糖	0.5%水剂、低毒	病毒病	300倍液、喷雾	7	3
植病灵	1.5%乳油、低毒	病毒病	800～1 000倍液、喷雾	7	3
嘧肽霉素	4%水剂、低毒	病毒病	500～700倍液、喷雾	7	3
植物激活蛋白	3%可湿性粉剂、低毒	病毒病、灰霉病、白粉病、青枯病	1 000倍液、灌根		
咯菌腈	2.5%悬浮种衣剂、低毒	立枯病、根腐病、枯萎病、蔓枯病	800～1 500倍液、灌根		
噻唑磷	10%颗粒剂、低毒	线虫	1.5～2.0kg、土壤处理	25（黄瓜）	1
棉隆	50%可湿性粉剂、低毒	防治蔬菜根结线虫病，并兼治立枯病、金针虫、蛴螬	2.4kg、土壤处理		

（续表）

中文通用名	剂型、含量、毒性	防治对象	每亩每次制剂施用量或稀释倍数及施药方法	建议安全间隔期（d）	每季作物最多使用次数
厚孢轮枝菌	微粒剂、低毒	线虫	1.0～1.5kg、土壤处理		
枯草芽孢杆菌	10亿活芽孢/g可湿性粉剂、低毒	黄瓜白粉病、灰霉病，草莓白粉病、灰霉病，番茄青枯病等	600～800倍液、喷雾		
蜡质芽孢杆菌	8亿活芽孢/g可湿性粉剂、低毒	姜瘟病、茄子青枯病、辣椒青枯病等	500～1 000g、灌根		
核苷酸	0.05%水剂、低毒	黄瓜霜霉病、炭疽病、白粉病，番茄早疫病、晚疫病、灰霉病、叶霉病，茄子褐纹病、绵疫病，辣椒炭疽病、疫病，豇豆炭疽病、锈病、轮纹病，芹菜叶斑病、斑枯病、菌核病，白菜霜霉病、炭疽病，大葱紫斑病、锈病等	600～800倍液、喷雾		
二甲戊灵	33%乳油、低毒	一年生阔叶及禾本科杂草	100～150mL、土壤处理		1
异丙甲草胺	72%乳油、低毒	一年生禾本科及部分阔叶杂草	100～150mL、土壤处理		1
甲草胺	48%乳油、低毒	一年生禾本科杂草及部分阔叶草	100～200mL、土壤处理		1

（续表）

中文通用名	剂型、含量、毒性	防治对象	每亩每次制剂施用量或稀释倍数及施药方法	建议安全间隔期（d）	每季作物最多使用次数
乙草胺	50%乳油、低毒	一年生禾本科杂草及部分阔叶草	80～200mL、土壤处理		1
氟乐灵	48%乳油、低毒	一年生禾本科杂草，部分小粒种子阔叶草	100～150mL、土壤处理		1
烯禾啶	20%乳油、低毒	一年生禾本科杂草，狗芽根、芦苇和白茅等多年生禾本科杂草	50～100mL、喷雾		1
氟吡甲禾灵	12.5%乳油、低毒	一年生禾本科杂草，多年生禾本科杂草	30～80mL、喷雾		1
敌草胺	25%可湿性粉剂、低毒	一年生单子叶杂草和多数阔叶草	80～100mL、喷雾		1
精喹禾灵	5%乳油、低毒	一年生禾本科杂草	30～50mL、喷雾		1
精吡氟禾草灵	15%乳油、低毒	一年生禾本科杂草	30～60mL、喷雾		1

（续表）

中文通用名	剂型、含量、毒性	防治对象	每亩每次制剂施用量或稀释倍数及施药方法	建议安全间隔期（d）	每季作物最多使用次数
乙氧氟草醚	24%乳油、低毒	阔叶杂草、莎草及稗草	40～60mL、喷雾		1
	30%可溶性粉剂、低毒	1～2年生杂草	200g、喷雾		1
草甘膦	10%水剂、低毒	1～2年生杂草	500～750mL、喷雾		1
	41%水剂、低毒	1～2年生杂草	150～200mL、喷雾		1
复硝酚钠	1.8%水剂	调节作物生长	6 000～8 000倍液、喷雾	7	2

注：表格引自王迪轩等（2015）

二、常用肥料的种类与合理使用

以提供植物（作物）养分为主要功能的物料称之为肥料，它能为植物（作物）供给养分，提高产量和品质，培肥地力，改良土壤理化性质，是农业生产的物质基础。通过合理施肥应达到高产、优质、高效、防止污染环境和培肥改土等目标。

（一）常用肥料的分类

肥料按来源一般分为两大类：一类是为满足农业生产的需要由工厂生产的矿质肥料，也称化学肥料；另一类是人类在生产生活中自然产生的物质称为有机肥料，如植物秸秆、农副产品下脚料、人畜粪便以及含腐殖酸的物料等。

随着科学技术的发展，肥料种类日益繁多，各种分类也没有统一规范，常见的肥料分类方法见表4-8。

表4-8　常见肥料分类方法

按营养元素成分数量	单质肥料	在肥料主养分中，标明主要含有单一养分元素的肥料，如各种氮肥、磷肥、钾肥等。常见的有尿素、硫酸铵、碳酸氢铵、过磷酸钙、硫酸钾、氯化钾、硫酸亚铁、硫酸铜、硫酸锰等
	复合肥料	氮、磷、钾三种养分中，标明至少含有两种及以上养分通过化学或掺混方法制成的肥料，如磷酸一铵、磷酸二铵、硝酸磷肥、硝酸钾、磷酸二氢钾等及各种掺混复合肥料
	配方肥料	利用测土配方技术，根据土壤养分含量、作物养分需求及供肥特点，以各种单质肥料或复合肥料为原料，有针对性地添加特定元素，通过掺混或其他工艺加工而成，具有地域性和针对性强等特点
按肥料作用方式	速效肥料	养分易被作物吸收利用，即肥效作用快的肥料，如尿素、硝酸铵、硫酸铵、氯化铵、硫酸钾、氯化钾等
	缓效肥料	施用后能在一段时间内缓慢释放可被作物持续吸收利用的肥料，包括各种缓溶性肥料、缓释肥料等 缓溶性肥料是通过化学合成的方法，降低肥料的溶解度，以达到长效的目的，如尿甲醛、尿乙醛、聚磷酸盐等 缓释肥料是在水溶性颗粒肥料表面包裹一层半透明或难溶性膜，使养分通过膜缓慢释放，从而达到长效的目的，如硫包衣尿素、沸石包裹尿素等

（续表）

按肥料的化学性质	碱性肥料	化学性质显碱性的肥料，如碳酸氢铵、氨水、钙镁磷肥、液氨等
	酸性肥料	化学性质显酸性的肥料，如磷酸二氢铵、过磷酸钙、硝酸磷肥、硫酸锌、硫酸锰、硫酸铜等
	中性肥料	化学性质显中性或接近中性的肥料，如硫酸钾、氯化钾、尿素、硝酸钾等
按肥料的物理状态	固体肥料	呈固体状态的肥料，如尿素、硫酸铵、过磷酸钙、硫酸钾、钙镁磷肥等
	液体肥料	悬浮肥料、溶液肥料和液氨肥料的总称，如液氨、氨水、叶面肥料、聚磷酸铵悬浮液肥等液状肥
	气体肥料	常温长压下呈气体状态的肥料，如二氧化碳等
按作用机理	传统肥料	传统的有机和无机肥料
	辅助性肥料	微生物肥料，又称细菌肥料，指从土壤中分离出的有益微生物，通过人工选育繁殖后制备成的菌剂，如根瘤菌肥料、固氮菌肥料、硅酸盐细菌肥等 土壤改良剂，指从植物残体、泥炭、褐煤抽取腐殖酸、纤维素、木质素、多糖羧酸类物质所合成的高分子聚合物，具有松土、保湿、改良土壤、促进植物对水分和养分的吸收等功能
按作物对营养元素的需求量	大量元素肥料	利用含大量营养元素的物质制成的肥料，常用的有氮肥、磷肥、钾肥等
	中量元素肥料	利用含中量营养元素的物质制成的肥料，常用的有镁肥、钙肥、硫肥等
	微量元素肥料	利用含微量营养元素的物质制成的肥料，常用的有硼肥、锌肥、锰肥、铁肥、钼肥、铜肥等
	有益营养元素肥料	利用含有益营养元素的物质制成的肥料，常用的有硅肥、稀土肥等

（二）常用肥料的合理使用

植物生长除需要光照、水分、温度和空气等环境条件外，还需要氮、磷、钾、钙、镁、硫、铁、锰、铜、锌、硼、钼、氯等必需营养元素。每种元素都各有其特有的生理功能，相互之间同等重要，不可替代；同时有益元素也能促进植物生长发育。植物收获后会从土壤中带走大量的养分，从而使得土壤中的养分越来越少，地力逐渐下降。为了维持地力和提高产量应将植物带走的养分适当归还土壤，即合理施肥。根据已有调查结果表明，我国菜田普遍存在过量施肥的情况，过量施用的肥料会随水流失进入河湖及大海，引起水体富营养化，同时会引起土壤酸化、板结、次生盐渍化及地下水污染等问题。另外，过量施肥是引起蔬菜硝酸盐和重金属污染的主要因素之一，故合理施肥是蔬菜品质安全的重要保障。

不同蔬菜需肥特性、不同土壤类型保肥特性、不同肥料供肥特性均不同，故应根据不同蔬菜需肥特性、土壤类型、肥料特性进行合理高效的施肥，既可以减少生产资料的浪费，又可以实现蔬菜高产、稳产，还可以保证蔬菜的品质。

1. 不同类型蔬菜需肥特性

不同植物种类、品种，同一植物品种不同生育期、不同产量水平，对养分需求数量和比例都有所不同。作物吸收养分具有生长初期吸收量少、强度低，随着时间推移，吸收量逐渐增加，到成熟期又逐渐减少的规律。不同作物在不同时期对养分的需求也不尽相同。在一定时期，某种养分的不当使用（缺乏、过多或比例不当）可能会对作物生长造成很大影响，这一时期称为作物营养临界期。在营养临界期，作物对某种养分需求的绝对值虽然不多，但很迫切，此时若施用不当造成损失，即使以后该养分供应正常通常也难以弥补。各种作物的营养临界期不完全相同，但多出现在作物生育前期，一般为作物种子营养转向土壤营养（幼苗期等）、营养生长转向生殖生长（花蕾初期、分蘖期、幼穗分化期等）等的转折期。作物营养还有一重要时期就是营养最大效率期，是指某种养分能够发挥最大增产效能的时期。在这一时期，作物对某种养分的需要量和吸收率都是最大的，是作物生长最旺盛的时期，在这一时期如果能及时满足作物营养需求，则增产效果非常显著。不同类型蔬菜其可供食用部位不同，一般同科蔬菜的生物学特性和需肥特性有一定相似之处。

（1）叶菜类蔬菜需肥特性。叶菜类是一年四季可供食的绿叶蔬菜，种类繁多，种植面积大，生长期短，产量高。因此，对土壤和肥水条件要求较高。叶菜类蔬菜主要分两大类，即结球叶菜类和绿叶菜类。

①结球叶菜类需肥特性。结球叶菜类包括大白菜、结球甘蓝、花椰菜等，以叶球为食用器官。根据生长时期和器官形成分为营养生长和生殖生长两个时期。这类蔬菜要求具有良好结构的保水、保肥力强的土壤，要求勤施肥、薄施肥，以保证及时供应生长所需。结球蔬菜对主要营养元素的吸收特点如下。

氮素需求特点。结球叶菜一般均有较大的叶面积，需供应充足的氮肥，结球期间如氮素供应不足对产量和品质影响极大，故结球叶菜全生育期需充足氮素。如氮素供应不足，会导致结球叶菜植株矮小、叶片小、茎基部叶片易枯黄脱落、组织粗硬。但氮素供应过多易引起组织含水量高、不利贮存，易遭受病害等问题。

氮、磷、钾的需求。结球叶菜吸收钾最多，氮次之，磷、镁最少，对氮、磷、钾的吸收比例为1∶（0.30～0.47）∶（1.25～1.33）。大白菜吸收氮、磷、钾的大致比例为1∶0.47∶1.33，结球甘蓝吸收三要素的比例为1∶0.3∶1.25。大白菜、结球甘蓝在生长初期对钾吸收不多，从莲座期开始吸收量猛增，到结球中期达吸收高峰，之后降低，对氮的吸收与钾相类似。在莲座期前吸收养分的量约为总吸收量的10%，在结球期约为90%。如磷、钾供应不足则不易结球。花椰菜整个生育期对氮的需求都较高，是喜硝态氮作物，在花球形成期对磷、钾肥需要较多。

中微量元素需求特点。结球叶菜类特别是甘蓝类对钙素需求很高，是典型的喜钙作物，当土壤缺钙或由于其他原因造成生理性缺钙时，往往会出现叶缘干枯的症状。另外，甘蓝类蔬菜对缺锌和缺铁也很敏感。甘蓝缺锌则会导致植株矮小，生长缓慢，新叶叶片失绿，有灰绿或黄白斑点并逐步扩大，根系生长不发达等问题。甘蓝缺铁主要表现为新叶叶绿素受到破坏，叶脉间失绿。花椰菜需硼较多，对硼的反应敏感，缺钙妨碍硼的吸收，缺硼时易引起叶柄发生龟裂或发生小叶，花茎中心开裂，花球出现褐色斑点并略带苦味，影响商品质量。花椰菜对钼也有特殊要求，缺钼的典型症状是发生鞭尾病，缺钼严重时会导致不结球。

②绿叶菜类需肥特性。绿叶菜类蔬菜包括菠菜、芹菜、苋菜、生菜、空心菜、芫荽、芥菜等，多以幼嫩的绿叶或嫩茎供食。大多数绿叶菜类的根系较浅，生长期短，种植密度很大，因此对肥水的要求很高。绿叶菜类的营养特性是需氮素供应充足，叶片柔嫩多汁而少纤维；氮素不足时，则植株矮小而纤维多，叶面积小，色黄而粗糙。要求肥沃湿润的土壤，肥水供应充足。菠菜是典型的喜硝态氮蔬菜，以硝态氮为主要氮源时长势良好；对磷钾的吸收量高，缺钾时反应敏感，对产量有一定影响。

（2）茄果类蔬菜需肥特性。茄果类蔬菜包括番茄、茄子、辣椒等茄科作物，以浆果供食。茄果类蔬菜需肥量高，耐肥力强，在营养生长阶段吸肥量较少，但对氮、磷较敏感，若缺氮、磷会影响花芽分化和果实品质。进入营养生长与生殖生长并进阶段需肥量逐渐增加，到一、二花序结果后吸肥量达到高峰。茄果类蔬菜需氧量高，若土壤中含氧量不足，会阻碍根系对氮、磷、钾的吸收，植株生长发育不良。在土壤含氧量10%～15%的土壤环境中，茄子和番茄吸收氮、磷、钾量最高，在含氧量20%左右的土壤中最有利于辣椒对氮、磷、钾的吸收。茄果类蔬菜中，不同品种蔬菜需肥情况不同，番茄需钾、磷较高，氮次之；茄子和辣椒需钾量较高，氮次之，磷最少。

茄果类蔬菜营养失调易发生生理病害。茄果类蔬菜在花芽分化与果实膨大期对水肥气热较为敏感。若在花芽分化期施肥过量，灌水过多，遇低温，易形成畸形果。在果实膨大期需要充足的氮和磷，以合成大量的碳水化合物，氮、磷不足时，果实发育受阻，产量降低。

（3）瓜类蔬菜需肥特性。瓜类蔬菜主要包括黄瓜、南瓜、冬瓜、丝瓜、苦瓜等。茎蔓生，雌雄异花同株，喜温暖气候。我国以黄瓜、南瓜、冬瓜种植面积最大，产量高、经济效益好。

瓜类蔬菜多属喜硝态氮肥作物。在开花前吸收养分量很少，结果期吸收养分量很大。此类蔬菜需钾、钙量最高，氮磷次之，再次是镁。幼苗期以吸收氮素较多，随根系的快速生长后期需磷较多，结瓜初期对钾的吸收量猛增；结瓜盛期，吸氮、磷、钾达到高峰期。

瓜类蔬菜适于富有机质的肥沃壤土，这种土壤能平衡瓜类根系喜湿而不耐涝，喜肥而不耐肥等矛盾。露地和棚室生产瓜类蔬菜，应多施用优质腐熟有机肥作基肥，分期追施有机与无机肥作为追肥，产品品质较好，增产效果好。

（4）根菜类蔬菜需肥特性。根菜类蔬菜包括萝卜、胡萝卜、大头菜、芜菁甘蓝等，以肥大的肉质直根供食用。喜好冷凉气候，在低温长日照条件下发育快。肉质根适宜在冷凉的环境中膨大，生长过程中，在气温由高到低的条件下，较易获得高产。根菜类为主根深的作物，生长期长，产量高，需肥量大。适于在土层深厚、肥沃、疏松、排水良好的沙壤土中栽培。

根菜类可分营养生长和生殖生长两个生长发育阶段，前一阶段完成供食根茎的商品生产，种子生产需两个阶段才能完成。种子萌发后，幼苗期地上部生长缓慢，吸收养分较少。地上迅速生长期，根茎膨大期，吸肥量达高峰。生长后期，生长速度再次减缓，吸肥量也逐渐减少。钾可促进叶部合成糖向根部转移，故对根菜类产量影响很大。根菜类蔬菜幼苗期需氮量最大，其次为磷，到根茎膨大期，需钾最多，氮次之，磷最少。后期氮不能过量，否则会导致地上部徒长。根菜类需要氮、磷、钾比例大致为1：（0.31～0.52）：（0.83～1.61）。另外，根菜类蔬菜需硼较多，缺硼会导致肉质根内部组织坏死褐变、木栓化、空洞化，影响产品品质及产量。

（5）豆类蔬菜需肥特性。豆类蔬菜为豆科一年或二年生草本植物，包括菜豆、豇豆、毛豆、豌豆、蚕豆、扁豆等，多以豆荚或嫩豆粒供食用。根据生长期长短和根瘤菌发达程度不同，可分为两大类型：一是蔓性无限生长类型，如菜豆、豇豆、扁豆等；二是矮生有限生长类型，如毛豆、蚕豆等。豆类多为自花授粉、直根系作物，根系较发达，根部有根瘤共生，能固定空气中的氮素，一般由根瘤固定的氮素占全生育期总吸收氮量的30%～40%。

豆类蔬菜根瘤菌发达程度不同，生长期长短各异，其需肥规律差异较大。蔓性无限生长类型生长期长，荚果多次采摘，根瘤不发达，养分需求偏多；矮生有限生长类型生长期短，根瘤发达，荚果一次性采收，养分需求相对偏少。豆类蔬菜根部有根瘤共生，能固定空气中的氮素，与根菜、叶菜类相比需氮量较低。豆类蔬菜生长初期根瘤生长缓慢，辅以适量氮肥施用可以取得较好的效果。

豆类蔬菜根系较发达，有一定耐旱能力，土壤湿度过高会降低根瘤菌活性，降低固氮能力。在根瘤发育期，充足的氮、磷、钾供应，尤其是磷素供应会促进根瘤生长，有利于共生固氮，可起到“以磷增氮”的作用。豆类蔬菜对钙、镁、硼、钼有良好反应，尤其是钼，适量施用可促进对氮、磷、钾三种养分的吸收、运转，并能缓解落叶，提高产量和品质。

（6）葱蒜类蔬菜需肥特性。葱蒜类蔬菜包括葱、韭菜、大蒜、洋葱等，属于百合科葱属多年生草本植物，叶鞘基部能形成鳞茎，以茎、假茎（叶鞘）或叶供食，有特殊气味，是生活中不可或缺的调味品。山东章丘大葱、莱芜姜、苍山大蒜以其优良品质闻名全国，驰名海外，远销日本、韩国。

葱蒜类蔬菜根系较浅，不耐寒，难以利用土壤深层的水分和养分，需选用有机质含量丰富、疏松透气、保水保肥性能好的土壤进行栽种。葱蒜类蔬菜根系分布范围很小，吸肥能力弱，生长期长，吸收养分总量多，在生产过程中必须增加施肥量和施肥次数，另外，要确保氮、磷、钾、钙、硫等多种养分的均衡供应。

2. 不同类型土壤供肥特性

土壤是作物生存的基础，肥料施入土壤后，一部分被吸收，一部分被土壤保蓄起来，还有一部分流失。我国土壤类型繁多，主要土壤类型有红壤、棕壤、褐土、黑土、栗钙土、荒漠土等，不同类型土壤物理性质、化学性质和生物性质等因素导致土壤保肥和供肥能力不同，肥料施用后养分的固定和损失程度不同，并且施入后土壤会发生一系列变化，这些变化都会不同程度上影响肥料效果，故在施肥上应注意区别。

沙性土壤，土质松散，粗粒多，肥水易流失，其潜在养分含量低，应多施有机肥，如土杂肥、饼肥、秸秆肥或种绿肥后翻压培肥地力，以此改善土壤性状。施用化肥时应施速效性肥料，便于作物快速吸收，避免雨后淋失，少施勤施，适当增加施肥次数，这样既可以满足作物养分需求，又能减少水肥流失。施肥时采用沟施或穴施等集中施肥法或掺土施肥法，这样既可保全养分，又具有改土的作用。

黏土土壤质地黏重，具有较强的保肥保水能力，但通气透水性差、肥效较慢。因此施肥时必须要施用充分沤制、腐熟的肥料，追施化肥应适当提早，适当减少施肥次数，增加施肥量。蔬菜生长后期忌过量施氮肥，以防作物贪青晚熟。

壤土是性状较好的土壤，其通透性、保蓄性、潜在养分含量介于沙土和黏土之间，适宜各类农作物生长，可以按照产量要求和作物长相，适时适量施肥。壤土施肥要做到长效肥与短效肥结合，及时满足作物不同生育期对肥料的需求；有机肥与化肥结合以培肥土壤，用养并重；大量元素肥料与微肥结合，及时为作物提供所需的各种养分；氮、磷、钾结合，互相增效。

土壤酸碱度对养分的有效性影响极大，是合理施肥的重要依据。pH值为6～8的土壤，速效氮含量较高，可以采用穴施、沟施和基肥深施等方法施用铵态氮（如碳铵、硫酸铵等），施肥后要盖土，以防止或减少氨的挥发；pH值在6以下的偏酸性土壤，钾、钙等易被氢离子置换而随水流失，应注意增补钾、钙元素；pH值在6～7.5的，养分有效性较高；pH值在7.5以上时，磷肥易与土壤中的钙结合，变成难溶性的磷酸钙；当pH值在6以下时，易同土壤中的铁、铝等结合，形成难溶性的磷酸铁、磷酸铝等化合物。因此在酸性土壤上施磷，宜先施石灰，以中和土壤酸性，也可以施用弱碱性的生物炭增加土壤吸附性能并改善土壤酸碱度。

3. 不同类型肥料供肥特性

不同肥料种类和品种及其施用后土壤理化性质，决定了该肥料适宜的土壤类型、植物种类和施用方法。合理施肥原则：在养分需求与供应平衡的基础上，坚持有机肥料和无机肥料相结合；坚持大量元素与中量元素、微量元素相结合；坚持基肥与追肥相结合；坚持施肥与其他措施相结合。

（1）蔬菜施肥原则。

①植物必需营养元素的同等重要、不可替代性。大量元素和微量元素对植物的生长健康同等重要。植物的生长发育，需要吸收各种养分，但是决定植物产量的却是土壤中那个相对含量最少的有效养分。

②因子综合作用率。作物的产量是由多种因子综合作用的结果。因此，合理施肥不仅要氮、磷、钾肥配合施用，而且要合理施用多种中微量元素肥料，特别是多施用有机肥料，更要注意水、肥、气、热的合理搭配，提高土壤的肥力。

③报酬递减率。当某种养分不足限制了作物产量的提高时，通过施肥补充养分，可获得明显的增产。然而，施肥量和产量之间并不是简单的正相关关系，当施肥量超过一定限度，作物产量随着施肥量的增加呈递减趋势，肥料报酬出现负效应。施肥要有限度，这个限度就是获得最高产量时的施肥量，超过施肥限度就是盲目施肥，必然会遭受一定经济损失。

（2）无机肥供肥特性。无机肥料分大量元素肥料（氮、磷、钾），中量元素肥料（钙、镁、硫）和微量元素肥料（铁、锰、锌、铜、钼、硼、氯）。大量元素肥料又按其养分元素的多寡，分为单元肥料（仅含一种养分元素）和复合肥料（含两种或两种以上养分元素），前者如氮肥、磷肥和钾肥；后者如氮磷、氮钾和磷钾的二元复合肥以及氮磷钾三元复合肥。无机化肥成分单纯，养分含量高，肥效快，肥劲猛，但养分种类单一，不含有机质，无培肥土壤的作用。一般农户施用的化肥均为速效肥，所以在施用时应根据植物生长发育所需，少施勤施，在需肥关键期施用无机肥。随着科技发展，现阶段缓释肥因添加脲酶抑制剂、硝化抑制剂、其他增效剂，可以延缓氮素的释放与淋失，从而达到长效，有条件的基地可选用此类长效肥，以减轻普通化肥挥发、淋失带来的环境问题。

（3）有机肥供肥特性。有机肥料包括人畜禽粪尿、绿肥、厩肥、堆肥、沤肥和沼气肥等。一般有机肥制作原料来源有：农业废弃物，比如秸秆、果树枝条、豆粕、棉粕、菌渣等；畜禽粪便，比如鸡粪、牛羊马粪、兔粪；工业废弃物，比如酒糟、醋糟、木薯渣、糖渣、糠醛渣等。

与无机化肥相比，有机肥具有养分涵盖全面、释放缓慢、供应长久等特点，但有机肥所含养分含量较化肥低，因此在蔬菜生长发育关键时期应辅以适量化肥，以满足作物旺盛生长对养分的大量需要。有机肥因其特性对土壤结构、有机质含量、养分含量、提高土壤缓冲性能方面有较好的改进作用，是培肥改土的重要手段。

4. 施肥量计算

测土配方施肥技术是以土壤测试和田间试验为基础，根据作物需肥规律、土壤供肥性能和肥料效应，在合理施用有机肥料的基础上，提出氮、磷、钾及中、微量元素等肥料的施用品种、数量、施肥时期和施用方法，根据作物所缺元素及缺少数量来施用肥料的技术，可以最经济的肥料用量和配比，获取高产量、高品质农产品的科学施肥技术。

实际生产过程中，蔬菜种类繁多，需肥量差异较大，从业农户试验条件欠缺，应用测土配方施肥较困难。为保证蔬菜质量和产量，减少肥料方面不必要的投入，故需要对化肥的合理用量进行计算，计算公式及参数（李博文，2014）如下。

①计算公式。

$$Y=\frac{1-b}{a}X$$

式中：Y—应施养分量；

X—目标产量的元素吸收量；

a—化肥利用率；

b—土壤供给率。

②主要参数。

*X*参数由目标产量与单位产量元素吸收量相乘计算求得，主要蔬菜每吨产量所需的元素吸收量，见表4-9。

表4-9　主要蔬菜的元素吸收量

品种	N（kg/t）	P_2O_5（kg/t）	K_2O（kg/t）
番茄	2.7	0.7	5.1
茄子	3.3	0.8	5.1
辣椒	5.8	1.1	7.4
黄瓜	2.4	0.9	4.0
萝卜	2.5	0.9	3.1
胡萝卜	7.5	3.8	17.0
菠菜	5.3	2.2	10.9
大白菜	3.1	1.1	3.4
甘蓝	3.9	1.2	4.8
洋葱	2.0	0.8	2.2

（1-*b*）/*a*参数，此参数为吸肥倍率，包括土壤供给率和化肥利用率，且同作物种类密切相关，不同作物对肥料的吸收和利用能力不同，具体情况见表4-10和表4-11。

表4-10　不同蔬菜对肥料的吸收能力

吸收量	标准蔬菜	吸收力强的蔬菜品种	吸收力弱的蔬菜品种
高	黄瓜、茄子、芜菁	番茄、南瓜、甘薯	西瓜、大白菜、芹菜
中	花椰菜、笋	马铃薯、萝卜、胡萝卜	

（续表）

吸收量	标准蔬菜	吸收力强的蔬菜品种	吸收力弱的蔬菜品种
低	菠菜、莴苣	豌豆、菜豆	

不同蔬菜的吸收能力不同，在不同土壤条件下的吸肥倍率也不同。

表4-11　不同土壤条件下各蔬菜吸肥倍率

土壤	N			P_2O_5			K_2O		
	强	标准	弱	强	标准	弱	强	标准	弱
沙土	1.5	1.8	2.0	1.0	1.5	2.0	1.0	1.2	1.5
沙壤土	1.2	1.5	1.8	2.0	2.0	3.5	0.5	0.8	1.0
壤土	1.0	1.2	1.5	2.2	2.4	3.5	0.5	0.8	0.8
黏壤土	0.8	1.0	1.2	2.2	2.4	3.5	0.5	0.5	0.8

③有机肥养分量计算。有机肥养分含量需取样进行室内试验测定或送样检测，一般的施有机肥以鸡粪、牛粪、猪粪为主的菜区，这些粪肥腐熟后，平均每吨约含3.5kg N、2.0kg P_2O_5、5.0kg K_2O。在化肥和有机肥配合施用的菜区，在计算化肥用量时需减去有机肥的养分量。

④校正系数。栽培方式对养分利用率存在一定影响，不同栽培模式作物的养分利用率存在差异。早春温室、大棚栽培校正系数为1.2，夏季露地系数为0.8。实际化肥用量，应用计算出的用量乘以校正系数。

⑤计算公式应用举例。某农户种植春大棚黄瓜，土质为沙壤土，目标产量每亩地8t，基肥施粪肥2t/亩。那么每亩地还需要施用尿素、磷酸二铵和硫酸钾各多少千克?

第一步，根据表4-9计算黄瓜每亩目标产量为8t的养分元素吸收量。

X_N=8×2.4=19.2（kg）

$X_{P_2O_5}$=8×0.9=7.2（kg）

X_{K_2O}=8×4.0=32（kg）

第二步，根据表4-11查取黄瓜在沙壤土上的吸肥倍率。

根据表4-11，黄瓜为标准蔬菜，对N的吸肥倍率为1.5，对P_2O_5的吸肥倍率为2.0，对K_2O的吸肥倍率为0.8。

第三步，根据公式 $Y=\frac{1-b}{a}X$

计算每亩应施养分元素量为：

Y_N=1.5×19.2=28.8（kg）

$Y_{P_2O_5}$=2.0×7.2=14.4（kg）

Y_{K_2O}=0.8×32=25.6（kg）

第四步，减去所施有机肥养分含量。

Y_N=28.8−2×3.5=21.8（kg）

$Y_{P_2O_5}$=14.4−2×2.0=10.4（kg）

Y_{K_2O}=25.6−2×5.0=15.6（kg）

第五步，根据化肥所含养分质量分数折算施肥量。磷酸二铵既含有磷又含有氮，故应先计算磷酸二铵的量。其中磷酸二铵含P_2O_5 46%，含N 15%；尿素含N 46%；硫酸钾含K_2O 50%。

磷酸二铵施用量=10.4÷46%=22.6（kg）

磷酸二铵含N量=22.6×15%=3.4（kg）

施尿素量=（21.8−3.4）÷46%=40.0（kg）

施硫酸钾量=15.6÷50%=31.2（kg）

最后，用校正系数计算实际施肥量。

磷酸二铵施用量=22.6×1.2=27.1（kg）

施尿素量=40×1.2=48.0（kg）

施硫酸钾量=31.2×1.2=37.4（kg）

以计算的蔬菜施肥量为基础，根据作物不同生育时期合理分配各生育阶段施肥量，有机肥一般作为基肥施用，无机肥基肥和追肥均施用，科学合理的施肥使作物产量接近最高而又不会造成肥料浪费和环境污染。

三、种子、种苗选择与贮藏标准

蔬菜种子在生产中泛指用于播种的材料，包括植物种子，如葫芦科、豆科、茄科、十字花科等蔬菜的种子；植物果实，如菊科、伞形科、藜科蔬菜中莴苣的瘦果，胡萝卜、芹菜、芫荽等的坚果，根甜菜、叶甜菜的聚合果；繁殖营养器官，如葱蒜类、薯芋类、水生蔬菜等的鳞茎（大蒜、香葱），球茎（芋头），根状茎（韭菜、生姜、莲藕），块茎（马铃薯、山药、菊芋）；食用菌的菌丝组织（蘑菇、草菇、木耳）。

（一）蔬菜种子、种苗选择

蔬菜的新种子生活力较强，播后发芽快，幼苗生长旺盛，易获高产；种子越陈，生活力越弱，使用价值越低。蔬菜种子根据遗传特性、种子成熟过程及休眠贮藏条件等的不同，形成了种子的寿命，种子寿命是指种子能保持其固有生命力的年限。不同蔬菜种子的寿命差异很大。常见蔬菜种子寿命及使用年限见表4-12。

蔬菜新种子是确保蔬菜产量和品质的基础物质保障，故生产中要选择新种子进行育苗、生产。区别新陈种子主要采用看、闻、搓、浸4种方法来检查。

（1）看。根据种子和胚外表特征，或解剖种子和胚进行观察。果皮或种子色泽新鲜，有光泽者为有生活力，反之无生活力；胚部色泽浅、充实饱满、富有弹性者为有生活力，胚部色泽深、干枯、皱缩、无弹性者为无生活力；在种子上呵一口气，无水汽黏附，不表现出特殊光泽者为有生命力，反之为无生命力；豆科、十字花科、葫芦科、伞形花科等蔬菜种子含油量较高，剥开种子，如两片子叶色泽深黄、无光泽、出现黄斑，菜农称为“走油”，这种种子生活力很弱或已经丧失生活力。

（2）闻。一般新种子气味清香，陈种子有不同程度的霉味。

（3）搓。将种子用手搓，新种子不易破碎，陈种子容易脱皮和开裂。

（4）浸。用水浸泡种子，新种子的浸种水色浅、较清，陈种子的浸种水色深、浑浊。

表4-12　一般贮藏条件下主要蔬菜种子的寿命和使用年限

蔬菜名称	寿命（年）	使用年限	蔬菜名称	寿命（年）	使用年限
大白菜	4 ~ 5	1 ~ 2	番茄	4	2 ~ 3
结球甘蓝	5	1 ~ 2	辣椒	4	2 ~ 3
球茎甘蓝	5	1 ~ 2	茄子	5	2 ~ 3
花椰菜	5	1 ~ 2	黄瓜	5	2 ~ 3
芥菜	4 ~ 5	2	南瓜	4 ~ 5	2 ~ 3
萝卜	5	1 ~ 2	冬瓜	4	1 ~ 2
芜菁	3 ~ 4	1 ~ 2	瓠瓜	2	1 ~ 2
根芥菜	4	1 ~ 2	丝瓜	5	2 ~ 3
菠菜	5 ~ 6	1 ~ 2	西瓜	5	2 ~ 3
芹菜	6	2 ~ 3	甜瓜	5	2 ~ 3
胡萝卜	5 ~ 6	2 ~ 3	菜豆	3	1 ~ 2
莴苣	5	2 ~ 3	豇豆	5	1 ~ 2
洋葱	2	1	豌豆	3	1 ~ 2
韭菜	2	1	蚕豆	3	2
大葱	1 ~ 2	1	扁豆	3	2

（二）蔬菜种苗选择

随着蔬菜产业的发展，大型工厂化育苗公司提供了大量优质的蔬菜种苗。如何选择健壮、无病害的种苗是蔬菜生产的关键。壮苗是蔬菜丰产的前提之一，一般蔬菜的壮苗标准为秧苗生长健壮，高度适中，大小整齐，不徒长，不老化，叶片大而厚，叶色正常，子叶和叶片不过早脱落或变黄，根系发达，干物质含量高；果菜类蔬菜秧苗花芽分化早，发育良好。不同蔬菜壮苗标准不同，如黄瓜：3～4片叶，叶片厚，色深，茎粗，节间短，苗高10cm以下，子叶完好；番茄：具有8片真叶，叶色绿，带花蕾而未开放，茎粗0.5cm，苗高20cm以下；辣椒：10～12片叶，叶片大而厚，叶色浓绿，茎粗0.4～0.5cm，苗高15～20cm，花蕾已现；茄子：5～6片叶，叶片大而厚，叶色浓绿，茎粗0.4～0.5cm，苗高15cm左右。

种苗在选购时一定注意叶片是否带有病斑，若偶尔发现种苗叶片有病斑，通过生产管理可以治愈，若叶片上病斑过多，则不建议购买。另外，要注意苗子是否又黑又绿，或叶子存在花斑、畸形现象，则怀疑种苗携带病毒病或前期育苗使用大量激素，过量施用激素育苗会导致叶片黑绿、茎节粗短，但茎部过脆容易折断，定植后缓苗慢，长势差，产量低，易早衰。因此，蔬菜种苗的购买要选择信誉好、口碑好、有育苗许可证的正规育苗公司进行购买，且签订购苗合同，以确保苗子质量并保障农户的基本权益。

（三）种子贮藏

种子贮藏是种子生产经营活动的重要环节，如管理不当，会导致种子的生活力降低，数量减少，严重的会使种子霉烂、虫蛀，使农业生产受到很大损失。不同的作物种子，采取相应的科学管理措施，可提高种植收益。种子在贮藏前应根据原种、大田用种、杂交种（二倍体杂交种、三倍体杂交种）等情况，使种子的品种纯度、净度、发芽率和含水量符合相关国标要求（GB 16715.1至GB16715.5）。

一般蔬菜种子均应充分成熟后采收，通过晾晒、清选使种子符合相应品类蔬菜种子质量要求。种子分装并抽真空后，一般低温贮藏即可。

四、其他投入品种类与合理使用

蔬菜生产过程中其他投入品还包括植物生长调节剂、微生物菌剂、地膜和防草地布、滴灌管等材料。

（一）植物生长调节剂

植物生长调节剂是由人工合成的具有生理活性、对植物生长发育起调节控制作用的化合物以及植物体内天然植物激素的统称。植物生长调节剂对植物生长具有明显的调控作用，在控制萌发和生长，促进插枝生根，矮化株型，抗倒伏，促花促果，保花保果，无籽果实调控，促早熟，诱导或打破休眠等方面有广泛的应用。一般的，植物生长调节剂微量使用时可以促进植物生长，而高浓度使用时则会抑制植物生长。

蔬菜生产过程中常用的植物生长调节剂有生长促进剂、生长延缓剂、生长抑制剂等。其中生长促进剂有生长素类、赤霉素类和细胞分裂素类。生长素类主要起到刺激植物细胞膨大，促进细胞伸长，促进发根，促进愈伤组织形成，增加叶绿素含量等作用，常用物质有萘化合物，萘乙酸（NAA）、萘丙酸、萘乙酰胺、萘乙酸甲酯、萘丁酸等；吲哚化合物，吲哚乙酸（IAA）、吲哚丙酸、吲哚丁酸（IBA）、吲哚乙胺等；苯酚化合物，2,4-二氯苯氧乙酸（2,4-D）、芸薹素内酯等。赤霉素类物质（GA）可以打破植物体内某些器官的休眠，促进长日照植物开花，促进茎叶的伸长生长，改变某些植物雌雄花比例，诱导单性结实，提高植物体内酶活性等，现有发现赤霉素物质超过140种，一般常用于调节植物生长的赤霉素主要为GA_3，其在蔬菜上常用来延缓衰老，保花保果，促进果实生长，促进营养生长，促进抽薹开花、打破休眠等。细胞分裂素的作用主要是促进细胞分裂与膨大，诱导离体组织芽分化，促进短日照植物开花。常用的细胞分裂素类化合物有激动素、细胞分裂素等10余种，蔬菜生产上主要应用6-苄基腺嘌呤（6-BA），主要起到促进瓜类蔬菜果实膨大的作用。

生长延缓剂主要起到抑制细胞伸长，缩短节间，诱导矮化，促进开花的作用，包括矮壮素、丁酰肼、助壮素等。

生长抑制剂主要起到抑制生长素的合成，使细胞分裂变慢，还可以破坏植物顶端优势，促进侧枝萌发的作用，主要物质有脱落酸、乙烯、水杨酸、抑芽丹等。

植物生长调节剂的使用要遵循以下原则。

（1）用量适宜，不随意加大用量。植物生长调节剂是一类与植物激素具有相似生理和生物学效应的物质，不能过量使用。一般每亩用量只需几克或几毫升。有的农户总怕用量少了没有效果，随意加大用量或使用浓度，这样做不但不能促进植物生长，反而会使其生长受到抑制，严重的甚至导致叶片畸形、干枯脱落、整株死亡。

（2）不能随意混用。很多菜农在使用植物生长调节剂时，为图省事，常将其随意与化肥、杀虫剂、杀菌剂等混用。植物生长调节剂与化肥、农药等物质能否混用，必须在认真阅读使用说明并经过试验后才能确定，否则不仅达不到促进生长或保花保果、补充肥料的作用，反而会因混合不当出现药害。比如：乙烯利药液通常呈酸性，不能与碱性物质混用；胺鲜酯遇碱易分解，不能与碱性农药、化肥混用。

（3）使用方法要得当。有的菜农在使用植物生长调节剂前，常常不认真阅读使用说明，而是将植物生长调节剂直接对水使用。是否能直接对水一定要看清楚，因为有的植物生长调节剂不能直接在水中溶解，需先配制成母液后再配制成需要的浓度，否则药剂很难混匀，会影响使用效果。因此，使用时一定要严格按照使用说明稀释。

（4）生长调节剂不能代替肥料施用。生长调节剂不是植物营养物质，只能起调控生长的作用，不能代替肥料使用，在水肥条件不充足的情况下，喷施过多的植物生长调节剂反而有害。因此，在发现植物生长不良时，首先要加强施肥浇水等管理，在此基础上使用生长调节剂才能有效地发挥其作用。

（5）植物生长调节剂属于农药类产品，产品包装必须有正规“农药三证”，标示带为黄色。

（6）严格按照说明书使用，做好防护措施，防止对人、畜及饮用水安全造成影响。

（二）微生物菌剂

微生物菌剂是指目标微生物（有效菌）经过工业化生产扩繁后，利用多孔的物质作为吸附剂（如草炭、蛭石），吸附菌体的发酵液加工制成的活菌制剂，其作用主要有如下方面。

（1）提高产量。实践证明，微生物菌剂特定的肥料效应不仅为农作物提供营养元素，其有效菌还能分泌赤霉素、细胞分裂素、生长素等活性物质，刺激、调节、促进作物的生长发育，有利于农作物增产。

（2）改善品质。微生物菌剂能有效地改善农产品品质。实践证明，施用微生物菌剂后收获的农产品，蛋白质、糖分、维生素、氨基酸等有益成分含量明显提高，籽粒、果实丰满光滑，蔬菜果品色泽亮丽，既好吃又好看，价值还高。有的微生物菌剂产品，还可以减少硝酸盐的积累，提高农产品的安全性。

（3）增强作物的抗逆性能。大多微生物菌剂中的有效菌，具有分泌抗生素类物质和多种活性酶的功能，能抑制或杀死致病菌，降低病害发生及增强作物的抗逆性，如可增强农作物的抗旱、耐寒、抗倒伏、防病及抗盐碱能力，同时还能有效预防作物生理性病害的发生。

（4）提高化肥利用率。微生物菌剂有效菌大多能分解土壤中有机质，有机质分解过程中生成腐殖酸，腐殖酸与土壤中的氮形成腐殖酸铵，可减少氮肥的流失。解钾溶磷有效菌能将土壤中固化的化学钾肥、化学磷肥分解转化为速效钾、速效磷，提高其利用率，降低生产投入，减少资源浪费。

（5）改善土壤结构，提高保水保肥性能。微生物菌剂有效菌能够促进土壤中难溶性养分的溶解和释放，提高土壤养分的供应能力。有效菌所分泌胞外多糖物质，是土壤团粒结构的黏合剂，能够增强土壤团粒结构，疏松土壤，提高土壤通透性和保水保肥能力，增加土壤有机质，活化土壤中的潜在养分，改善土壤中养分的供应状况。

微生物菌剂的施用应严格按照使用说明，一般可作基施、追施或拌种施用。

（三）辅助材料

蔬菜生产过程中还需要其他一些投入品，如露天蔬菜生产所用的遮阴网、大棚种植时采用的地膜、防草地布、立柱和吊绳等；露天和保护地栽培滴灌管的使用较为普遍，这类材料在市场上品类繁多，选择适合本地域所种植蔬菜品种、方便栽培管理的材料即可。

第三节　病虫害综合绿色防控与品质提升技术

一、综合绿色防控

绿色防控是在2006年全国植保工作会议上提出“公共植保、绿色植保”理念的基础上，是从农业生产的全局和农业生态系统的总体出发，根据“预防为主、综合防治”的植保方针，结合现阶段植物保护的现实需要和可采用的技术措施，形成的一个技术性概念。其内涵就是按照“绿色植保”理念，采用农业防治、物理防治、生物防治、生态调控以及科学、合理、安全使用农药的技术，达到经济、简便、安全、有效控制农作物病虫害，确保农作物生产安全、农产品质量安全和农业生态环境安全，促进农业增产、增收的目的。

（一）植物检疫

植物检疫是病虫害防治的第一环节，也是植物保护工作中一个十分重要的措施。它以法律法规为依据，由政府部门依法采取治理措施，对进入流通贸易的植物及植物产品实施强制性的检疫检查，同时严禁从疫区调种和调入带菌种苗进入未发病地区，即可有效的防治病虫害的传播。

1. 植物检疫的意义

（1）农业生产安全的国家屏障。新中国成立后，我国不断加强口岸植物检疫的管理力度，查获并销毁了大量携带检疫性有害生物的植物，有效地保护了我国农业生产的安全。

（2）农产品对外贸易安全的保障。自加入世界贸易组织（WTO）以来，我国的国际农产品贸易有了较大的发展，通过国际间植物检疫信息、技术的合作，既避免了国外检疫性有害生物的入侵，也极大地提高了我国农产品的声誉，促进了我国农业经济的发展。

（3）生态环境安全的保障。通过有效的植物检疫工作，可以减少检疫性有害生物对无有害生物地区农作物的侵入，降低了农药的使用，既可以保护无有害生物区的农业生产安全和农产品质量安全，也可以有效地保护该地区的生态安全。

2. 植物检疫程序

（1）检疫审批。检疫审批是指对调入的植物、植物产品或其他检疫物，调入单位事先向所在地植物检疫机构提出申请，由检疫机构经审查后作出是否同意引进、调入的审批程序。

（2）检疫申报。检疫申报是指检疫物进出境或过境时由货主或代理人向口岸植物检疫机关申请检疫的法律程序。

（3）现场检验。现场检验是植物检疫人员在机场、码头、车站、市场等现场对植物、植物产品及其他应检疫物进行初步检查、抽样的过程。其主要内容包括现场检查和现场抽样，检验的方法主要为肉眼检查、过筛检查、X光机检查、检疫犬检查。

（4）实验室检测。实验室检测是利用先进的仪器设备对样品进一步检查、鉴定的法定程序。其常用方法有比重检测、染色检测、洗涤检测、保湿萌芽检测、分离培养检测、接种检测、噬菌体检测、显微镜检测、血清检测、指示植物接种检测、PCR检测、漏斗分离法、离心分离法等。

（二）农业防治

1. 选用优良抗病、抗虫品种

针对当地的生态环境特点和病虫害发生情况，选择抗病虫害及抗逆性强的品种。

2. 轮作倒茬

生产中，采用轮作、间套作等措施，可以避免病原菌及虫卵的大量积累，从而起到控制病虫害的作用。另外，可提高地力，给农作物生长创造良好条件，同时使食性较窄的害虫营养条件恶化。

3. 耕犁

对地下害虫或以作物遗株越冬的害虫有直接杀伤，或是害虫翻出土面被捕食或捕杀。

4. 调节作物的播期和植期

使作物容易受害的生育期与害虫严重为害的盛发期错开，减轻或避免受害。

5. 清除杂草和清洁田园

杂草往往是害虫的越冬场所或寄主，从而成为害虫为害农作物的桥梁，所以清洁田园对防治害虫有很大作用。

6. 排灌水

可以恶化害虫的生活环境，尤其对水湿性害虫更为显著。

7. 施肥

合理的施肥，使植株生长健壮，提高抗虫力，同时还可以提高植物受害后的恢复能力。

8. 作物抗虫品种的利用

可以恶化害虫的营养条件，能较长时期内控制害虫的发生。

（三）生物防治

生物防治技术主要是利用天敌昆虫、昆虫致病菌、农用抗生素及其他生防制剂等控制蔬菜病虫害。生物防治利用了生物物种间的相互关系，以一种或一类生物抑制另一种或另一类生物。生物防治不污染蔬菜和环境，有利于保持生态平衡和绿色食品业的发展。

1. 以虫治虫

利用赤眼蜂防治棉铃虫、烟青虫、菜青虫。赤眼蜂将卵产在寄主卵内，幼虫取食卵黄，化蛹，并引起寄主死亡。因此，在害虫产卵盛期放蜂，每亩每次放蜂1万头，每隔5～7d放蜂1次，连续放蜂3～4次，寄生率可达80%左右。

用丽蚜小蜂防治温室白粉虱。此虫寄生在白粉虱的若虫和蛹体内，寄生后害虫虫体发黑、死亡。番茄每株有白粉虱0.5～1头时，释放丽蚜小蜂“黑蛹”每株5头，每隔10d放1次，连续放蜂3次，若虫寄生率可达75%以上。

用烟蚜茧蜂防治桃蚜、棉蚜。防治大棚甜椒或黄瓜，初见蚜虫时开始放僵蚜，每4d1次，共放7次，每平方米大棚面积释放僵蚜12头。放蜂1个半月内甜椒有蚜率控制在3%～15%，有效控制期近2个月，黄瓜有蚜率在4%以下，有效控制期42d。释放的蚜茧蜂跟田间的蚜虫比例应该掌握在1∶（160～200）为宜，若在放蜂时，田间蚜虫虫口密度已经很大，应先喷1次高效低毒的内吸性农药例如吡虫啉暂时降低虫口密度，隔1周后再释放蚜茧蜂，以便收到较长期控制蚜害的效果。

2. 以菌治虫

以苏云金芽孢杆菌防治菜青虫、棉铃虫等鳞翅目害虫的幼虫。防治菜青虫可在卵孵盛期开始喷药，每亩地用Bt可湿性粉剂25～30g或Bt乳剂100～150mL，7d后再喷1次，防治效果95%以上；防治棉铃虫可在2、3代卵孵盛期开始喷药，隔3～4d喷1次，连续喷2～3次，每次每亩用Bt可湿性粉剂50g或Bt乳剂200～250mL，防效80%以上；防治小菜蛾可在幼虫3龄前，每亩用Bt可湿性粉剂40～50g，或乳剂200～250mL，每5～7d喷1次，连续喷2～3次，防治效果90%以上；防治甜菜夜蛾可在卵期及低龄幼虫期，早晚喷药防治，每亩用Bt可湿性粉剂50～60g，或乳剂250～300mL，防治效果80%以上。

用Bt与病毒复配的复合生物农药威敌防治菜青虫、小菜蛾，每亩用量50g，防治效果80%以上。十字花科蔬菜苗期防治1次，定植后每隔3～4d喷药1次，连续防治3次，以后每隔7d喷1次，蔬菜全生长期需防治8次。

用座壳孢菌剂防治温室白粉虱，对白粉虱若虫的寄生率可达80%以上。

白僵菌是一种真菌性微生物杀虫剂，其孢子接触害虫后产生芽管，通过皮肤侵入其体内长成菌丝，并不断繁殖，使害虫新陈代谢紊乱而死亡。死虫体表布满白色菌丝，通常称为白僵虫。目前大面积用于果树、粮食、蔬菜等鳞翅目害虫的防治。

3. 抗生素治虫

（1）10%浏阳霉素乳油对螨类触杀作用较强，残效期7d，对天敌安全。用1 000倍液在叶螨发生初期开始喷药，每隔7d喷1次，连续防治2～3次。

（2）阿维菌素乳油对叶螨类、鳞翅目、双翅目幼虫有很好的防治效果。防治茄果类叶螨，用1.8%阿维菌素乳油，每亩5～10mL，稀释成6 000倍液，每15～20d喷1次；防治美洲斑潜蝇初孵幼虫，每亩用15～20mL；防治一、二龄小菜蛾及2龄菜青虫幼虫，同样用量稀释成3 000～4 000倍液。

4. 抗生素治病

2%武夷菌素水剂150倍液防治瓜类白粉病、番茄叶霉病、黄瓜黑星病、韭菜灰霉病，病害初发时喷药，间隔5～7d喷1次，连续防治2～3次，有较好的防治效果。2%农抗120的150倍液灌根防治黄瓜、西瓜枯萎病，每株灌药250mL，初发病期开始灌药，间隔7d，连灌2次，防治效果70%以上；150倍液喷雾防治瓜类白粉病、炭疽病、番茄早疫病、晚疫病、叶菜类灰霉病，有较好的防治效果。

（四）物理防治

物理防治措施可以减少农药使用量，解决农药残留问题。受到以往落后意识的影响，农户普遍对物理防治了解甚少，更不会加以使用，影响了这些措施的推广使用。物理防治简单易行、不易伤人体，不污染环境（黄宁，2019）。

1. 防虫网

防治设施栽培蔬菜上的害虫，在通风口处设置防虫网是一种既简便又高效的措施。防虫网的设置要求做到“面面俱到”，即设施的上、下两个通风口、后墙的通风孔及门口都挂上纱网。防虫网一般选择20～25目的尼龙纱网，或订做专用的防虫网，黑色的防虫网，既防虫还能起到一定的遮阳作用。防虫网用于防治菜青虫、小菜蛾、粉虱类及潜叶蝇都具有很好的效果。

2. 人工捕杀

当害虫个体较大、群体较小、发生面积不大时可以采取人工捕杀的方法消灭害虫，这种方法可大大减少农药的使用量，保证蔬菜质量安全。生产中常用于防治甜菜夜蛾、斜纹夜蛾、豆天蛾等中大型害虫。

3. 灯光诱杀

灯光诱杀是利用害虫趋光性对害虫进行诱杀的一种方法。杀虫灯是利用害虫的趋光、趋波等特性配以高压电网触杀害虫的一项物理防治技术。对杀灭成虫、降低田间落卵量，压低虫口基数，减少农药使用量和使用次数能起到良好的作用。杀虫灯诱杀的害虫有鳞翅目、鞘翅目、直翅目、同翅目等蔬菜害虫20余种。

主要诱杀的有小菜蛾、甜菜夜蛾、斜纹夜蛾、棉铃虫、小地老虎等害虫。每年4—11月挂灯，杀虫效果明显。灯光诱杀是物理防治措施中杀虫效率最高，成本最低，用工最少的措施。杀虫灯的设置高度为离地面1～1.5m，一盏灯可以防控20～30亩地的面积范围，每天晚上7—9时准时开灯。

4. 色板诱杀

利用害虫对某种颜色的趋性，采用悬挂色板的方式对其进行诱杀。现在应用很普遍的是黄板和蓝板。黄板可以诱杀蚜虫、粉虱类害虫，蓝板可以诱杀瓜蓟马等。色板的使用可以从蔬菜苗期就开始，每亩用板10～15块，每1个半月换一次板。色板的悬挂高度以高于植株上部15～20cm为最佳。

5. 糖醋液诱杀

糖醋液诱杀法是以前应用较多的诱杀方法，其具有操作简便，成本很低，效果良好的特点。具体方法是：糖、醋、酒和水按3∶4∶1∶2配成糖醋液，并按5%加入90%敌百虫，用盆盛装放在离地1m的支架上，白天盖好，晚上揭开，每亩放3～4个即可。此法可诱杀斜纹夜蛾、甘蓝夜蛾、银纹夜蛾、潜蝇、小地老虎等多种害虫的成虫。

6.种子高温消毒

在播种前，高温处理种子可有效地杀死种子所带的病原菌和虫卵，切断种子带毒这条病虫害传播的途径，对于病毒病、青枯病都具有很好的防病效果。具体方法是用55～60℃的温汤浸种，在浸种的过程中要不断搅动，浸种时间一般为10～15min。

7. 土壤高温消毒

土壤高温消毒是现在应用较多的物理防治措施，特别是在大棚和温室中应用的较多，效果也很好。夏季高温闷棚可利用50℃以上的高温杀死土壤中有害病原菌，消灭虫卵和线虫、蛴螬等地下害虫。防治方法：在盛夏，作物收获后，棚内浇透水，扣严大棚，利用太阳能提高棚室温度，此时棚内温度可达50℃以上，消毒处理1周，然后揭掉棚膜，3d后可以定植。

8. 臭氧消毒

臭氧是一种无色略带臭味的气体，溶于水后就会成为一种强氧化剂，对活细胞有较强的杀灭作用。现在温室中有应用臭氧发生器来防治病虫害的，但由于价格较为昂贵，只在大型温室中应用较多。臭氧对番茄灰霉病、叶霉病、早疫病、晚疫病，黄瓜霜霉病、疫病等以及温室白粉虱、潜叶蝇、蚜虫等害虫防治效果较好。

（五）化学防治

进行化学防治，严禁使用高毒、高残留农药，以及国家禁止在蔬菜上使用的农药。严格执行蔬菜安全间隔期上市规定。针对防治对象选用适合的农药、在敏感时期使用。交替使用防治药剂。在使用农药时，需根据药剂、作物与病害特点选择施药方法，以充分发挥药效，避免药害，尽量减少对环境的不良影响。主要施药方法有喷雾法、喷粉法、种子处理、土壤处理、熏蒸法、烟雾法，此外，还可利用涂抹、蘸根、树体注射等。简要举例说明一些病虫害的防治方法如下。

1. 夜蛾类害虫的防治

可在卵孵高峰至低龄幼虫盛发期，用5%氯虫苯甲酰胺乳油1 000～1 500倍液或24%甲氧虫酰肼悬浮剂2 000倍液或10%虫螨腈乳油1 000倍液喷雾，视虫情间隔5～7d再防治1次。

2. 瓜绢螟的防治

在2龄幼虫盛发期，用15%茚虫威乳油3 000倍液或0.36苦参碱水剂1 000倍液或20%虫酰肼悬浮剂1 500倍液喷雾。

3. 豆野螟的防治

掌握在花期上午7—10点进行挑治，重点喷施花蕾、嫩荚以及落地花，用15%茚虫威乳油3 500～4 000倍液或5%虱螨脲1 000～1 500倍液或2.5%三氟氯氰菊酯乳油4 000倍液喷雾。

4. 小菜蛾的防治

掌握在低龄幼虫高峰期喷雾防治。可选用5%氯虫苯甲酰胺悬浮剂1 000倍液或25g/L多杀霉素悬浮剂1 000倍液喷雾。

5. 烟粉虱的防治

可选用40%啶虫脒水分散粒剂3 000倍液或25%噻虫嗪水分散粒剂2 000～3 000倍液喷雾。

6. 斑潜蝇的防治

在幼虫虫道5mm时，用75%灭蝇胺（潜蝇灵）可湿粉3 000倍液或1.8%阿维菌素乳油2 500倍液喷雾。

7. 跳甲的防治

播种时可选用3%辛硫磷颗粒剂每亩用量5～6kg土壤处理或与种子混均进行播种。出苗后可选用70%吡虫啉水分散粒剂5 000～6 000倍液或40%啶虫脒水分散粒剂3 000倍液喷雾防治。喷雾防治采取围歼的方式。

8. 红蜘蛛、茶黄螨的防治

可在点片发生时期，用1.8%阿维菌素乳油2 000倍液或15%哒螨灵乳油1 500倍液或43%联苯肼脂悬浮剂4 000～6 000倍液喷雾，重点喷施植株上部的嫩叶背面、嫩茎、花器、生长点及幼果等部位。

9. 白粉病的防治

可选用乙嘧酚磺酸酯1 000倍液，或20%嘧菌酯1 500倍液或10%苯醚甲环唑水分散粒剂800倍液喷雾。注意氟硅唑、已唑醇等三唑类杀菌剂在瓜类幼苗期慎重使用，防止产生药害。

10. 青枯病的防治

及时发现并拔除病株，并向病穴浇灌2%福尔马林溶液或20%石灰水消毒；药剂可用20%噻菌铜或噻唑锌悬浮剂500倍液灌根，隔7～10d防治1次，连续3～4次。

二、蔬菜品质提升技术

蔬菜是人们日常生活中必不可少的食品，无论是果菜、叶菜，还是根菜，在收获时都应适时、适法进行收获，才能获得良好的蔬菜收获品的外观品质与内在品质。

蔬菜收获品的采收主要取决于蔬菜的成熟度，蔬菜的收获品成熟时都具有一定的外观特征，可根据其外观判断其成熟度，如产品的外观、大小、手感、色泽等。有些收获品器官在地下，无法直接判断其根茎成熟度，可根据地上部分的生长特征判断其成熟度。在适宜的条件下，一些蔬菜产品的成熟需要的天数是一定的，因此可根据其种植天数判断其产品成熟度。

（一）叶菜品质提升技术

叶菜类产品由多叶片构成，对氮肥要求较高，增施氮肥有利于提高产量，提升叶菜产品品质，成熟度的变化主要是产品接近采收标准的变化，产品叶的质地与色泽品质变化不大，而表面特征与风味会有一些变化。

叶菜主要分为两大类，一类是鲜嫩的茎叶作为食用部位的绿叶菜类，如小白菜、芹菜、苋菜、菠菜、莴苣等，另一类是以叶球作为使用部位的结球菜类，如结球甘蓝、花椰菜等。

1. 叶菜肥料的施用

氮、磷、钾三元素的需求，主要吸收氮钾，氮钾比例为

1∶1，氮的需求较高，在氮和钾缺乏的情况下，叶菜产品的品质会受到很大影响。在种植叶菜中的大白菜、甘蓝、菠菜等时，应注意钙和磷的补充。

叶菜多是浅根作物，根系入土浅，根系抗逆性弱，抗旱、抗涝能力弱，在土壤干旱时，叶菜对钙、硼的吸收会受到很大影响，易发生缺钙、缺硼症状，施肥时应浅施、少量多次施肥，注意施肥的量和施肥的部位，为叶菜补充充足的元素，保证叶菜的品质。叶菜的施肥要保证施腐熟的有机肥4 000～5 000kg/亩，磷酸二铵30～40kg/亩、硫酸钾30～40kg/亩或三元复合肥80kg/亩。前期与中期适当追肥，可追肥充分腐熟的人粪尿1 000kg/亩及草木灰50～100kg/亩或三元复合肥10 kg/亩。后期恰当追施速效碳酸氢铵20～30kg/亩或尿素10kg/亩。禁止施用有害城市垃圾和污泥，收获阶段不能用粪水肥追肥。不同叶菜吸收硝酸盐的程度不同，卷心菜、莴苣等对硝酸盐积攒少，可以少量使用硝酸盐，白菜、菠菜等容易积攒硝酸盐，严禁使用硝态氮肥。叶菜的肥料施用应根据季节施用，在春冬季节光照弱时，少施或不施，以降低硝酸盐积累；在不同肥力的菜地中因地制宜，适当控制施肥，高肥力菜地不施用氮肥，低肥力菜地可适量施用氮肥与有机肥，增加菜地肥力；富含腐殖质的土地中，硝酸盐含量高，应禁施氮肥。

叶菜的营养吸收高峰期处于生育前期和结球前期，前期的营养吸收将对叶菜产品的品质产生直接影响。因此，在叶菜种植前期，采用适当的方法施肥，及时补充营养元素，对叶菜产品品质的提升有很大帮助。

2. 叶菜的贮藏与保鲜

叶菜采收时应留2～3片外叶作为保护叶，保护产品，使产品的叶球（花球）在储藏与运输中免受机械损伤或污染，在叶菜产品即将上架销售时再摘去保护叶。在贮藏时，温度、相对湿度、气体成分等保鲜参数均对其贮藏有一定影响，其中温度优先级最高，对叶菜品质影响最大。贮藏时适宜的保鲜参数分别是温度0～5℃、O_2浓度1%～5%、CO_2浓度1%～5%、相对湿度95%～100%。

（1）叶菜的低温贮藏。低温为叶菜提供一个低温环境，用来降低叶菜呼吸酶的活性以延缓叶菜的衰老、延长贮藏时间。刘敏等对于苋菜的研究表示，（2±1）℃贮藏可以有效控制苋菜的呼吸速率，延长苋菜的寿命。

（2）叶菜的保鲜剂贮藏。叶菜常用的保鲜剂为乙烯抑制剂与生理活性调节剂。其中生理活性调节剂的适用范围较小，多使用乙烯抑制剂进行叶菜贮藏。

（3）叶菜的其他贮藏技术。除去以上两种常用叶菜贮藏技术，还有一些受限于技术与成本而不常用的贮藏技术，包括冰温贮藏技术、气调保鲜与气调包装技术、减压贮藏技术、辐射贮藏技术等。

（二）果实品质提升技术

果实类蔬菜的生产过程中，可以通过整枝、打杈、摘心、牵引或支架、摘除老叶与病叶来使更多的营养集中供应给产品器官，促进果实的生长膨大、提高果实的营养和外观品质，在果实成熟过程中，套袋可显著降低果实类蔬菜产品农药残留，提高果实品质。

在甜瓜的种植过程中，对甜瓜双杆整枝，留下较多果实，会使甜瓜的果实变小、果肉厚度变薄，导致品质下降，在种植过程中一般以留1～2个瓜为宜；黄瓜等果实类蔬菜的种植过程中，温度会对果实硬度产生影响，较热的环境下，果实硬度会有明显下降。

1. 果实类蔬菜肥料的施用

果实类蔬菜主要包括瓜类（南瓜、黄瓜、丝瓜、苦瓜等）和茄果类（茄子、辣椒等）蔬菜。在果实类蔬菜的生产过程中，对氮素营养的需求量不断增加，其中85%的氮素于果实中贮藏，在采果期，果蔬中的氮和磷会随着采摘而带走，所以要适当补充氮肥和磷肥。果树生长全期都吸收钾，在施基肥和追肥时应适当施用钾以补充转运至果实而被带走的钾。辣椒、番茄果实内钙缺乏易引发生理病害，可喷施氯化钙溶液防治生理病害，防治病害影响产量、降低商品价值。种植果实类蔬菜的菜地中，可适当施用微量元素锌肥，每公顷施硫酸锌7.5～15kg，硫酸锰15～30kg，可以增产并且改善品质，提高产品中糖分和维生素C的含量。在根外喷施硫酸锌0.05%～0.1%、硫酸锰0.1%～0.2%，也可达到相似效果。

2. 果实类蔬菜的贮藏与保鲜

果实类蔬菜的采收一般根据成熟程度人工分批次采收，采收过程中可借助工具，采收时注意果实完整性，避免损伤果实，同时适当控制果把的长度，防止果实在采摘后集中储藏时损伤其他果实。贮藏时注意温度与湿度的控制，以番茄与茄子为例，温度应在12～13℃，相对湿度保持在90%～95%，同时，气体含量也是影响蔬菜贮藏的关键因素，在贮藏时，空气中氧气浓度控制在2%～4%，二氧化碳浓度控制在2%～5%。

（三）地下根茎品质提升技术

根茎类蔬菜分为根类蔬菜和茎类蔬菜，根类蔬菜主要包括薯类、姜、芋、萝卜等，茎类蔬菜主要包括莴苣、茎用芥菜、茭白、球茎甘蓝、竹笋等。

1. 根茎类蔬菜肥料的施用

根茎类蔬菜在收获品生长旺盛时叶片逐渐停止生长，所以，应以基肥和早期追肥并重，掺入少量速效氮和钾肥，并在苗期或定植后尽快施入追肥。亩施尿素4～6kg或人粪尿300～400kg，加快蔬菜生长、丰富营养积累。在植株生长初期，每亩穴施磷、钾肥6～8kg，加上植株内的养分迅速从叶茎向生殖器官转移，收获品品质会得到直接提高。于植株生长初期根外喷施1%～2%的尿素水液1～2次（间隔每次5～7d），可以使植株的叶片寿命得到延长。

（1）根类蔬菜施肥。根类蔬菜受钾元素的影响较大，吸收钾的量可达吸收氮的量的1～2倍，要注意在肉质根膨大后补施或增施钾肥。同时，也需要注意氮肥的供应，在中期适当补充氮素，根类蔬菜生长后期不宜施过多氮肥，以免发生腐烂现象。根类蔬菜含硼量可达35～60mg/kg，其中萝卜、甜菜、芜菁需硼较多，胡萝卜需硼中等。可使用0.01%～0.03%的硼砂或硼酸溶液浸种，或于生长旺盛期进行根外喷施。

（2）茎类蔬菜施肥。茎类蔬菜以肥大的茎作为产品，不同种之间生活习性差异很大，需肥特性也有不同。茎类蔬菜施肥要点有很多，现以胡萝卜为例简要介绍茎类蔬菜如何进行施肥。胡萝卜根系入土较深，播种前要施足量基肥。施用可通过撒施和沟施两种方法，同时把肥料与土壤混合均匀。肥料的施用会对胡萝卜的肉质根形状产生较大影响，调整化肥与有机肥的比例关系能显著降低畸形根比例，在化肥用量多而有机肥少时，会有很大比例的畸形根产生。在施基肥时增施腐熟有机肥，可以减少畸形根的形成，有机肥施用前需要腐熟，未腐熟的有机肥也会增加畸形根。胡萝卜出苗后要追肥2～3次，追施适量氮肥与钾肥，在根系膨大期可第三次追施氮肥与钾肥。腐熟的人粪尿也可用于施肥。在胡萝卜生长后期避免肥水过多，不然会造成裂根，不利于产品的贮藏。

2.根茎类蔬菜的贮藏

根茎类蔬菜在产品的成熟过程中，其质地、光泽、表面特征、风味都有不同程度的变化。如果根茎类蔬菜入土较浅、土壤较松，收获时可以直接拔出土壤。入土深的产品在收获时使用工具将土刨开进行采摘，采摘时避免损伤根茎。根茎类蔬菜在贮藏时尽量控制温度在较低水平，以土豆为例，贮藏温度在1～3℃能最大保持新鲜程度，空气湿度要保持在85%以下并保持空气流通，防止土豆霉变、发芽。同时，不同品种的蔬菜需要分开存放。

三、生产基地的田间档案管理

田间档案是农户生产产品的记录，凭借档案管理，可以追溯蔬菜品种、种植田块、采收时间、种植者、加工等信息。生产基地的田间档案的建立及管理，可确保高质量农产品走向市场，确保农产品的质量。为保证农产品的质量，必须从种植源头控制，每个环节都要经过信息处理，田间档案的建立可以对农产品的生产及加工做出详细的记录，档案建立后，还需由专人进行不定期检查以确保农产品种植的质量。

（一）农事记录

农事记录是农产品生产日常过程中的一项重要工作，它帮助记录产品投入使用情况、天气状况、农事进展情况等。方便计算成本投入，出现问题时查找原因，制订下一步农事计划。

农事记录用于记录农产品的生产过程，用以保证蔬菜的可追溯性，记录的内容主要有基地基本情况，包括基地名称、法人代表、田地大棚编号、种植面积；蔬菜种植情况，包括播种期、种植数量、定植期、前茬茬口、栽培流程、方法、天气情况；田间用肥情况，包括所用肥料名称、用量、施用方法和施用时间、肥料的进货渠道、施肥负责人；蔬菜生长期间主要病虫害的防治情况，包括用药品种、时间、方法、用药数量、用药次数、安全间隔期，产品的收获、贮藏、包装等；产品销售情况，包括产品采收时间、采收数量、销售数量及销售渠道等情况。

（二）农业投入品记录

农业投入品是在蔬菜种植过程中使用和添加的物质。包括种子、种苗、农药、肥料等农业产品生产资料产品和农膜、农机、农业工程设备等农用工程物资产品。

在农业投入品的记录上，应将农业投入品的购买与使用情况分别记录。农业投入品购买记录应将种子、化肥、农药分开记录。

种子购买记录应包括产品名称、生产单位、经营单位、包装规格、数量、是否转基因，同时应附上购买人与购买时间。

化肥购买记录应包括产品名称、主要成分、数量、登记证号、规格、生产单位、经营单位、购买人与购买日期。

农药购买记录应包括产品名称、主要成分、数量、登记证号、规格、生产单位、经营单位、购买人与购买日期。

肥料使用记录包括产品名称、生产单位、主要成分、登记证号、施用量、用途与次数、施用效果等。

农药使用记录包括产品名称、主要成分、登记证号、施用量、使用方法、防治对象、施药时间、安全间隔期等。

（三）其他档案管理

有条件的蔬菜基地应配备专门的检测实验室，因此，需要记录蔬菜不同生长发育期土壤、灌溉水、光照、温度等数据。蔬菜收获后的分拣、加工、包装、运输等基础数据也要记录归档，由此，所记录的内容才能够反映整个生产过程，形成完整的质量追溯链条。随着生活水平和食品安全意识的不断提高，人们对农产品质量安全格外重视。将蔬菜生产全过程档案进行电子化，建立农产品质量安全溯源系统，是适应消费者需求，顺应现代农业的发展趋势。

纸质蔬菜生产记录应具体落实到基本生产单元，由实际操作人记录并签名。各蔬菜生产周期结束后，要及时将生产记录上交，由记录管理人员整理归档。记录管理人员要及时抽查、核实生产记录真实性，并按批将记录整理汇总、装订成册，妥善保管，以便查找。蔬菜生产记录应保存两年。

第五章 蔬菜采收质量安全控制技术

蔬菜采收商品化处理是蔬菜“由田间到餐桌”的重要环节，也是降低蔬菜采后损失的重要途径，因此，对蔬菜产品进行预冷、分级、包装及其他适当的商品化处理技术，是蔬菜产品商品化、标准化和产业化的必然要求，是提高蔬菜质量安全和竞争力的重要措施之一。

第一节 采收前影响因素与管控技术

一、采前影响因素与技术措施

蔬菜产品的质量反映了蔬菜整个生长发育期和采收处理后的状况，因而其产品的质量不仅取决于种类、品质，而且与其生长发育的环境条件（温度、光照、降雨、土质等）和所采用的农业技术措施（土肥水管理、病虫害防治、植物生长调节物质应用、整形修剪等）密切相关。这些因素相互作用交织在一起，共同影响蔬菜品质采后的贮藏性能。因此，为了提高蔬菜产品的品质与贮藏性和货架期，不仅要重视生产环节、采后处理，也要综合控制采前的环境和技术因素。

（一）种类和品种

1. 种类

蔬菜的种类繁多，具有多样性，掌握不同种类蔬菜的商品性状与贮藏特性是采取相应采前措施的前提条件。对于同一地理位置、土壤条件和栽培技术，生产的蔬菜在采后表现出不同的耐贮性和抗病性，这主要取决于蔬菜自身因素。不同种类的蔬菜可食部分不同，有的主要食用叶片（叶菜类）；有的食用块根（甘薯、甜菜等）、块茎（马铃薯）；有的食用果实（瓜菜类），有的食用花朵或者花茎（花菜类）等。由于不同部位的硬度、代谢强度有很大的差异，因此采后的耐贮性有很大差异，一般来说耐贮顺序依次为块茎、球茎、鳞茎、根茎类>果菜类>花菜类>叶菜类。块茎、球茎、鳞茎、根茎类的蔬菜由于具有休眠期，新陈代谢率低，生物消耗少因此贮藏性较好。果菜类包括瓜、果和豆类，它们大多原产于热带和亚热带地区，这类菜的幼果新陈代谢旺盛，采后易发生养分转移，不易贮藏。当然也有例外，比如有的瓜的外皮具有角质层和蜡粉也较耐贮藏，如倭瓜、南瓜、冬瓜等。花菜类的蔬菜可食用部分是植物的繁殖器官，新陈代谢旺盛，在生长成熟和衰老过程中释放乙烯，因此很难贮藏，如新鲜的黄花菜，花蕾采后1d就会开放，并很快腐烂，因此必须干制。然而花椰菜是成熟的变态花序，蒜薹是花茎梗，它们都较耐寒，所以在低温下可做较长期的贮藏。叶菜类除叶球外（如甘蓝类）比较耐贮藏外，其他叶菜贮藏比较困难，一方面本身的蒸腾和呼吸作用旺盛，采后极易失水萎蔫、黄化和腐败，另一方面在贮运过程中极易受到机械损伤。

从蔬菜贮藏的大趋势来讲，一般来说，产于热带地区或高温季节成熟并且生长期短的蔬菜，收获后呼吸旺盛，蒸腾失水快，体内物质消耗多，易被病菌侵染而腐烂变质，表现为不耐贮藏；

温带地区的果蔬生长期比较长，并且在低温冷凉季节成熟，收获的果蔬体内营养物质积累多、新陈代谢水平低，一般具有较好的耐贮藏性。

2. 品种

同一种类不同品种的蔬菜产品，其耐贮性差别也很大。菠菜中，圆叶菠菜产量高，耐寒性差，不耐贮藏，尖叶菠菜耐寒，贮藏性好；大白菜中，直筒形比圆球形的耐贮藏，青帮系统的比白帮系统的耐贮藏，晚熟的比早熟的耐贮藏。一般来说，晚熟品种较耐贮藏，中熟品种次之，早熟品种不耐贮藏。这是因为早熟品种生长迅速，组织相对疏松、柔软，受到机械损伤和病原物侵染时自卫反应弱。特别是在设施中种植的早熟品种，生长和成熟的环境温度较高，更容易受到病原物侵染而造成腐烂。如果将其放置在低温下贮藏，容易出现生理失调。相对于早熟品种，晚熟品种较耐贮藏。晚熟品种果实生长发育期长，果实质地致密、坚实，并且有一定的硬度和弹性的外表组织，有利于果实抵抗轻度的碰压和防止病原物的侵染；成熟期时气温逐渐降低，对低温的适应性较好。但早熟品种上市时间早，一般各类蔬菜产品上市初期的价格较高，因此做好早熟品种的采收工作可提高收益。

综上所述，蔬菜的贮藏保鲜很大程度上取决于种类和品种，为了取得更好的经济效益，在充分考虑风味品质的前提下，选择相对耐贮藏的种类或品种，可大大降低经营风险。

3. 果实大小

同一种类、同一品种、同一植株的果实大小不一，耐贮性也存在较大差异。大果实不如中等果实耐贮藏。Msaten（1945）认为，同一株树上采摘的苹果，中等大小是果实成熟时生理性状的最好指标。他还发现，许多农产品的生理病害与果实的直径呈正相关，即果实直径越大越容易发病，如大个的萝卜和胡萝卜易糠心；大个的黄瓜采后易脱水变糠，瓜条易变形呈棒槌状等。

4. 结果部位

同一植株上不同部位着生的果实，其大小、颜色和化学成分也不同，耐贮性也有很大的差异。一般来说，果菜类生长在植株中部的果实品质最好，耐贮性最强。如生长在植株下部和上部的茄子、番茄、辣椒等蔬菜的品质和耐贮性不如中部的果实强；生长在瓜蔓基部和顶部的瓜类果实也不如生长在中部的个大、风味好、耐贮藏。

（二）生态因素

1. 温度

温度是影响蔬菜种植的主要因素之一。每一种园艺产品都有其生长发育的适宜温度范围和积温要求，在生长发育过程中，不适当的高温和低温对其生长发育、产量、品质和耐贮性均会产生影响。总的来说，温度过高，生长快，产品组织幼嫩，可溶性固形物含量低，表皮保护组织发育不好，有时还会产生高温伤害。温度过低，特别是在开花期连续出现数日低温，引起授粉受精不良，落花、落果严重，使产量降低，并影响果实的品质和耐贮性，易出现畸形果。同一种类或同一品种的蔬菜，秋季收获的比夏季收获的耐贮藏，如秋末收获的番茄较夏季收获的容易贮藏；夏天采收的甜椒比秋季采收的甜椒对低温更敏感，较早发生冷害。北方栽培的大葱可露地冻藏，缓慢解冻后可以恢复新鲜状态；而南方生长的大葱，却不能在北方露地冻藏。生长季节高温还会造成贮藏中的蒜瓣出现局部下陷呈淡黄色，严重时变成透明状；青椒表皮出现革质的现象。

2. 光照

光照是蔬菜生长的必要条件，是提高蔬菜品质的重要因素之一。光照的强度直接影响植株的光合作用，如叶的厚薄、节间的长短、茎的粗细等。绝大多数的蔬菜（黄化菜除外）都喜光，特别是果实、叶球、球根的形成，都必须有一定的光照强度和充足的光照时间。光照直接影响其干物质积累、风味、颜色、质地及形态结构，从而影响其品质和耐贮性。在不同光照强度下，大白菜的含糖量明显不同，洋葱的鳞茎大小明显不同。一般来说，光照强度弱，蔬菜的产量会降低，干物质含量也降低，贮藏期短。但是，光照过强也有危害。番茄、茄子和青椒在炎热的夏天受强烈日照后，会产生日灼病，不能进行贮藏，尤其是在干旱季节或年份，光照过强对产品造成的危害将更为严重。此外光照时间长短对植物的贮藏器官形成也有影响，如洋葱、大蒜等，只有较长光照才能形成鳞茎。

光质对蔬菜的生长发育和品质也有显著影响，许多水溶性色素都需要强红光，特别是紫外光与果实红色的发育有密切关系。

3. 降水与空气湿度

降水会增加土壤湿度、空气湿度和减少光照时间，这直接影响蔬菜产品的产量品质和耐贮性。在日常生产中，蔬菜的生长常常受到干旱或者多雨的制约。在潮湿多雨的地区，一般为酸性土壤，土壤中的可溶性盐类如钙盐几乎全被冲洗掉，蔬菜产品生产中可能会缺钙。干旱地区相反，所以干旱地区多盐碱地。在干旱少雨的地区或年份，空气的相对湿度较低，土壤水分缺乏，影响植株对营养物质的吸收，使其正常生长发育受阻，产品表现为个体小、产量低、着色不良、成熟期提前，容易产生生理病害。在干旱地区或者少雨年份种植萝卜，萝卜容易出现糠心现象，这种情况在水分充足的情况下发生较少或较晚发生。在果实成熟期，降雨不均衡或久旱骤雨会造成裂果现象。这是由于下雨后，蒸腾作用较低，果肉细胞迅速吸水膨大，造成果皮开裂，如番茄等。

另外，空气湿度较大，阴雨天缺乏光照，会使产品品质和耐贮性降低，贮藏中更容易发生生理病害和侵染性病害。如马铃薯采前遇雨，采后腐烂增加；洋葱、大蒜等鳞茎类蔬菜，成熟前后由于降雨而长时间处于潮湿的土壤中，容易使外层膜脂质化鳞片腐烂而增加病害侵染。

4. 地理条件

蔬菜的生产和贮藏与地理条件也密切相关。在不同纬度和海拔高度，它的温度、光照、降水量和空气的相对湿度条件也不同，从而对蔬菜的生长发育、品质和耐贮性影响也不同。

一般来说，山地或者高原地区生长的蔬菜含糖量、色素含量、维生素C含量、蛋白质含量都比平原地区生长的要高，蔬菜表面的保护组织也更发达一些。例如，生长在高海拔的番茄比生长在低海拔地区的品质好，耐贮性也强；在高处生长的甘蓝，维生素C和过氧化氢酶都增高，有利于贮藏。由此可见，充分发挥地理优势发展果蔬生产，是改善蔬菜品质，提高贮藏效果的一项有利措施。

5. 土壤

土壤是蔬菜生长发育的基础，不同土壤的理化性状、营养状况、地下水位高低等直接影响到蔬菜产品的化学组成、组织结构，进而影响到品质和耐贮性。因此，要根据各地区不同土质的特点，因势利导选择适合种植的蔬菜种类和品种。

虽然不同的蔬菜对土壤的要求不同，但大多数都适合于生长在土质疏松、酸碱适中、养分充足、湿度适宜的土壤中。我国北方地区沙土分布广泛，这种土壤颗粒较粗，保肥、保水力差，通气、通水性好，蔬菜生长后期，易脱肥水，不抗旱，适于栽培早熟薯类、根菜、春季绿叶菜类。在沙土中生长的蔬菜，早期生长快，外观美丽，但根部老化快，植株易早衰，抗病、耐寒、耐热性都较弱，产品品质差，味淡，不耐贮。黄土高原、华北平原、长江中下游平原、珠江三角洲平原均为沙壤土，质地均匀，粉粒含量高，物理性能好，抗逆性强，通气透水，保水、保肥和抗旱力强，适宜任何蔬菜栽种，其产品品质和耐贮性都好。在平原洼地、山间盆地、湖积平原地区为黏土，以黏粒占优势，质地黏重，结构致密，保水保肥力好，通气透水性差，适合种植晚熟品种蔬菜，植株生长迟缓，形小不美观，但根部不易老化，成熟迟，耐病、耐寒、耐热性强，产品品质好，味浓，耐贮藏。

除了土壤自身条件外，合理的土壤管理对蔬菜生产和贮藏也发挥着重要作用。如地膜覆盖等措施，可以使土壤免受过多降水引起的土壤肥料渗漏，以及干旱季节降低土壤表面的水分蒸发、土壤板结等作用，从而保证肥水供应，提高蔬菜产量和品质。

（三）农业技术因素

1. 灌溉

水是保持植物正常生命活动所必需的，土壤水分的供给对蔬菜整个生长周期及耐贮性有重要的影响。在蔬菜的生长期，应该充分保证水分的供应，如大白菜蹲苗期，土壤中缺乏水分，易发生大白菜烧心病；但也应避免水分过多造成徒长和病害，如洋葱在生长期如果过分灌溉会加重贮藏中的茎腐、黑腐和细菌性腐烂。在采收前，浇水应慎重，避免含水量太高不耐贮藏，如大白菜、洋葱等在采前一周不要浇水。番茄在多雨年份或经历了久旱骤雨，其果肉细胞会迅速膨大，从而引起果实开裂。

在合理灌溉的范围内，减少灌溉次数和灌溉量既保证了蔬菜正常生长所需水分，增强产品收获后的耐贮性，又减少土壤中养分流失和杀虫剂对地下水的污染，提高了水资源利用效率，有利于节约用水，同时降低了生产成本，可谓是一举三得。

2. 施肥

施肥是指将肥料施于土壤中或喷洒在植物上，提供植物所需养分，并保持和提高土壤肥力的农业技术措施。施肥对蔬菜产品的品质和耐贮性有很大影响。施肥时要依据土壤肥力水平（有机肥料和矿物质的含量、种类、配合比例）、蔬菜种类、环境条件选择合适的肥料，如单一施用肥料或者有机肥、复合肥等。此外，施肥时间和施肥方式的确定也需要根据蔬菜生长发育的情况。施肥对蔬菜的产量、质量和贮藏性都有显著的影响，只有合理施肥，才能提高产品品质，增加耐贮性和抗病性。随着现代精准农业的发展，精确施肥也得到了快速发展，并将成为一种重要的施肥模式。

（1）氮。氮肥是世界化肥生产和使用量最大的肥料品种，是蔬菜生长发育最重要的营养元素。生产中为了提高产量，增施氮肥是最常采用的措施。植物中氮不足时植株会表现出矮小细弱、叶呈黄绿等非正常绿色，产量降低。但氮肥施入量过多时对产品的质量及贮藏性也有不利影响，会造成营养生长旺盛，组织内矿质营养平衡失调，果实着色差，质地疏松，呼吸强度增大，成熟衰老快等。例如，番茄施氮肥过多，会降低果实干物质和维生素C的含量。氮对蔬菜产品品质的影响，不仅取决于其绝对含量的多少，还取决于其他矿质元素的配比平衡关系。

（2）磷。磷是植物体内能量代谢的主要物质，对细胞膜结构具有重要作用。合理施用磷肥可增加产量，改善蔬菜产品品质，特别是可以促使瓜类、茄果类蔬菜开花结果，提高结果率。植物缺磷时生长缓慢、矮小瘦弱、直立、分枝少，叶小易脱落；色泽一般，呈暗绿或灰绿色，叶缘及叶柄常出现紫红色；根系发育不良，成熟延迟，产量和品质降低。缺磷症状一般先从茎基部老叶开始，逐渐向上发展。低磷果实的呼吸强度高，冷藏时组织易发生低温崩溃，果肉褐变严重，腐烂病发生率高。土壤中缺磷，果实颜色不鲜艳，果肉带绿色，含糖量降低，贮藏中容易发生果肉褐变和烂心；增施磷肥，有提高果实含糖量，促进着色的效果。磷对蔬菜质量和贮藏性的影响呈正相关性的报道很多，但也有报道指出磷肥超出最高量后继续施用，无明显效果。

（3）钾。钾在植物体内一般占干物质重的0.2%～4.1%，仅次于氮。促进酶的活化是钾在植物生长过程中最重要的功能之一，现已发现钾是60多种酶的活化剂。此外，光合作用、同化产物的运输、碳水化合物的代谢和蛋白质的合成等过程也都需要钾元素的参与，因此适当施用钾肥对增产有促进作用。研究表明，适量施用钾肥，不仅能使果实增产，还能使果实产生鲜艳的色泽和芳香的气味，并对质量和贮藏性产生积极影响。钾能促进花青素的形成，增强果实组织的致密性和含酸量，增大细胞的持水力，部分抵消高氮产生的消极影响。但是，钾肥的施用也要适量，过多地施用钾肥，会影响植株钙的吸收率，致使缺钙性生理病害和某些真菌性病害发生的可能性增大。

（4）镁。镁是组成叶绿素的重要元素，是光合作用必不可少的元素。植物缺镁则体内代谢作用受阻，对幼嫩组织的发育和种子的成熟影响尤大。缺镁的典型标志是植物叶片呈现淡绿或黄绿色。土壤酸性强，或土壤含钙量高，或是钾肥过量可能诱发缺镁。现在已经明确，钾、镁引起的生理障碍是与钙的亏缺密切相关的，所以在施肥过程中应考虑各元素间的相互作用。施用时首先应根据土壤中镁含量确定施用量，一般每亩施纯镁1～2kg。在蔬菜上，可以采用0.5%～1.5%的硫酸镁或0.5%～1%硝酸镁进行叶面喷施。研究表明，镁在调节碳水化合物降解和转化酶的活化中起着重要作用。

（5）钙。钙是植物细胞壁和细胞膜的结构物质，在保持细胞壁结构、维持细胞膜功能方面具有重要意义，缺钙易引起细胞质膜解体。施入土壤能供给植物钙，并有调节土壤酸度的作用。研究表明，钙离子对果实品质影响很大，可以降低果实腐烂、保持果实硬度和减少乙烯的释放量。研究表明采前钙处理对有效控制园艺产品采后的品质、贮藏寿命、生理性病害及衰老等方面具有重要作用。对于贮藏来说，一般缺钙果实不宜贮藏。对于生理性病害来说，大量研究发现许多果实生理失调症状与缺钙有密切关系。缺钙引起的症状表现为果实开裂，组织变为水渍状，细胞败坏，发生干燥的空腔式凹陷，幼嫩组织坏死，番茄蒂腐病、番茄软化等。因此，适当提高果实中钙含量能减轻贮藏期的生理病害。

植物在生长过程中缺钙的原因主要有两个因素，一个是土壤本身钙离子缺乏，另一个是大量施用氮肥，或者钾、镁等肥料，影响了植物对钙的吸收利用。其中氮肥过多的影响最为常见。但钙肥施用过多会降低硼、锌等微量营养元素的有效性和造成土壤板结。

3. 修剪、疏花疏果、套袋

合理修剪可以调节植物各部分的生长平衡，使果实在生长期间获得足够的营养，从而影响果实的化学成分，并间接地影响果实的耐贮性。疏花、疏果即人为地去除一部分过多的花和幼果，目的也是保证叶、果的适当比例，使果实有一定的大小和品质。如在番茄、辣椒等蔬菜生产中，一般要定期进行去蔓、打杈，及时摘除多余的侧芽，同时也要进行疏花和疏果，其目的也是协调营养生长和生殖生长的平衡，以期获得优质耐贮的蔬菜产品。疏花疏果宜在早期进行，以减少养分消耗。一般来说，留下的果实少，每个果实平均到的叶片数量就多，相对于留果多的植株，果实较大、含糖量较高。套袋在蔬菜生产上主要用于连续生长采摘的果菜类蔬菜，如黄瓜、番茄等，通过套袋可以控制病虫的为害，降低了农药化学的污染和残留，避免采收时的机械摩擦，减少细菌污染。套袋后，蔬菜的色泽均匀，果面光滑清洁，机械损伤少，实现蔬菜产品的优质无公害，同时延长产品的贮藏期，增强蔬菜产品的商品性。

4. 化学药剂

我们常说的应用化学药剂进行处理一般指的是采后处理，实际上，大部分病害的病菌侵染或为害均发生在采前。因此，重视蔬菜产品的采前处理对蔬菜产品品质和耐贮性有积极作用，如茄子和辣椒采前喷波尔多液，可减少病菌在采摘中侵染造成的损失。使用化学药剂进行采前处理的最大问题在于如何保障蔬菜产品的质量安全。而且长期使用化学杀菌剂不但会导致病菌产生抗药性，而且会增加药物残留量，并对环境造成污染。因此近年来，寻找新的、更安全有效的其他方法来代替化学杀菌剂是采前处理的一大趋势。苯丙噻重氮（BTH）是一种人工合成的诱抗剂，可以诱导植物产生系统获得性抗性，最重要的是，使用BTH对植物体具有生物安全性。前人已经在甜菜、黄瓜、番茄、马铃薯等做过抗病诱导试验，效果显著。

5. 植物生长调节剂

植物生长调节剂对蔬菜产品的内在和外在品质影响都很大，根据不同蔬菜品种的需求，在采前喷施生长调节剂，可以有效地提升产品品质、耐贮性，同时具有防止病害的作用。不同的生长调节剂具有不同的作用，根据其使用效果，可以概括为如下几种类型。

（1）生长素。生长素与园艺产品的衰老、糖分积累、酶活性等生理作用密切相关，如吲哚乙酸（IAA）、萘乙酸（NAA）和2,4二氯苯氧乙酸（2,4-D）等这类物质可促进果蔬的生长，防止落花、落果，同时也促进果蔬的成熟。用50～100μg/kg NAA溶液在大白菜收获前5～6d喷洒，可以有效地防止脱帮。萝卜播后25～30d和35～40d，各喷1次浓度为10mg/kg NAA，以防止生长期糠心；收获前10d左右再喷1次，可减少萝卜贮藏期糠心。用NAA 250g拌细土15kg，均匀撒在5 000kg马铃薯贮藏堆内，可控制发芽，有效期4～6个月。2,4-D用于番茄、茄子的植株喷洒，可防止早期落花落果。花椰菜采前1～7d喷洒100～500mg/L的2,4-D，可以减少贮藏中保护叶的脱落。

（2）赤霉素、细胞分裂素。赤霉素（GAs）可以促进细胞的伸长，具有促进果蔬生长和抑制成熟衰老的作用。用20～40mg/L的赤霉素浸蒜薹基部，可以防止基部膨大，延缓衰老。

细胞分裂素（CKs）可促进细胞分裂，诱导细胞膨大，促进果蔬生长和抑制成熟衰老。在采前喷洒10mg/kg的苄基腺嘌呤（BA）结球莴苣与空白对照组在常温下贮藏相比，经过采前处理结球莴苣明显叶片衰老变黄减慢。

（3）乙烯。在蔬菜的实际生产中，需要使用乙烯（Ethylene）时，一般会采用乙烯利（Ethephon），它是一种人工合成的乙烯发生剂，与乙烯的作用相同，可以促进果实的成熟和着色。比如在番茄生产中，可以用乙烯利进行催熟，使产品的成熟度一致，方便运输和销售，提高外观品质。但是用乙烯利处理过的果实不能进行中长期贮藏。

（4）青鲜素。青鲜素（马来酰肼，MH）也具有延缓生长的作用。青鲜素对防止马铃薯、洋葱、大蒜在贮藏期发芽十分有效。研究表明，洋葱在收获前10～15d，用1 500μg/L的青鲜素处理，可明显延长采后的休眠期，贮藏6个月后腐烂率仅为13%，发芽率为15%。大蒜鳞茎在采前2～3周用2 500μg/L青鲜素喷洒叶面，可使鳞茎贮藏8个月不发芽。

采前合理的施用生长调节剂能提高产量和品质，同时也利于采后的贮运，但施用不当，就不能收到理想效果，甚至会产生“副作用”。在施用时，要讲究施用的方法、用量和时机，不能随意加大用量，也不能随意和化肥等物质混用，不看时机的随时喷施，不仅导致喷施效果不佳，有的甚至减产、减收。

二、采收期技术措施

（一）采收时期

蔬菜的采收一定要在适宜的时期进行，采收期要根据蔬菜产品的种类和品种的特点、采购用途、贮藏时间和贮藏条件、运输长短和运输设备、市场条件和产品类型等来确定。采收过早，产品还没有完全成熟，大小和重量达不到标准，色泽和风味也欠佳，营养物质含量比完全成熟时也低一些；采收过晚，产品很快达到过熟阶段，抗病力降低，果实风味容易改变，且容易腐烂变质，不利于贮藏和运输。一般来说，鲜食蔬菜如黄瓜、叶菜类适合在鲜嫩阶段采收，具有呼吸跃变型果实，应该在达到生理成熟并且在呼吸跃变到来之前采收。就地销售的产品，可以适当晚采收，而作为长期贮藏和远距离运输的产品，应该适当早采。因此需要正确掌握园艺产品的采收期。

（1）色泽。蔬菜产品在成熟的时候，一般表面色泽会发生明显的变化。当果实尚未成熟时，表皮中含有大量的叶绿素，故呈现青绿色；随着成熟度的提高，叶绿素逐渐降解，花青素、类胡萝卜素等色素逐渐形成，故表皮绿色减退，产品固有色泽逐渐显现；当达到充分成熟时，果皮颜色自然新鲜，色泽明亮。当茄子成熟时，表皮会变得明亮有光泽；豌豆的表皮会由暗绿色变为亮绿色，菜豆则由绿色转变为白色，花椰菜的花球会由黄变白。由此可见，大多数蔬菜的表面色泽可以作为判断果实成熟度的标志。

蔬菜采摘时期的确定不单单根据蔬菜本身的成熟度，还要根据产品采后的不同用途来确定合适的采收时期。例如，需要长途运输和长期贮藏的番茄可在果顶呈现奶油色时采收；就地销售的可在粉红色或红色时采收；用于制酱、制汁的则应在果实全部变色后采收。

蔬菜产品的色泽变化可以通过感官观察，也可以借助变色卡对照进行量化。大规模商品生产往往要求有数量化的采收指标，如果想要更为准确，可以通过色差仪和分光光度计对果实的成熟度进行进一步的判定。

（2）果梗脱离程度。有些果实在成熟过程中果柄与果枝间常产生离层，因此对于这类果实我们可以根据果实的果梗与果枝脱离的难易程度判断果实的成熟度。离层形成时，标志着果实已经到达了较好的成熟度，这个时候就应该及时的采收，避免大面积的落果现象，造成经济损失。

（3）植株生长状态。植株生长状态对于地下根、茎类的蔬菜来说是一个较好的成熟度判别指标。通过观测植株地上部分的生长状态，如洋葱、大蒜的地上部分黄萎、茎部变软，则标志地下鳞茎已达采收成熟度，适合采收。与此类似，姜等地下食用器官成熟时，地上部叶已变黄、枯萎、倒伏；莴笋达采收成熟度时，茎与叶尖端平齐。

（4）硬度和密度。果实的硬度是指果实抗压能力的强弱。一般来说，果实在未成熟存在大量的原果胶时硬度较大，达到一定成熟度原果胶在各种水解酶的作用下不断降解后，果实会软化而且多汁，如番茄等。但也存在相反的情况，比如花椰菜，花椰菜随着生长发育的不断进行，越成熟花球的硬度越高。因此在进行蔬菜采摘的时候，要根据不同蔬菜成熟后的特性选择合适的采摘硬度。还有一种情况是，有些蔬菜我们食用的是幼嫩时期的部分，如莴苣、甜玉米等，在收获的时候要根据最佳食用期进行采摘，不能等到完全成熟，完全成熟后口感和风味变差，降低了商品价值。

硬度除了受成熟度的影响之外，自然条件及栽培技术也对果实硬度有影响。因此，对于产品采收期的确定，要综合各方面的条件进行判定，不能单一的依靠硬度标准。

硬度的检测通常使用手持硬度计。使用时，硬度计的探头插入果肉，根据硬度计的读数测得硬度指标，硬度越大，数值越高，进而可以推断果实的成熟度。具有田间测定使用方便的优点，使用广泛。

（5）化学物质含量。蔬菜富含多种营养物质，可溶性固形物、糖、酸、淀粉含量、糖酸比及其他化学物质的含量在蔬菜生长的不同时期也会发生一定的变化。因此可以根据不同种类不同品种的蔬菜中化学成分变化来判断成熟度，这种变化也可以作为衡量品质和成熟度的标志。常用的指标有可溶性固形物、糖酸比等。

可溶性固形物主要是糖分，一般来说，蔬菜在成熟过程中，含糖量逐渐升高，所以测定可溶性固形物的含量高意味着含糖量高、成熟度高。可溶性固形物的测定通常用手持折光仪。在实际生产中，常用总可溶性固形物含量的高低来判断成熟度，或者总含糖量和总含酸量的比值即糖酸比作为采收的依据之一。此外，也可以通过掌握各种产品在成熟过程中糖和淀粉变化的规律，通过测定其糖和淀粉含量就可以推测出产品的成熟度。

同硬度指标一样，蔬菜内的化学成分变化也受到环境条件及栽培管理等因素的影响，故在使用化学方法检测成熟度时也须综合考虑各种因素。

（6）生理指标。呼吸强度能够精确地表明果实的真实生理年龄。可以在不同的日期，分别测定过时的呼吸强度，经多年数据形成果实成熟度和呼吸强度的经验曲线。按照这个曲线确定合适的采收期，如番茄等过时的采收应在呼吸跃变发生前。

（7）生长期和成熟特征。不同品种的蔬菜由开花到成熟有一定的生长期和成熟特征，可以根据当地的气候条件，结合根据开花、坐果或者栽种期和经验确定适合采收的天数。

蔬菜成熟后，会表现出一些成熟特征包括果实形态特征、风味特征等（表5-1）。在果实成熟后，产品本身会表现出固有的形态，根据经验可以作为判别成熟度的指标，如南瓜表皮组织硬化，表皮出现白粉蜡质；冬瓜表皮上茸毛消失，出现蜡质白粉等。各类蔬菜的风味特征来源于其体内各种微量的挥发性物质，主要由酯类、醛类、萜类、醇类、酮类、挥发酸及含硫化合物等构成。就多数果蔬而言，只有当它们成熟时才有足够数量的香气释出。

表5-1　部分蔬菜采收时的成熟特征

名称	采收成熟特征
萝卜	肉质根充分膨大，基部变圆，叶色变淡
胡萝卜	肉质根已充分长大，心叶呈绿色，外叶稍黏黄，叶甜且质地柔软
马铃薯、洋葱、大蒜	植株顶部开始枯黄、下垂
南瓜	老熟瓜，表皮蜡粉增厚、硬化，皮色由绿色转变为黄色或红色
冬瓜	表皮硬化、白粉增多
嫩葱	叶子长至最大、最长
豇豆、蚕豆、甜豌豆	豆荚饱满、容易折断
蛇瓜、丝瓜	长至理想大小，指甲可按烂其肉质
茄子、苦瓜、佛手瓜	长至理想大小，但仍脆嫩
番茄	切开时种子滑落，或绿色开始变为粉红色
甜椒	深绿色变淡或变红
花椰菜	花球紧密（如花丛伸长、变松则为过熟）
西蓝花	花丛紧密（如松软则为过熟）
甘蓝	顶部紧密（如顶部裂开则为过熟）
芹菜	个体够大，未成髓
莴苣	个体够大，未开花

（8）积温。在某一特定种植区，可以采用通过累加生长期间每天的平均温度，或每天0℃以上的有效温度来预测果蔬的成熟度。因为对许多发育系统为感温型的蔬菜来说，其生长期间的总积温或总有效积温对果实的发育成熟速度有很大影响。但这种方法局限性较大，只适用于一定温度范围和其他生态因子大体相同的情况，若温度反常，则会造成误差。

总而言之，蔬菜的种类、品种繁多，各自具有不同的成熟特性，且由于食用部位和采后用途的不同，应重点关注主要影响因素，同时多方面考虑其他影响因素，在感官观察的基础上借助各类仪器和设备，决定最适宜的采收期。

（二）采收方法

1. 人工采收

人工采收是比较原始的方法，但在目前生产中大量使用。手摘、刀割、挖刨等都属于人工采收方法。人工采收具有灵活性强，机械损伤小的优点。特别是在实际生产中，经常需要根据人工判定成熟度进行采收，这点有机械采收不能比拟的优势。因此，我国和其他国家、地区很大程度上还依赖于人工采收。人工采收的时候，采收人员应接受专业岗前培训了解采收标准和注意事项，以提高采摘质量和工作效率。一般来说，鲜销和长期贮藏的园艺产品最好采用人工采收。此外，通过人工采收的胡萝卜、萝卜、马铃薯、芋头、山药、洋葱、大蒜等地下根茎类蔬菜可降低机械损伤，延长贮藏时间。

2. 机械采收

机械采收特别适合大规模、农场化的生产要求，具有采收效率高，节省劳动力的优点，同时可以降低采收成本。但是由于机械采收不能根据产品实际情况进行选择采收，容易造成产品的损伤，而影响产品的质量和耐贮性。

目前大多数新鲜的园艺产品不能完全采用机械采收，通常是采用人工加机械的方式。机械采收主要用于加工的产品或能一次性采收且对机械损伤不敏感的产品，如根茎类蔬菜使用大型犁耙等机械，可大大提高生产效率。豌豆、甜玉米、马铃薯均可采用机械采收。由于机械采收容易造成机械损伤，导致产品易感细菌腐烂，所以采后要及时进行必要的预处理。

（三）采收注意事项

1. 采收准备

采收前应做好充分的准备，包括产量预估、采收计划、天气预报等方面的工作，提前组织采收人员岗前培训，备足采收需要的工具、容器，提前安排或预约运输车辆，与收购部门或企业达成初步协议等。为了保证蔬菜产品的安全性和商品外观品质，防止裂果，采收前7～10d要停止喷药和灌水。做好清理田间杂物等准备。

2. 采收时间

采收时间的确定一方面要根据产品的成熟度，另一方面要根据具体的天气情况，应选择晴天的早晨或者晚上露水干后和午后气温较低时进行，使产品采收时保持低的温度，要避免正午采收。空气湿度较大时，如阴雨、浓雾和露水未干时不宜采收，产品表面潮湿容易造成损伤或受病菌侵染。

3. 采收容器

采收容器包括采收袋、篮、筐、篓、箱子等。在进行采收容器的选择时，基本原则是轻便易拿、大小适中，内部光滑，不易发生擦伤、压伤等机械损伤。塑料周转箱在实际生产中使用广泛，要选择四周镂空、内部光滑、结实耐压、大小适中的为宜，一般每个周转箱可装载15～20kg。周转箱内应有缓冲物，降低机械损伤。

4. 采收细节

为了降低采收伤害，需要注意一些采收细节。如采前需要对采收人员进行专业培训，使其掌握正确的采收方法和标准，提高产品品质。采摘顺序应按先外后内，先下后上逐渐进行，要防止折断果枝、碰掉花芽和叶芽，影响次年产量。采用人工采收时，对于成熟期不同的蔬菜可进行分期采收，既可提高产量又可提高品质。机械采收时，机械设备必须定期保养维修，由专人操作，熟练操作以降低机械伤害。采收产品必须达到机械采收的标准。

第二节　采后影响因素与商品化处理技术

一、我国开展蔬菜采后商品化处理现状与趋势

（一）发展现状

蔬菜作为生鲜食品，从初级农产品形式进入市场，发展到应用采后技术，形成商品进入流通领域，是实现国家现代化的重要标志之一。世界上发达国家都将农产品的采后商品化处理放在重要的位置。从世界发达国家农产品产值的构成来看，农产品产值的70%以上是通过采后商品化处理、贮存、运输和销售环节来实现的。如美国农业投资的30%用于采前，70%用于采后。

我国幅员辽阔，物产丰盈，向来是蔬菜生产大国，不仅能够满足国内市场的需求，而且在国际市场上也具有很强的竞争力。但是我国重采前轻采后的传统，导致不够重视蔬菜的采后商品化处理，大部分蔬菜产品以原始状态上市，生活中常见的菜市场中的蔬菜产品不分等级，没有包装，更少有预冷等其他采后处理措

施，再加上贮存、运输设备不完善，蔬菜不能实现冷链流通等原因，蔬菜采后损失严重，造成人力、物力和财力的极大浪费。尤其是在国际市场上，我们一流的产品却卖不出一流的价格。以采后产值与采收时自然产值的比例为例，美国采后产值与采收时自然产值的比例为3.7，日本为2.2，而我国只有0.38，说明我国蔬菜采后商品化处理还有广阔的发展前景。要使蔬菜作为高质量、现代化商品进入国内外市场，必须将采后商品化处理技术的现代化摆在首位，这不仅是农产品提高档次和增值的途径，也是实现农民增收、农民富裕的乡村振兴之路。

（二）发展趋势

蔬菜商品化处理是采后的重要工作，一些发达国家特别重视这方面新技术的研究和开发，现已达到了相当发达的程度，并已在商业上大量应用，取得了巨大的经济效益。国外蔬菜采后商品化处理具有应用标准化、组织化、自动化和配套化的特点。

对于蔬菜工作，党中央、国务院高度重视，在全国大中城市实施“菜篮子”工程。近年来，各级领导和企业管理人员已经充分认识到实施蔬菜采后商品化处理的重要性。国家科技部也把“净菜加工及流通技术与设备研究开发”项目列入国家“十五”重点攻关计划，并且发挥和利用资源、技术和地理位置上的优势，加大了在蔬菜采后商品化处理技术研究和设备上的资金投入，开展技术攻关、技术推广和技术培训。

相较于国际上较为发达的商品化处理技术，提出对我国蔬菜采后商品化处理技术发展的一点建议。

1. 强化蔬菜产品的商品意识，从思想上重视蔬菜采后商品化处理工作

我国蔬菜采后商品化处理的落后很大程度上归因于对商品化处理的观念向来薄弱。商品化处理涉及挑选、修整、分级、清

洗、打蜡抛光、包装等多个技术环节，是一个完整的体系，任何一个环节不到位，都会影响到蔬菜产品的质量和收益。加大宣传力度，注重每一个技术环节，倡导健康、安全的生活理念，使优质优价的观点深入人心，从生产者到消费者，强化国人对于蔬菜采后商品化处理的认知，对于我国蔬菜采后商品化处理技术的发展进步具有重要意义。

2. 加强蔬菜采后商品化处理相关基础设施建设

没有先进的设备作为后盾，蔬菜商品化处理的实施就是空谈。无论从我国技术水平，还是机械自动化水平来说，我国与国外都存在一定的差距。针对我国一家一户蔬菜种植的小农经济特色，政府应加大政策支持和财政投入，扶持鼓励我国中小蔬菜经销企业发展基础设施的建设，实现果蔬挑选、修整、分级、清洗、打蜡抛光、包装的商品化处理的自动化，为我国蔬菜商品化处理的发展奠定坚实的物质基础。

3. 加大蔬菜采后商品化处理核心技术的研发和推广

缺乏蔬菜采后商品化处理相关的核心技术也是我国落后的原因之一。在大力宣传蔬菜产品商品意识的同时，国家应继续加大商品化处理基础研究的资金投入，有针对性的立项、支持商品化处理核心技术的研发、突破及推广，注重资源共享，以促进整个蔬菜产业的健康快速发展。

4. 重视商品化处理人才培养

人才是促进一个产业发展进步的灵魂。对于采后商品化处理而言，无论是国家还是科研院所、高校和企业都应将商品化处理人才的培养放到一个重要的高度，充分认识到人才对产业发展、技术创新的重要性，注重实际操作与科学技术的结合，以带动我国蔬菜采后商品化处理产业的发展壮大。

5. 尽快建立蔬菜采后商品化处理技术规程

没有规矩不成方圆，蔬菜采后商品化处理同样如此。国外蔬菜采后商品化处理发达的原因之一就在于发达国家为确保蔬菜的质量和安全，制定了一系列技术标准与规程。我们应在蔬菜采后商品化处理技术发展的同时，制定与国际接轨的标准，使蔬菜生产向商品化、标准化方向发展，注意市场的规范，建立相关的规章制度、标准法规，增强市场竞争力，提高整个蔬菜产业的水平。

二、采后商品化处理技术

蔬菜的采后商品化处理是指在蔬菜采收后为了保持和改进产品质量，并从初级农产品转化为商品所采取的一系列措施的总称，包括整理挑选、预冷、分级、愈伤、药剂处理、洗涤、涂膜、包装、催熟脱涩等环节。这些环节要根据蔬菜的种类和品种，选择其中几种或全部的处理措施。采后商品化处理是蔬菜进入市场流通或者贮运的十分重要的环节，直接影响产品商品性能、贮运损耗和贮藏效果。

（一）整理与挑选

蔬菜在产地采收后，有的会带有泥土、病虫及枯败叶等污染物，有的由于机械损伤而造成表面损坏，有的则因为不当挤压造成汁水侵染周围个体，这些原因造成的不符合销售标准的产品，需要在进行下一步前被剔除，使产品整齐美观，便于销售和食用。

一般而言，果蔬的整理与挑选是由人工完成的，这是由于目前市场上的整理、挑拣的设备大多是针对一种类别或一种形状的蔬菜而设计的，能够同时满足多种蔬菜加工的器械还很少，而人工操作能适应不同类型的蔬菜，效果比机械挑选好，因此人工方法采用较多。蔬菜的挑选过程中必须戴手套，注意轻拿轻放，防止造成二次伤害和新的污染。

近年来，无损伤检测技术也在不断应用于蔬菜的检测方面，此项技术主要有电学特性检测技术、光学检测技术（紫外线检测、可见光检测、近红外线检测、红外线检测）、电磁检测技术、放射线检测技术（X光及CT检验）、电子鼻检测技术等。

（二）预冷

预冷是指采收后的蔬菜在贮藏、运输或加工之前，采取人为措施迅速散去田间热、减少呼吸热，将产品温度降至合适温度的过程。相关研究表明，蔬菜的温度每升高10℃，呼吸量增大1倍，蔬菜品质降低速度与呼吸量成正比。

1. 预冷目的

为了最大限度地保持蔬菜产品的新鲜品质，预冷最好在产地进行，特别是对于那些组织娇嫩、营养价值高、采后寿命短的产品，以及一些呼吸高峰型的蔬菜，如果不快速预冷，很容易腐烂变质。预冷不及时或者不彻底，都会增加采后损失。此外，未经预冷的蔬菜，在冷链物流运输过程中，将显著增加制冷设备的负荷，增加了设备和资金成本。

2. 预冷方法与设备

蔬菜预冷的方法有很多，应根据蔬菜种类、数量、现有设备、成本等情况选择适宜的预冷方法。常见的预冷方法有空气预冷、水或冰预冷、真空预冷几种，各种方法各有优缺点（表5-2）。

（1）空气预冷。空气遇冷是指以空气为媒介进行热传导，主要的方法有自然空气预冷、强制通风预冷、冷库空气预冷。

表5-2　不同预冷方法的优缺点

预冷方法	预冷方式	优点	缺点
自然空气预冷	自然通风	操作简单、成本低，适用范围广	冷却较慢，产品易发生干耗
强制通风预冷	强制通风	适用范围广，效率高	设备造价高，成本高
冷库空气预冷	冷库空气冷却	操作简单、适用范围广，降温速度较快	设备造价成本较高，使用成本较高
水预冷	喷淋、浸泡	操作简单、成本低，适用范围广，产品不发生量减	易受冷却水中细菌的污染，并造成可溶性营养成分的流失，不适用于紧密或者怕水蔬菜
真空预冷	降温、减压	预冷速度快，效率高，操作方便，不受包装限制	一次性投资大、成本高，产品较易失水
冰预冷	冰块、冰袋接触降温	操作简单、冷却速度快	适用范围小，产品易发生冻害，不适合大规模使用

①自然空气预冷。自然空气预冷是指产品采收后，直接放置于阴凉通风处，使之自然降温的方法。这种方法，不需要任何设备，是一种简便易行的预冷方式。常见于北方农村家庭蔬菜贮藏，即产品采收后放置于阴凉通风处，白天遮阳，夜间袒露，自然降温后放入地沟、地窖或通风库等。自然空气预冷的优点是成本低、易操作，适宜各种蔬菜的预冷。缺点是冷却速度比较慢，需要较长的时间，而且产品的冷却也不太均匀。在没有更好的预冷条件和设备时，这依然是一个可取的方法。

②强制通风预冷。强制通风预冷指采用专门的冷却装置，利用高速气流强制冷却的方法。强制通风冷却方式有压差式、隧道式、鼓风式、天棚喷射式等。这种方法主要通过专门天棚喷射式、鼓风式、隧道式、压差通风式等设备使包装箱堆的两侧形成压力差进行预冷。如现在比较常用的压差通风，纸箱两侧必须打

孔，包装箱需按特别的码垛方式码放在风道两侧，用风机强制循环冷风，在包装箱的两侧产生压力差，冷风从包装箱内通过，使产品迅速降温。这种方法适用于绝大部分农产品，强制通风预冷的速度比一般冷库预冷快4～10倍，但比水预冷和真空预冷时间长2倍以上。

③冷库空气预冷。冷库空气预冷指将产品放入冷库进行预冷的方法。这种方法只需要提供冷库即可。时间一般为18～24h。当制冷量足够大及空气以1～2m/s的流速在库内循环，冷却效果最好。冷库空气预冷容易造成蔬菜失水，因此可以采用在地面适当洒水，或者对箱垛进行薄膜或者湿布覆盖的方法降低水分的流失。

（2）水预冷。水预冷是指以水为媒介，通过冷却装置将水冷却到0～3℃，然后再用水对蔬菜进行喷淋或者浸渍的快速冷却方式。预冷时，预冷水温在不使产品受害的前提下要尽量低，特别适合于胡萝卜、芦笋、豌豆、菜豆等不怕水的蔬菜，还可避免蔬菜萎蔫，水预冷后的产品不失重。但对于一些柔软怕水的蔬菜来说，水预冷易导致腐烂变质，叶菜类不宜采用水预冷。水预冷设备与真空预冷设备相比，成本低，运转费用低，适用范围广。

水预冷的装置一般有喷水式（喷淋式或喷雾式）、浸渍式和混合式等不同类型。装置一般包括流水系统和传送带系统。

①喷水式（喷淋式或喷雾式）。喷水式（喷淋式或喷雾式）冷却装置主要由冷却隧道、冷却水槽、传送带、制冷机、水泵、喷头等组成。首先由压缩机将冷却水槽中水降至0～3℃，然后再用泵把冷水抽到隧道顶部，由顶部上的喷头喷洒在产品上。产品放在隧道底部的滚轴传送带上保持静止或缓慢向前移动。根据产品耐压程度不同，耐压产品采用喷淋，不耐水流冲击的采用喷雾。冷却产品后的冷却水返回冷却水槽，再由水泵抽到冷却塔，这样冷却水可反复循环。

②浸渍式。浸渍式冷却装置一般在水槽底部有冷却盘管，上部有传送带，将需要冷却的产品同包装的木箱或塑料箱放入冷却水池内，产品在水面下移动冷却。冷却水通常在水泵的作用下做循环运动，以维持均匀的温度和缩短冷却时间，冷却后的产品由传送带运出。

③混合式。混合式冷却装置的产品和包装容器先完全浸入冷却水中，产品浮出水面，被水流推上传送带，在传送带上被冷水喷淋，然后洗刷，在隧道内用冷空气干燥。水冷却具有比空气冷却降温速度快，产品失水少的特点。但经过使用的冷却水会因产品温度而上升，降低冷却效果，因此在不使产品受到冷害的情况下，水温尽量低一些，可以提高工作效率。除了降低水温外，也要注意冷却水的消毒卫生，由于冷却水通常循环使用，会导致水中腐败微生物的积累，使产品受到污染。因此在水预冷之前应该剔除受伤害和感染病害的产品，生产中定期更换冷却水；另外，在冷却水中加入一些防腐药剂，可减少病原物的交叉感染。此外，水冷却对包装材料有一定的要求，不能使用较为紧密或者怕水的材料，如瓦楞纸箱等。

（3）真空预冷。真空预冷是将产品放在坚固、气密的容器中，迅速抽出空气和水蒸气，使产品表面的水在负真空负压下蒸发而冷却降温的方法。真空预冷的原理是，压力减小时水分的蒸发加快，当压力减少到613.28Pa（4.6mmHg）时，产品就有可能连续蒸发冷却到0℃，因为在101 325Pa（760mmHg）下，水在100℃沸腾，而在533.292Pa（4mmHg）下，水在0℃就可以沸腾。

真空预冷近年来逐步推广，尤其适用于叶菜类如生菜、菠菜、苦苣等，具有冷却速度非常快且均匀的优点。温度为25℃的生菜20min就可以降到3℃。一般真空冷却的时间为20～30min。还有一些蔬菜如石刁柏、花椰菜、甘蓝、芹菜、葱、蘑菇和甜玉米等也可以使用真空冷却。真空预冷的速度和温度在很大程度上受产品的表面积与体积之比（表面积/体积）、产品组织失水的难易程度以及真空罐抽真空速度的影响，因此不同种类蔬菜真空预冷的效果差异很大。真空预冷不适宜表面积较小的果菜类和根菜类蔬菜冷却。

真空预冷最大缺点是真空冷却装置的造价较高。真空预冷装置一般具备方形真空罐、真空泵、制冷机即捕集器等几个主要部分。

（4）冰预冷。冰预冷指在装有产品的包装容器周围加入细碎冰块使其冷却的方法。这种方法比较古老，现在使用较少，使用局限于对冰接触不会产生较大伤害的蔬菜，如花椰菜、抱子甘蓝、萝卜、胡萝卜等，一般只作为其他几种遇冷的辅助性措施。

（三）分级

蔬菜在生长发育过程中，由于受到多重因素的影响其大小、形状、质量、色泽、成熟度、新鲜度、清洁度、营养成分、病虫伤害、机械损伤等状况差异很大。通过分级，一方面可以区分产品质量，作为销售定价的依据，做到优质优价，提高产品收益，另一方面，成熟度不同的产品放在一起，不利于贮藏保鲜，易造成保存不当产生浪费。

（四）包装

在激烈的市场竞争中，人们对各类蔬菜产品提出了更高的要求，在关注蔬菜本身品质的前提下，对于蔬菜外包装的材质和设计也有了不同的消费趋向。因此，蔬菜产品的各种包装技术应运而生，带动了多样化包装产业的迅猛发展。

蔬菜的包装最本质的要求是针对不同蔬菜的生理变化特点，以效降低蔬菜的呼吸作用为目的，保持产品新鲜洁净度，从而延长商品货架期。为了达到经包装后的蔬菜具有保持新鲜、清洁、无机械伤、无病虫害、无腐烂、无冻害、无冷害、无水浸、无变形、无变色等的目标，这对包装材料、包装技术、包装环境都提出了较高要求。

第三节　其他采后处理技术

一、愈伤

蔬菜产品在采收过程中的机械损伤容易被微生物侵染，一旦侵染，产品在贮藏和运输环节中就容易发生腐烂变质，造成较大的经济损失。对于根茎、块茎、球茎类的蔬菜如甘薯、大蒜等，采收造成机械损伤是难免的，通过愈伤处理，可以使一些微小的创伤愈合，形成新的保护层，从而有效阻止病菌的侵染为害，有利于贮运。

（一）愈伤条件

蔬菜采后对其进行愈伤处理有利于贮藏。蔬菜采收过程中，难免受到机械伤损，尤其是块茎、鳞茎、块根类蔬菜，如马铃薯、洋葱、芋头、山药等。如果伤口不愈合，很容易被微生物和病菌侵染，造成腐烂变质，因此愈伤对于贮藏来说意义重大。蔬菜的愈伤要求一定的温度、湿度和通气条件，过程中一般要求高温、多湿环境条件，以利于蔬菜破伤组织表皮的周皮细胞的形成（表5-3）。其中温度对愈伤的影响最大，一般情况下，愈伤要求较高的温度。在适宜温度下，伤口愈合快，愈合面平整；低温下伤口愈合缓慢，愈伤时间延长；温度过高促使伤口部位迅速失水，组织干缩影响伤口愈合。有些蔬菜愈伤时需要高温低湿，如洋葱和大蒜等，以保持外部干燥，促使外部鳞片干燥，鳞茎的茎部伤口愈合，减少微生物的滋生。

表5-3　不同产品的愈伤最佳条件

产品种类	温度（℃）	相对湿度（%）	愈伤时间（d）
土豆	15～25	90～95	5～10
红薯	30～32	85～90	4～7
山药	32～40	90～100	1～4
木薯	30～40	90～95	2～5
洋葱、大蒜	35～45	60～75	1

（二）愈伤方式

常见的愈伤方式主要有田间愈伤、通风棚愈伤、加热愈伤、应急愈伤4种方式，选择时应根据蔬菜的不同种类和现有条件进行选择。

1. 田间愈伤

当采收期间天气状况良好时，可将甘薯等块根、块茎类产品直接放置在田间进行愈伤。具体做法是，在田间铺上稻草或秸秆，然后堆码产品，最后在产品上盖上帆布或草垫，大约需要4d的时间。洋葱和大蒜进行田间愈伤时，可将洋葱或者大蒜堆成长条形或者装入网袋中，晾晒5d左右。这期间天气干燥，温度适宜的话，达到完全干燥大约需要10d。

2. 通风棚愈伤

当阳光比较强烈，或空气中相对湿度比较高，或者空气流动缓慢时，可以采用通风棚进行愈伤，袋装产品可以堆在防水帆布上或者放在一边开口的帐篷内，棚顶设有排气（扇孔）通道可以加速空气流通。

3. 热空气愈伤

热空气愈伤即采用人工设施对愈伤场所进行加热的方式。这种方式的优点是愈伤速度快，但是产品容易过度失水，因此需要定时检查，保证产品质量。

二、催熟

催熟是指通过人工方法促使蔬菜产品生理后熟的技术。蔬菜集中采收的时候，由于自身的生物学特性和采前多种因素的影响，采收时成熟度往往不一致，有的采收时没有达到最佳食用成熟度；有些采收时虽已达到食用程度，但产品尚不具有良好的色泽。为保障产品在销售时达到最佳食用成熟度，确保产品拥有良好的外观和风味，通常需采取一定的催熟措施来实现。通过催熟，也可使产品提前上市，抢占市场先机。但是并非所有的蔬菜果实都能够催熟，只有达到生理成熟阶段且能够完成后熟作用的种类才能进行此环节，如番茄等。

催熟时常用的化合物有乙烯、丙烯、丁烯、乙炔、乙醇等，其中乙烯应用最为普遍。乙烯本身是气体，一般生产上常用乙烯利，两者具有相同的功效。此外，很多物质燃烧释放的气体也有催熟作用，如燃烧石油、煤炭、柴草、熏香等产生的气体都能促使果实成熟，因为这些气体中含有一定量的乙烯，可促进果实的呼吸和成熟。不同的蔬菜催熟时因果实种类、处理温度和处理时间不同而有一定差别，一般以21～25℃为好，相对湿度为98%为宜。

三、脱涩

涩味产生的主要原因是单宁物质与口舌上的蛋白质结合，使蛋白质凝固，味觉下降所致。单宁存在于果肉细胞中，食用时因细胞破裂而流出。只要使单宁物质变为不溶性的物质，就可以避免涩味的产生。具体方法是使涩果进行无氧呼吸产生一些中间产物，如乙醛、丙酮等，其与单宁物质结合，单宁变为不溶性，涩味即可脱除。

常见的脱涩方法有温水脱涩、石灰水脱涩、酒精脱涩、高二氧化碳脱涩、脱氧剂脱涩、冰冻脱涩、乙烯及乙烯利脱涩，这几种方法脱涩效果良好，企业或者经营者可根据自身状况合理选择适当的脱涩方式。

四、晾晒

晾晒处理也称贮前干燥，或者萎蔫处理。蔬菜在刚刚采收时，组织含水量高，在贮运中容易损伤；或因蒸腾作用旺盛，使贮运环境中湿度过大，容易受到微生物的侵染；含水量高还会发生某些生理病害。因此，根据蔬菜的种类，贮藏方式及条件，进行适当的晾晒处理是必要的。这种处理主要应用在叶菜类的大白菜和甘蓝上。

作为北方冬季主要蔬菜的大白菜，采收后在田间晾晒一定时间，失水量达到10%左右，外层叶片失水，组织变得柔软，对菜体形成了良好的外部保护层，保护内层叶片免受损伤，同时降低蒸腾和呼吸消耗；菜体失水后提高组织细胞液浓度，增强了越冬抗寒能力。但晾晒过度，会破坏菜体正常的生理代谢，加速离层的形成，导致菜叶脱帮，从而降低大白菜的耐贮藏性。甘蓝贮藏前进行晾晒处理，也有类似的效果。

综上所述，晾晒对于某些果实和蔬菜的贮藏是一种行之有效的处理措施。但晾晒的程度和方法，应视果蔬的特性、自然条件、贮藏条件等而定，不可盲目，以免造成损失。

五、洗涤

蔬菜洗涤的目的在于洗去蔬菜表面附着的灰尘、泥沙和大量的微生物以及部分农药残留。蔬菜一般采用水洗法，包括浸泡、冲淋、冲洗等方式。在洗涤的过程中，要注意洗涤水的清洁，要保证经常更换，或如果洗涤水循环使用的话，除了定期去除水中杂质外，必须加入适量的消毒杀菌剂，防止病菌扩大侵染。目前常用的消毒剂有氯化物（次氯酸盐、氯气、二氧化氯等）、季铵化合物、阴离子表面活性剂、臭氧等，这些都是高效低毒或无毒杀菌剂，可以根据实际情况加以选用。

蔬菜洗涤时，在水中加入一些化学药剂可增强洗涤效果。一般常用的化学药品为0.5%～1%的盐酸溶液，0.1%的高锰酸钾溶液，或0.5%的氢氧化钠溶液等。近年来，一些去污能力强的脂肪酸系列洗涤剂如单甘油酸酯、糖脂肪酸酯等也应用在生产上。蔬菜的洗涤方法分为人工清洗和机械清洗，两种方法各有优缺点。人工清洗具有使用广泛，适合各类蔬菜的清洗，尤其是易受损伤的种类，而且投资少，简单易行，但缺点是效率低，劳动强度大，不能连续化作业，不适用于大宗产品的清洗。机械清洗和机械采收一样，具有效率高，可批量处理的优点，企业规模化生产一般采用这种方式进行。不同的蔬菜种类具有不同的特点，根据蔬菜的耐摩擦程度、组织的表面状态以及污染程度的不同，可以采用不同的清洗机械。常见的清洗机械有以下几种。

（一）辊轴刷式清洗机

辊轴刷式清洗机由一对上下配置、转动速度不同的辊轴组成，辊轴上装有毛刷或海绵状橡皮刷，依靠水和毛刷洗涤外形不太复杂的蔬菜如胡萝卜、萝卜，还可除去根菜类的根毛。

（二）滚筒式清洗机

滚筒式清洗机由一个网状旋转的圆筒组成，依靠蔬菜在筒中的来回滚动互相摩擦清洗。

（三）剥皮清洗机

以快速辊子为主要部件，旋转两周就可完成剥皮或清洗。洋葱剥皮时使用压缩空气作工作介质，使压缩空气吹入葱皮孔隙，旋转时把皮剥下。胡萝卜、山药洗涤时则用水作介质。

（四）喷射式清洗机

蔬菜放在网状输送带上，在输送过程中受到高压水的冲洗，这种机械用于清洗形状不规则的蔬菜。

（五）超声波清洗装置

由设置在水中的高频振源产生压力，使蔬菜表皮上的污物脱落，适用于叶菜等形状复杂的蔬菜。若在装置底部安装压缩空气喷管，通入压缩空气，可进一步增强清洗效果。

六、涂膜处理

（一）涂膜的作用

涂膜处理即在一些蔬菜的表面人工涂布一层保护组织以适当阻碍果实与环境的接触来抑制果实呼吸作用、减少微生物侵染的方法，也称打蜡、涂被。通过涂膜处理，可以起到调节生理、保护组织和美化产品的作用。涂膜处理最先用于柑橘、苹果，逐渐应用于番茄、青椒、黄瓜等蔬菜产品上。涂膜技术国外使用较多，我国近年来也在迅速发展，也已有不少科研单位和企业对涂料开展了各项研究，并已取得较大的进展。

（二）涂料的种类

涂料的种类有很多，商业上应用的主要有石蜡、巴西棕榈蜡和虫胶等，也有一些涂料以蜡作为载体（表5-4），加入一些化学物质，防止生理或病理病害，但要注意使用范围及用量。

表5-4　常见商品化应用的蜡液名称和组分

蜡液名称	主要组分
Nutri Seal	改良的纤维素多聚物
Nutri Save	羧甲基壳聚糖
Pro-long	多酯化脂肪酸蔗糖酯和羧甲基纤维素钠盐混合物
Sealgum，Spraygun	阿拉伯树胶和凝胶
Semperfresh	与Pro-long成分相似，但富含短链的不饱和脂肪酸酯
Shellac（虫胶）	由一种昆虫分泌的树脂
Waxes（蜡）	长链脂肪酸如蜂蜡、石蜡、巴西棕榈等

（三）涂料处理的方法

涂料处理的方法大体分为浸涂法、刷涂法、喷涂法、泡沫法和雾化法5种。浸涂法最简便，即将涂料配制成适当浓度的溶液，将果实整体浸入，蘸上一层薄薄的涂料液，取出晾干后包装贮运。这种方法耗费蜡液多，而且不易掌握涂抹的厚度。刷除法即用细软毛刷蘸上配好的涂料液，然后使果实在刷子间辗转擦刷，使表皮涂上一层薄薄的涂料液。喷除法的整个工序是在一台机械内完成的。泡沫法由架设在果实传输系统上方的泡沫发生器把蜡液以泡沫的形式涂于果实表面，待水分蒸发或干燥后在果实表面形成均匀的涂料层。雾化法是通过雾化器将涂料雾化后施于传输带上的果实。目前世界上的新型喷蜡机，一般是由洗果、干燥、喷蜡、低温干燥、分级和包装等部分联合组成。产品经涂料处理的宜贮于低温条件下。

（四）涂膜的注意事项

涂膜时，涂层可以与产品紧密结合，被膜稳定，透明无色；涂被厚薄均匀适当，过厚会影响呼吸作用，导致呼吸代谢减慢，引起生理伤害，使蔬菜变质腐烂；但过薄保鲜防伤效果不理想；涂料本身必须安全无毒，不影响消费者身体健康；涂料应成本低廉，使用方法简便，材料易得，便于推广；涂料处理是水果和蔬菜采后一定期限内商品化处理的一种辅助措施，只能在短期贮藏、运输或上市前进行处理，以改善产品的外观品质。

七、化学药剂处理

通过在蔬菜产品中加入植物生长调节剂或者化学抑菌物质等化学药剂处理，可以使蔬菜产品在贮藏、运输、销售过程中保持良好的商品品质，降低途中损耗，提高经济价值。加入植物生长调节剂可以延缓呼吸作用，防止其成熟过度而引起果蔬衰老或腐烂；加入化学抑菌物质可以抑制病原微生物的生长繁殖，降低由细菌侵染造成的腐烂变质。

（一）植物生长调节剂

很多植物激素类物质可以抑制果实的呼吸作用或是延缓成熟，以使果实在商品化之前保持良好的品质。如吲哚乙酸和萘乙酸对大部分果实有推迟后熟的作用，但对有些果蔬而言只在生长的特定时期有作用，如IAA对番茄的延缓后熟作用发生在前期，后期没有效果；细胞分裂素如苄基腺嘌呤在常温下对花椰菜、菜豆、甘蓝等蔬菜有延缓衰老的作用；赤霉素能延缓成熟；矮壮素（CCC）等生长抑制剂可以提高果实硬度，延缓衰老过程。需要注意的是在使用这些生长调节剂时，必须严格掌握处理浓度。

（二）化学抑菌物质

蔬菜产品在生长阶段及采后都容易受到微生物的侵染，细菌、真菌对果实的侵染会降低果蔬产品的食用及商品价值。真菌侵染果实后，不仅会影响果实的感官品质，部分还会产生毒素，也降低了果实的营养价值和安全性。因此，对蔬菜产品的防腐处理是必要的，但加入的药剂应当保证其用量符合国家卫生部门的有关规定，最好选用高效、低毒、低残留的药剂，以保证食品的安全。

目前蔬菜贮藏所用的防腐剂均属于表面杀菌剂，其中多数为浸洗处理剂，少数是熏蒸剂。仲丁胺及其制剂克霉灵、保果灵，挥发性强，对一些真菌，尤其是青霉具有较强的杀菌力，已在国内外推广应用。苯并咪唑类杀菌剂包括托布津、苯菌灵，它们对青霉等真菌有良好的抑制作用，能透过产品表皮角质层发挥作用，是一种高效、无毒、广谱的内吸性防腐剂，当与2,4-D混合使用时，可达到防腐、保鲜双重效果。但化学抑菌剂长期使用会造成耐药性，效果变差且不利于环境保护，同时使用浓度或剂量导致不当化学残留过多，也会影响人的身体健康。

随着人们对食品安全的重视，越来越多的天然保鲜剂受到青睐，如壳聚糖、肌醇六磷酸酯等，具有生态环保健康的优点。很多原先用于蔬菜采后处理的化学杀菌剂已被禁止使用，如苯来特、多菌灵、双胍盐等。

（三）其他化学物质

其他化学物质如亚胺环己酮、维生素K、环氧乙烯、脱氢醋酸钠及一氧化碳等，对一些蔬菜的后熟有一定的抑制作用。

八、其他方法

（一）生物方法

目前在生物防治领域的研究，主要有利用拮抗菌（包括拮抗细菌和真菌）的拮抗作用来控制病原菌；诱导蔬菜提高自身的抗病力来抵抗病原菌的侵染；利用植物中有抗菌活性的次生代谢物质；利用基因工程方法导入抗病基因，培育抗病品种。这些方法不污染环境、无农药残毒、不产生耐药性、处理费用低廉，是蔬菜保鲜抑菌的发展方向。

（二）乙烯脱除剂

乙烯具有促进成熟，加速衰老的作用，在蔬菜催熟时经常使用。但如果在已经成熟的蔬菜贮藏空间内大量存在乙烯，将容易造成过熟，导致其商品品质下降，货架期缩短，经济效益降低。及时降低贮藏空间中乙烯浓度，可减缓蔬菜衰老，延长商品的货架期。

乙烯的脱除有两种方式，一种是物理方法，即采用具有吸附功能的多孔性结构材料对乙烯进行吸收，比较常见的有活性炭、氧化铝、硅藻土、活性白土、溴化活性炭、焦炭分子筛等。这种方法的优点简单易行、价格低廉；但它的缺点也很明显，就是各种材料的吸附量都有限，需要及时更换，否则达到饱和后有解吸的可能，而且除了吸附乙烯外，也同时吸附其他气体，受环境影响较大。另一种是采用化学方法即化学吸附，可分为氧化吸附型和触媒型乙烯脱除剂。氧化吸附型乙烯脱除剂多采用将高锰酸钾等强氧化剂吸附于表面积大的多孔性吸附体表面的方法，通过强氧化剂与乙烯反应除去。触媒型则是用特定的有选择性的金属、金属氧化物或无机酸催化乙烯氧化分解。这种方法适用于脱除低浓度的内源乙烯，使用量少、反应速度快、作用时间持久。

（三）钙盐

在果实生长发育过程中喷钙盐或采后浸钙，可提高果实硬度、保持品质、防止生理病害等现象。

第六章 蔬菜贮运质量安全控制技术

随着生活水平的提高，人们对蔬菜产品的消费提出了更新鲜、更安全、更多样的要求，这与实际生产中蔬菜种植的季节性、区域性相矛盾，如何解决这个矛盾是蔬菜产业发展面临的重要问题。解决这个问题的关键在于加快发展蔬菜市场的流通，改善贮存和运输条件，逐步满足国内和国外市场对于新鲜蔬菜产品的需求。本章第一节重点分析了目前国内蔬菜贮运环节存在的风险，提出了相应的解决途径，着重介绍了目前冷链流通的最新发展趋势；在第二节首先根据蔬菜运输对环境条件的要求，介绍了目前广泛使用的蔬菜运输方式和工具，特别是低温运输技术及运输中需要注意的一些事项，以期提高蔬菜流通效率，推动新鲜蔬菜的生产发展。

第一节 贮运环节风险分析与冷链发展趋势

一、贮运环节风险分析

（一）蔬菜贮运现状及意义

近年来我国蔬菜生产和消费量逐年上升，但蔬菜本身由于含水量和营养物质含量较高，且容易受到机械损伤，贮藏和运输过程中容易成熟、变软、质地和颜色发生变化，从而导致蔬菜加速衰老和萎蔫。另外，细菌、真菌和酵母菌的侵染会引起腐烂，产生异味异臭，使得蔬菜风味丧失和营养物质损失导致蔬菜品质降低。此外，蔬菜生产表现出明显的季节性和区域性特点，这与消费者对蔬菜需求的多样性、高品质性及淡季调节等的矛盾极大，使得蔬菜的贮运保鲜问题日益突出。虽然近年来我国冷库和冷藏运输设备发展迅速，但与蔬菜产量和品种的多样化相比相差甚远，大量蔬菜在贮运过程中的损失，不仅严重损害了蔬菜种植相关企业和菜农的经济利益，还造成大量的资源浪费和环境污染。

贮运环节在蔬菜整个流通环节中存在较高的风险，农产品质量安全监管是农产品全程监管的薄弱环节，风险因素复杂，安全隐患多。因此，蔬菜贮运环节是蔬菜产品质量安全全程监管和追溯管理的重要环节，也是农产品质量安全事件易发环节，产品贮运环节的安全对保障消费终端产品质量安全意义重大。

（二）贮运环节风险分析

1. 贮存环节风险分析

蔬菜产品经过质量检测入库之后需要长时间的存放，贮存环节是蔬菜流通关键的一环，主要包括产品的分类、温度和湿度的检测、库存检查、录入信息的及时更新等（图6-1）。

（1）产品的分类。由于蔬菜产品的种类繁多，对贮存环境的要求各不相同，不同的蔬菜种类必须在适宜的条件下存放。例如，白菜的贮存温度应在0.5℃以下，黄瓜适宜的贮存温度在-1～0℃。因此，入库之前必须将所有蔬菜产品分门别类，有效地控制其外界条件，是保证产品质量的关键。而在此环节中，大多数都是由人工手动操作，不仅产生排队现象且浪费时间，另外，由于工作人员的长时间工作，可能会产生工作失误，造成蔬菜产品由于贮存环境的不适宜造成浪费或损耗。

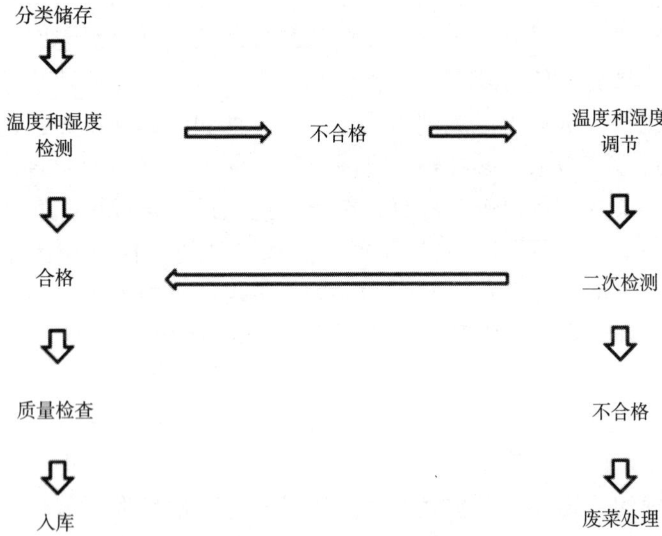

图6-1　蔬菜产品冷链物流贮存环节流程

（2）温度、湿度的检测与调控。蔬菜产品因为特定的贮存条件，相比于普通运输，对温度和湿度的检测与调控必不可少，所以应对产品进行定期的温度与湿度监测。若产生不适宜或者不符合该产品的贮存环境条件，应该及时对当前环境进行温度与湿度的调整，随后再进行二次检测。若在此过程中由于外界环境条件的变化造成贮存蔬菜的腐烂，应该及时清理，进行监控与检测，保证产品适宜的贮存环境是重中之重。在此环节中，可能会由于人为或者排队现象造成食品的变质或污染，也会由于有限的冷链技术没有对仓库的温度和湿度进行有效控制和管理，从而大大增加蔬菜产品在贮存过程中的风险概率。

（3）库存检查。在冷链物流仓储过程中，及时更新库存信息，根据贮存计划对仓库中的蔬菜产品进行定期检查并及时更新，保证产品贮存信息的完整性和有效性。如出现缺货的情况，应及时采购产品确保充足的库存量，若产品过剩，则必须调整采购和贮存计划。由于信息更新不及时或更新错误造成库存短缺、库存过剩的情况，或者由于与供应商衔接不顺畅造成库存信息的无效和错误，都是在此环节中可能产生的风险因素。另外，对当前冷链市场的不精准预测也会对库存安全造成影响，这就大大增加了物流成本，造成经济损失。

（4）质量检查。在冷链的分拣作业环节中，质量检查必不可少。在产品出库后，应及时对产品进行统一的检查和必要的安全监控，对于已经腐烂或者存在质量问题的产品必须立即处理。在质量检查过程中存在的风险有以下几个方面：首先，必须对出库的产品进行逐个排查，这就会产生排队现象，在一定程度上增加物流成本。其次，可能会存在问题产品没有及时处理，影响二次排查以及后续工作，出现供应链“断链”的现象，会对蔬菜生产企业的利润产生影响，存在极大的风险隐患。

（5）拣货理货。这是分拣作业中重要的一环，根据顾客的需求、产品的流向、特定的产品数量进行相应的分拣整理。在这一环节中蔬菜产品需求量较大，需要以较短的时间、精准的服务按照客户订单处理产品。在该环节中存在的风险隐患可能是由于需求量的增加导致工作人员操作的失误，或者由于现阶段冷链物流的硬件基础设施和设备工具还处于初级阶段，现有的管理系统并不能及时对已处理和待处理的产品进行有效登记和信息跟踪。

（6）产品包装。对于蔬菜产品而言，其包装是根据客户的不同需求进行的。针对大型超市，其要求可能是精包装，而对于普通农贸市场则有可能是简装。无论是哪种包装形式，都必须在适宜的保存环境下进行，保证产品的质量并给客户带来良好的消费体验。在该环节中，工作人员的大面积重复性工作可能会增加风险概率，加上管理人员的个人素质问题，以及对卫生和安全重视程度不够从而操作不当，不可避免地与食品直接接触，增加了产品微生物的含量，使产品变质，产品质量得不到保障。

2. 运输环节风险分析

蔬菜产品运输环节是整体冷链物流系统中最关键的一环，冷链运输方式包括公路、铁路、水路、航空运输等，也可以包含多种运输方式组成的综合运输。涉及时间长，输送距离相对较远，运输成本也相对较高，而且在此环节中会承担更多的风险和不确定性。无论是出库检查、装卸搬运，还是在运输过程中都需要保证承运产品的质量和安全要求。蔬菜产品冷链物流运输环节流程见图6-2。

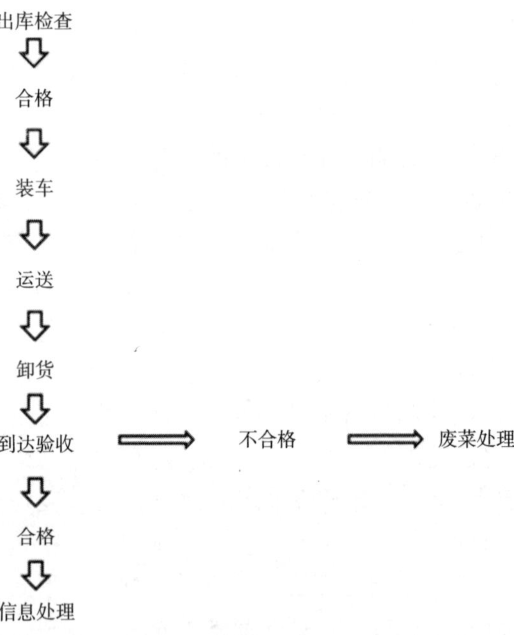

图6-2　蔬菜产品冷链物流运输环节流程

（1）装车作业。必须保持冷藏车的干净整洁，并进行预冷工作，按照客户需求将产品装入不同的车辆。该环节中存在的风险隐患，首先，蔬菜产品在运输过程中的死亡率和废弃率极高，从产品出库到装车的这一过程中，会因工作人员的速度慢和不规范搬运造成产品腐烂变质。其次，在此过程中，必须保持一致的保存温度，装车必须保持快装轻装的原则，尽量减少车门开关的次数，无论是哪种工作失误，都会对蔬菜产品的质量和安全造成风险。

（2）运送过程。开始运送之前，必须检查货物运单，了解产品名称、保存环境、容许的运输期限等，工作人员必须严格按照规定执行。此环节中，必须始终保持运输车的环境符合产品的贮存条件，并全程实时监控车厢内的温度和湿度变化，一旦忽视或不及时处理，便会造成产品的腐烂和变质。另外，防止行进途中的剧烈颠簸和震动，所有操作都要保持正确和规范的作业流程。

（3）车到卸货。按照顾客的需求进行卸货作业，并放置在指定的存放区域，提供相应的订单凭证并配合质量检查。在卸货过程中存在的风险包括：车辆到达后，可能由于长时间的等待，没有立即组织人员卸货，尤其是在太阳下暴晒，造成货物的腐烂变质。另外，卸货时必须有相应的专业设备工具，如保温衣、保温手套等。此外，还要特别注意货物的质量检查和温控监测，防止由于已腐烂产品没有及时清理而影响整体货物。

（三）贮运环节风险应对措施

1. 贮运环节风险控制措施

在贮运环节中，主要的风险在于对贮存环境的监控和检测，但目前有限的技术手段在一定程度上阻碍了蔬菜冷链物流的发展。因此，国内大企业可以学习国外先进的温控技术，小企业积极与大型企业合作联盟，将先进的冷链工艺手段充分运用到冷链贮存环节中。如射频识别技术和温度记录器，利用电子标签的无线识别，对蔬菜产品的温度进行实时监控和记录。另外，结合国家关于冷链物流的发展政策，加强对我国冷库基础设施的建设，同时制定规范的管理制度，对存在质量问题的产品及时处理，双管齐下保障蔬菜产品的质量安全。

2. 运输环节风险控制措施

运输环节是整体作业流程中风险系数最大的。规范冷链物流运输需要供应链中每一个环节的相互配合，在规定的时间运送到位，保证产品运输及时高效，充分满足订单需求。首先，在运送过程中必须保证产品的贮存环境，同样运用先进的科技手段对运输过程进行温度和湿度的有效监控，提高基础设施水平，满足承运要求。其次，必须更新和引进先进的信息管理系统，随时监控产品的运输状态和鲜活程度，保证承运产品的可追溯性。另外，在运输过程中受到外部环境影响的因素比较多，必须培养资质合格的从业人员，能够从容地处理各种突发状况，保障产品的顺利交接。

二、冷链流通发展趋势

（一）冷链系统的概念

为了保持蔬菜产品的优良品质，从蔬菜产品生产到消费之间需要维持一定的低温，即新鲜蔬菜采收后在流通、贮藏和销售等一系列过程中进行低温贮存，以保证蔬菜产品的新鲜度和品质，这种低温冷藏技术连贯的体系称为冷链贮存运输系统。冷链贮存运输系统中任何一个环节的缺失，都将破坏整个冷链系统的完整性和性能。冷链系统包括一系列低温处理冷藏工艺和工程技术，其中低温运输担负着联系、串通的中心作用。

（二）冷链流通的发展

1. 国内外冷链物流发展历程

冷链的概念起源于19世纪，由于当时制冷机、电冰箱的发明，各种新鲜冷冻食品迅速进入市场，走进消费者的生活。1894年英国人O. A. 莱迪齐（O. A. Ruddick）和阿尔贝特·巴尔里尔（Albert Barrier）指出适当的低温条件可以控制食物的腐烂程度，保持食物的品质，并首次引入冷链（Cold chain）的概念。从20世纪初开始，国外传统工业正在迅速发展，制冷和运输设备越来越先进，所提供的冷链运输服务逐渐趋于多样化。1996年英国肉类工业日渐兴起，C. M. 帕尔默（C. M. Palmer）以此为例进行研究，提出冷链物流应保持顺利完整的运输和交接工作，并指出上、下游供应链衔接的重要性和必要性。2003年非营利组织美国冷链协会成立，该协会为全球冷链系统的发展提供了强大的技术支持和技术指导。冷库是冷链物流的基础，其设施建设对平衡市场波峰波谷、调节产品流通、减少货物损耗、推动冷链物流系统上、下游的衔接乃至整个产业链的发展功不可没。美国、日本两国的冷库建设和发展一直处于全球领先地位。据WIND数据库统计记载，美国冷库数量从1955年起至今一直处于持续增长的趋势，2013年已经达到40.6亿立方英尺（1立方英尺≈0.028m^3）。目前，电子信息技术和微生物控制技术的不断发展提高了冷链物流的运作效率，国外冷链物流正处于成熟发展阶段。其发展概况如表6-1所示。

表6-1 国外冷链物流发展概况

阶段	时间	发展概况
萌芽阶段	19世纪70年代至20世纪初	制冷机、电冰箱出现，低温条件可以保持食品的新鲜程度，标志冷链物流的开端
发展阶段	20世纪	零售业逐渐兴起，运输品种和冷藏方式多样化，冷链公路为主要运输方式
成熟阶段	20世纪末至今	以美国、日本为主导，冷链发展已居世界领先地位，科技手段的不断开拓并合理运用，冷链物流效率显著提高

新中国成立以后，借鉴国外冷链物流的先进经验，开始涉猎新鲜和冷冻食品的运输领域，得到了消费者的青睐，并得以迅速推广。由于我国最初并没有冷链物流的相关条例和准则，也没有先进的冷藏设备和储藏条件，冷链物流的发展一直处于起步阶段。直到1995年《食品法》的颁布，给我国冷链物流带来了新的发展机遇并产生了一系列积极影响。近年来，我国关于冷链物流的政策相继出台，包括对初级农产品、水产品、花卉产品、加工产品以及特殊产品等均制定了具体要求。在2009年《物流业调整和振兴计划》的基础上加以改进和调整，国务院于2011年出台了物流国八条、国九条，具体包括减少物流税收负担，整合物流资源，加大物流企业的投入和支持等相关规定，不断完善我国物流业的配套政策措施，促进物流业的持续健康发展。2014年6月国务院常务会议通过的《物流业发展中长期规划》中提出，到2020年物流业发展的目标和任务，其中最先发展的就是冷链物流工程，可见冷链物流已经受到了国家的高度重视。2015年2月，中共中央、国务院出台了《关于加大改革创新力度加快农业现代化建设的若干意见》，指出我国要重视农产品贸易，加大重要农产品仓储物流设施的建设力度，从而扩大我国冷链物流系统的区域影响力和市场占有率。2015年7月，北京市食品药品监督管理局颁布《冷链即食食品生产审查实施细则》，要求对相关企业进行条件资格审查，一切必须满足冷链工艺的储藏条件和包装运输要求，及时向消费者提供健康安全的新鲜食品。2016年顺应我国冷链市场的大环境，国家发改委正式发布了《肉与肉制品冷链物流作业规范》和《道路运输食品冷藏车功能选用技术规范》等冷链食品行业准则，将冷链物流的涉及领域细分更加精准和规范。2017年是我国冷链物流持续扩张的一年，生鲜电商的快速发展，互联网技术和冷链工艺技术的联合驱动为冷链物流的发展带来更多契机。2017年《关于深入推进农业供给侧结构性改革加快培育农业农村发展新动能的若干意见》的出台，积极响应国家发展战略，加强我国农产品冷链物流设施设备建设再次成为推动农业发展的重中之重。其中重点强调了要持续关注我国食品安全，结合生鲜电子商务领域，不断开拓市场，创造绿色农产品的良好国际贸易环境，强化科技创新驱动，引领现代化农业的快速发展。未来我国冷链物流市场不断扩大，行业内积极吸收各种先进技术手段，加速冷链物流的稳定持续发展。我国冷链物流的主要政策如表6-2所示。

表6-2　我国冷链物流的主要政策

时间	主要政策	内容
2006年	国家发改委联合农业部、科技部发布《全国食品工业“十一五”发展纲要》	《纲要》指出要大力支持各物流企业建设集包装、仓储、运输为一身的冷链物流一体化综合体系
2010年7月	国家发展改革委制定了《农产品冷链物流发展规划》	《规划》指出根据我国冷链物流《农产品冷链物流发展规划》发展的现状，制定未来的工作目标，发展方向和具体的实施策略
2015年7月	北京市食品药品监督管理局组织制定并审议通过《冷链即食食品生产审查实施细则》	《细则》规定要进一步强化冷链即食食品在我国的规范化管理。对从事冷链即食食品的企业进行资格审查并制定相应的冷链食品保障要求等
2016年4月	《国务院办公厅关于深入实施“互联网流通”行动计划的意见》	国家加大对冷链农产品的扶持力度，积极支持对重点农产品的基础设施建设以及冷链系统的维护和保障
2017年	中央一号文件《关于深入推进农业供给侧结构改革加快培育农业农村发展新动能的若干意见》	加强农产品冷链流通建设在此成为民生焦点，并且将生鲜电子商务领域作为重点培育和发展的目标

2. 国内外冷链物流技术手段

在经济迅速发展和国民生活水平不断提高的大背景下，冷链物流如何持续健康发展已经成为国内外物流学者的重点研究方向。目前，国外已经形成了一个较为完整和成熟的冷链物流体系。在运输设备方面，冷藏汽车和冷藏集装箱已经广泛使用，并且具备完善的自动检测和自动控温功能，能够实时监测冷藏箱内的温度变化以确保所冷藏的食品能够最大限度地保持鲜度和活性。以美国麦当劳为例，在我国物流产业还不成熟的时候，麦当劳以其完备的设施设备和成熟的管理理念成功打造了企业自身的冷链物流模式，充分保证了食品品质。麦当劳将其食品的冷链运输外包给了美国夏晖公司，从产品的储存、包装和运输等环节都有着很高的要求，其中涉及温度记录与跟踪、温度监测与控制、运作系统SOP的建立等一系列冷链运作标准。即使是人工搬运环节都会进行严格把关，避免工作人员与货物的直接接触。以麦当劳为代表的一些外国企业通过先进的技术手段和严格的监管标准使冷链物流顺利有效地运行，并对中国冷链物流的发展产生了巨大影响。在冷链物流运作过程中除了对温度条件有一定的要求外，对时间的掌控也十分重要，这就需要一个庞大的交通运输网络。近年来中国铁路、公路的大规模建设为我国物流业的发展创造了条件。另外，我国在学习国外先进冷链工艺手段后，冷链物流正处于迅猛发展时期。近几年，气调保鲜技术、低温保鲜技术、化学保鲜技术等都在不断应用，充分保证运输食品的品质。

3. 国内外冷链物流市场化程度

国外的冷链物流一般都是非自营模式，将新鲜农产品、生鲜易腐食品外包给第三方物流公司，使市场分工更加细致化、专业化，而且有效降低了物流成本。我国冷链物流与国外冷链物流相比尚有一定的差距。衡量冷链发展的指标主要包括运输工具、冷库数量、运输率等。目前全球冷链运输以公路运输为主，冷藏车的数量可以从侧面反映出冷链运输的水平与市场化程度。根据德勤在《中国物流产业投资促进报告》中的数据统计，2010—

2015年我国公路冷藏车及保温车保有量由25 600辆增长到81 400辆。相比之下，美国和日本的冷藏车及保温车保有量明显高于我国，截至2016年中期，美国冷藏车及保温车的保有量为16万辆，日本为12万辆。冷库是发展冷链系统的主要基础设施，能够在一定程度上反映各国在冷链物流方面的发展水平。据全球冷链联盟（GCCA）公布的2016年全球冷库容量报告显示，印度作为全球冷库容量最大的国家，在2016年冷库容量达到1.41亿m^3。中国冷库总容量为1.07亿m^3，但我国人均冷库占有量仍然处于较低水平。运输率可以直观反映出冷链物流的流通状况。截至2017年初，美国、日本及欧洲的部分国家易腐食品冷链运输率平均达到90%，而肉禽类产品的冷链运输率更是达到100%，实现了全覆盖，冷链物流运输相当普及。而我国大部分食品还在普通常温下进行运输，当前我国果蔬、肉类、水产品的冷链运输率分别为35%、57%、69%，冷链运输率与发达国家相比仍有不小的差距。

（三）我国冷链流通存在的问题

1. 缺乏对蔬菜冷链物流系统的认识，冷链物流意识淡薄

受传统观念影响，我国对蔬菜产品重生产、轻流通，对产后各环节投入相对薄弱。蔬菜生产规模小而分散，合作经济组织功能不健全，资金投入不足，农产品冷链物流装备技术和信息化水平低，农产品冷链物流在国内没有形成统一的标准，物流体系尚未健全，第三方农产品冷链物流发展较为缓慢。

2. 我国蔬菜冷链物流的设施建设严重不足

目前，我国尚未形成完整的蔬菜冷链物流系统。中低温库数量不足，制冷设备、冷藏车数量有限，原有冷藏设施陈旧老化，新的冷链物流设施投入不到位，发展和分布不均衡，80%以上蔬菜仍处于即采即运阶段，或冷库贮存后在常温运输的粗放条件下

进行，无法为蔬菜流通提供全程低温保障。据统计，我国目前保温车约3万辆，而美国20多万辆，日本12万辆左右。中国冷藏保温汽车占货运汽车的比例仅为0.3%左右，美国为0.8%～1%，德国等发达国家均为2%～3%。

3. 我国相关蔬菜冷链物流政策法规不够完善，技术标准缺失

发达国家为确保生鲜果蔬的质量和安全，制定了一系列规范冷链物流运作的法规和标准，涵盖水果、蔬菜的生产、采摘、加工、包装、销售、运输、储存、标签、品质等级和农药残留等诸多方面。我国的冷链物流发展起步较晚，最早产生于20世纪50年代的肉食品外贸出口。国家新近出台的相关政策法规，如《食品卫生法》《进一步加强农村工作提高农业综合生产能力若干政策的意见》《关于切实加强农业基础建设进一步促进农业发展农民增收的若干意见》，促进了我国农产品冷链物流的发展，但尚未形成较为成熟规范的冷链物流系统。目前，我国农产品质量标准约有3 000个，与农产品物流和流通有关的仅有100多个，对农产品冷链物流没有全面的规范，安全标准体系不完善，安全信用体系不强，农产品冷链物流管理水平落后，缺乏专业的冷链物流管理人才。因此，我国蔬菜冷链物流仍处于粗放型发展和运行阶段，亟待建立和完善相应的政策法规和标准化体系，为蔬菜冷链物流健康发展营造良好的环境。

4. 我国严重缺乏专业的第三方蔬菜冷链物流企业

绝大多数冷链物流供应商只能提供冷链运输服务，而非完全意义上的冷链物流服务，不能保证对整个供应链环节的控制，使得多数生产厂家不愿放心地将冷链物流业务外包，只能是自己经营。大部分国内食品冷链物流配送业务是由生产商和经销商完成的，即使外包，也是区域性部分配送和短途冷链运送。近年来，中国冷链运输与仓储企业数量激增，但是规模普遍较小，不能满

足市场需求。由于冷链物流企业进入门槛较低，不少普通运输企业进入后，未能有效地考虑冷链产品的特性，以及冷链车辆与冷库有效衔接等现实问题，造成商品的损耗。

5. 完整独立的蔬菜冷链体系尚未形成

蔬菜冷链物流的发展和管理涉及生产、流通、消费多个领域，涉及农户、农产品加工企业、产销地批发零售商等多个主体。要想缩短与发达国家的差距，全社会要逐步提高对蔬菜冷链物流的认识，要把发展蔬菜冷链物流看成是推动农业发展的重要举措。就整体而言，我国的冷链还未形成体系，无论是从我国经济发展的消费内需来看，还是与发达国家相比，差距都十分明显，冷链发展的滞后在一定程度上影响着食品产业的发展。

6. 果蔬冷链运输成本高

冷链物流的高成本是导致冷链物流业不能快速高标准发展起来的重要原因，其中冷链运输业受国际能源价格因素的影响很大。据冷链运输从业人员反映，仅油费、路桥费以及易腐品在运输过程中的损耗这3项的经济成本折算，约占所运易腐食品总成本的70%。按照国际标准，易腐品物流成本最高不应超过其总成本的50%。因此，不完善的冷链物流体系给我国食品产业的发展带来了严重影响，尽快完善冷链物流体系是非常重要的。

7. 蔬菜冷链产业配套不全

易腐食品的时效性要求冷链各环节必须具有更高的组织协调性。然而，我国冷链产业整体发展规划的欠缺影响了食品冷链的资源整合，供应链上、下游之间缺乏配套协调。如在冷库建设中就存在着重视肉类冷库建设，轻视蔬菜冷库建设；重视城市经营性冷库建设，轻视产地加工型冷库建设；重视大中型冷库建设，轻视批发零售冷库建设。这些失衡使得我国蔬菜冷链市场还未形成独立完善的运作体系。

（四）我国冷链流通发展方向

1. 政府加大政策的支持和引导力度

农产品冷链保障体系建设需要政府、行业组织和企业通力合作的联动机制。构建完整、高效的现代冷链物流体系，必须加强政府的宏观调控和物流主体的微观协调。宏观层面上要进一步深化农产品流通体制改革，建立和完善相关法律、制度与规章，加快建立全国统一的冷链物流市场及其体系。在微观层面上要明确政府和物流主体的角色定位，建立利益共享、风险共担的农产品供应链战略伙伴关系和互信、互利的战略联盟机制，实现整体利益的最大化。通过供应链管理的资源集成、市场集成、信息集成和组织集成，从而形成生鲜农产品供应链一体化的现代冷链物流新模式。

目前，我国冷链物流法律法规体系和标准体系不健全。冷链物流各环节的设施、设备、温度控制和操作规范等方面缺乏统一标准。在法规建设方面，要全面贯彻《农产品质量安全法》《食品安全法》，在此基础上，依据中国2010—2015年《农产品冷链物流发展规划》进一步出台和完善相关法律法规，把蔬菜冷链物流体系建设纳入法治化轨道。各地方、各部门应在现有的法律法规基础上，加快制定产地环境、生产技术、加工贮运、完善合作经济组织功能，夯实蔬菜冷链物流基础。

2. 加强农产品冷链基础建设

由于冷藏设施设备严重不足，我国每年有大量蔬菜因为不能在低温环境下贮运而损耗。因此，当务之急是加大蔬菜冷藏基础设施设备的建设，包括物流过程动态品质检测、跟踪技术、冷链流通与营销信息化技术、机械制冷贮藏、气调贮藏、保鲜剂涂膜、低温高湿保鲜、臭氧气调保鲜、辐照保鲜、高压保鲜等技术，以及库房建设、冷藏运输车辆的生产、无损检测和光电分级技术等。同时，要加大科技开发和投入，加快先进技术引进的步伐，尽快普及各种冷藏保鲜新技术，如化气凝霜等先进冷冻技术的推广以取代加冰制冷的传统做法，采用温、湿度记录监控设备实现实时监控。还要大力发展新型冷藏装备，如适应冷藏快运业务的快速冷藏车，适应货物品类多样化及长距离运输的冷藏集装箱等。从冷藏库的发展趋势来看，冷却物冷藏和气调库应迅速发展，低温库要向大规模发展，适合农户建造使用的微型冷库、装配式冷库的分散式和多联机制冷系统均值得积极推广。蔬菜产品是易腐食品，保鲜周期短，要加强冷藏库、保鲜库、气调库等的建设，夯实冷链物流发展的基础。根据蔬菜产品的特性对其分类贮存，尽量保持蔬菜的新鲜度，减少损耗。增加在采摘、储存、加工、运输、转运、销售等各个物流环节间隙的技术设施的建设，减少农产品在物流环节间隙的损失，运用冷链基础设施，降低物流成本。在进、出库过程中，尽量避免冷冻农产品直接进出仓库，对温度进行控制，使贮存产品有个缓冲的过程；另外，装运过程中要尽可能借助机器设施，一方面可加快速度，另一方面可避免人体对农产品的直接接触，减少细菌对农产品的污染。

冷链物流企业要从正规厂家购买或租赁机械设备，杜绝使用不规范、耗能大的机械设备，发展适合我国的冷藏运输车。使用节能无污染的干冰型冰袋制冷方式，保护环境，实现可重复使用，提高农产品冷链物流的运输效率，有效减少农产品运输成本，降低农产品的损耗。我国应积极发展适合我国国情的多品种、小批量的冷藏运输车，更好地满足我国市场的需要；积极发展多式联运，实现冷链物流的共同配送，提高冷链运输效率，降低企业运营成本，节省大量的资金、设备、土地、人力等。关注在采摘、储存、加工、运输、转运、销售等各个环节的技术设施的建设，广泛推行使用标准的冷藏集装箱，使农产品冷链物流各个环节无缝对接，最大限度地减少农产品在流通环节的损失。

3. 建立统一的农产品冷链物流标准，完善物流体系

我国冷链物流行业“散、乱、差”现象严重，阻碍了我国农产品冷链物流的发展。我国政府要完善相关的法律法规，建立统一的标准，让企业有可依据的标准。企业要自觉按照国家规定的标准来完善企业建设，建立符合国际标准的物流企业，提高物流效率。另外，政府要加大对企业监督，消除不规范现象的存在，推动冷链物流行业规范化、标准化进程。加强上、下游企业之间的联系，提高农产品冷链物流的效率，避免因标准不明确带来的麻烦，从而减少成本耗费，完善对农产品的管理，有效减少农产品损失。

4. 促进第三方农产品冷链物流的发展

第三方物流是物流专业化的一种形式，是指由物流劳务供需双方之外的第三方去完成物流服务的运作模式。第三方不干涉商品交易，仅提供商品从生产再到销售的整个服务，包括商品运输、仓储、配送、包装、加工等一系列服务，它在节约大量物流成本的基础上能够保证农产品的新鲜度。但我国专业的第三方冷链物流企业不足所有物流企业的5%，仍有巨大的发展空间。首先，政府要促进第三方农产品冷链物流的发展，规范管理现有的发展前景好的中小型企业，鼓励其创新服务模式，或者以资产、资本为纽带实现企业间的联合、重组，择优去劣，帮助这些企业逐步做大做强。鼓励企业将农产品冷链物流与主营业务分离，将农产品冷链物流外包给专业的冷链物流公司，实现效益最大化。加快引进管理方式先进、经营理念创新、经济实力雄厚、具有核心竞争力的大型企业，以形成品牌效应与集聚效应。其次，第三方农产品冷链物流企业要不断提高其专业化程度，建立完善的企业体系，逐渐与国际物流接轨，增强企业竞争力。引进和学习国内外先进企业的设备和管理经验，加大自主品牌的建设力度，提高整体服务水平。促进企业信息技术的广泛应用，大力发展先进

的信息技术，加强资源共享机制，实现企业联盟的沟通服务，提高冷链物流体系的运行效率。注重人才的引进，冷链物流的运行是一个复杂的过程，需要大量的专业技术人才，对第三方农产品冷链物流企业进行更好的管理、协调和规划。最后，发展农村到城市的第三方农产品冷链物流。因为农村个体经营者承担不起自营冷链物流的成本，发展农村第三方冷链物流，不仅可以帮助小农企业解决冷链配送的难题，还可以扩大第三方农产品冷链物流的经营规模，增大企业竞争力，减少了农产品损耗，总体降低农产品冷链物流成本。

5. 加强农产品冷链物流新技术的应用

目前，我国冷链物流技术得到了很大的发展，洪涛在中国物流与采购网中发布的《2018年中国农产品冷链物流发展报告》中指出，2017年我国冷链物流有七大亮点：一是阿里菜鸟，京东的无人仓、无人机、无人车模式的应用；二是阿里、京东、苏宁绿色包装盒在全国普遍开展；三是阿里平台上的数据打假技术，97%可以由网站自识别技术；四是无人店、智能店、体验店技术的广泛应用；五是人脸识别技术的应用，眼纹识别技术起步；六是政府可追溯、平台可追溯、企业可追溯框架体系已经形成；七是中欧冷链物流班列开通。但是毕竟我国冷链物流起步晚，还处在初级阶段，我国冷链物流的发展还不及西方国家完善，我们要积极引进西方国家的先进技术，发达国家的技术运作已经非常成熟，我国应结合国情，进行选择性引用和运用，如HACCP认证、WMS/虚拟仓储技术等。我国还应积极创新，开创新的技术，通过更新农产品包装、降低农产品物流成本、优化农产品物流节点、整合农产品物流环节、提升整体物流效率、优化宏观监控物流服务流程等，持续创新农产品物流模式，实现企业竞争优势和消费者的价值增值。我国政府要加大对冷链物流技术创新的资金投入，使科研的发展无后顾之忧。引导冷链物流企业运用相关的技术，使冷链物流行业更加先进和智能。通过加强我国农产品冷链物流新技术的应用，对物流各环节进行精确控制，减少农产品损耗，降低物流成本。

6. 促进第四方农产品冷链物流的发展，增强企业信息化程度的建设

利用物联网等新技术构建蔬菜冷链物流信息平台，提升蔬菜交易功能。冷链物流要对商品从产地到销地进行全过程的温度控制，这部分的控制依赖于车内、库内的温度感应系统，更重要的是温度信息的传递系统，所以，要加强农产品冷链物流的信息化建设。现如今是信息时代，信息技术的创新与信息的共享对供应链上的各企业显得尤其重要，是企业实现拉式结构，有效控制库存必不可少的条件。据国务院办公厅《关于加快发展冷链物流保障食品安全促进消费升级的意见》中指出，要鼓励企业加强卫星定位、物联网、移动互联等先进信息技术应用，按照规范化标准化要求配备车辆定位跟踪以及全程温度自动监测、记录和控制系统，积极使用仓储管理、运输管理、订单管理等信息化管理系统，按照冷链物流全程温控和高时效性要求，整合各作业环节。鼓励相关企业建立冷链物流数据信息收集、处理和发布系统，逐步实现冷链物流全过程的信息化、数据化、透明化、可视化，加强对冷链物流大数据的分析和利用。大力发展“互联网+”冷链物流，整合产品、冷库、冷藏运输车辆等资源，构建“产品+冷链设施+服务”信息平台，实现市场需求和冷链资源之间的高效匹配对接，提高冷链资源综合利用率。推动构建全国性、区域性冷链物流公共信息服务和质量安全追溯平台，并逐步与国家交通运输物流公共信息平台对接，促进区域间、政企间、企业间的数据交换和信息共享。另外，我国要支持第四方物流的发展，第四方物流来提供冷链物流规划、咨询、信息系统、供应链管理等服务，将供应链各节点更好的联系在一起，通过将商品信息进行汇

总和实时的发布，使冷链由不可见变为可见，确保商品的质量安全，让消费者明白消费，放心消费。从冷链现代化和食品安全出发，通过第四方冷链系统为冷链有关方面提供准确的市场动态和信息沟通，既可保证物流方向正确、提高周转速度，又可以充分利用现有冷链设施，最大限度降低农产品冷链成本，减少农产品的在途时间和在途损耗。

7.加强对冷链物流管理人才的培养

我国很多高等院校都设立了物流相关的专业，但是很多高校对于一些新的物流模式如冷链物流，只停留在理论方面，脱离实际，很多同学也只是处于理论上的认识，不能直接投入工作当中，缺乏实践能力。因此，学校可以考虑和相关的企业合作，在教授学生冷链物流理论知识的同时，可以在专业的企业实习，既可以提高学生对冷链物流的认识，增强其实践能力，又可以为企业培养具有实践能力的人才，促进我国冷链物流的发展。冷链物流企业应大力引进与培养冷链物流专业人才，特别是对农产品冷链物流技术具有一定管理经验的优秀人才，积极借鉴国内外优秀的冷链物流管理理念，通过开展培训或讲座提高企业内部物流人员的执业素养与技能，为企业开展农产品冷链物流业务注入鲜活的动力。我国政府要重视对冷链物流人才培养，加强对高校培养冷链物流专业建设的资金投入，冷链物流人才的培养需要政府、企业和高校的共同配合。目前大部分的物流企业，由于资金紧张且重视程度不够，往往忽视人才的教育和培训，从而影响了企业整体管理水平和流通服务质量的提高；同时国内食品冷藏链几乎每一个环节都存在对冷藏链发展全局观念和整体意识认识不足的员工甚至是管理人员。要维持食品冷藏链的正常发展，适应国际冷藏链市场竞争的需要，必须重视培养高素质的物流管理人才。基于我国目前的物流发展水平，一方面要让前沿的物流理论指导中国的冷链实践，另一方面要建设与物流管理相关的学科，通过各有关科研院所、大专院校有针对性地培养和训练，为物流业输送更多合格人才。

第二节　冷链贮运保鲜技术

一、蔬菜运输对环境条件的要求

（一）振动

蔬菜产品在运输过程中，由于受运输路线、运输工具、货品装载情况的影响，会产生振动现象。剧烈的振动会造成蔬菜表面的机械损伤，伤口也容易受到微生物侵染，导致蔬菜腐烂，造成经济损失。因此，在蔬菜运输过程中，应尽量避免振动或减轻振动。

1. 振动强度

一般，蔬菜的振动强度用振动所产生的加速度大小来表示，达到1个重力加速度为1g。有研究表明，1g以上的振动加速度可直接造成蔬菜的物理损伤，1g以下的振动也可能会造成蔬菜的间接损伤。

影响振动强度的因素跟运输方式、运输工具、行驶速度、货物所处的位置等因素有关。

（1）运输方式。不同的运输方式由于受到的影响因素不同，故其对蔬菜产品的振动强度也不同。一般而言，4种运输方式中振动强度从高到低依次是公路运输、铁路运输、水路运输和航空运输。铁路运输的振动强度通常小于1g，而公路运输的振动强度则与路面状况、卡车车轮数有密切的关系。

（2）车辆自身状况。在公路运输中，车辆自身的状况对振动也有着显著影响，主要取决于轮胎数和轮胎压力。轮胎数越少，胎压越高，振动越强。

（3）装载状况。在车况相同的情况下，空车或少装货物的车厢振动强度高，空车比满载车厢的振动强度高2倍左右。装载的不同位置也会造成振动强度的不同，在同一车厢内，装载位置较高的比较低的振动强度强。此外，装载时是否有固定措施，装载堆码是否合理都会影响振动强度。

（4）车速与路面状况。一般而言，铁路与高速公路路面平滑，产生的振动强度较小。而在公路运输中，若路面不平滑，货车行驶速度慢会减小其振动强度，从而缓解蔬菜在货车中的碰撞，以保持其良好的品质。不同蔬菜种类对振动强度产生损伤的抵抗性不同，因此，在运输过程中，应根据路面状况和蔬菜种类的不同选择合适的行驶速度。

2. 振动的危害与控制

新鲜的蔬菜由于振动、滚动、跌落产生外伤，会导致呼吸强度急剧上升，内含物消耗增加，风味下降，即使运输中未造成外伤的振动也会使蔬菜产品的呼吸强度升高。因此，运输时必须尽量减少振动。

各类运输方式只有振动强弱之分，不可能完全避免振动。根据蔬菜品种特性的不同，我们在选择某一运输方式后，可以通过增加一些减振措施降低振动产生的危害。比如我们日常生活中经常看到的运输车辆的减振垫圈、弹簧等就是一些简单的减振措施，通过增加汽车的轮胎宽度、轮胎数，降低轮胎气压，选择路面质量好的路线进行运输，都可减轻汽车运输中的振动对蔬菜产品的危害。

（二）温度

目前我国低温运输远不能满足需要，大部分蔬菜产品仍然在常温下运输。常温运输下，运输产品的体温受气温影响而发生波动，尤其在夏季或严冬期间的影响就更为明显。从包装形式看，木箱包装运输与纸箱包装运输几乎相同，但纸箱堆积过密时在运输中要比木箱的温度高1～2℃。产品在包装箱内进行运输时，除受外温影响外，还由于振动使呼吸强度增加产生大量呼吸热，以及箱内由于摩擦而发热，使温度升高。中村等（1976）以纸箱装的梨、苹果、温州蜜柑为材料，比较了振动与静置两种情况下果箱内果温的变化，结果前者比后者高1～2℃。所以常温运输时，夏季可对运输工具进行预冷、遮阳或加强通风，冬季对运输工具进行覆盖等以减轻外界温度变化对运输产品的影响。

（三）湿度

蔬菜新鲜度和品质的保持需要较高的湿度条件，在运输中由于纸箱的大小、缓冲材料和产品的蒸腾强度等因素的差异，使运输环境中湿度的大小不同。一般在纸箱内密封数小时到1d后，箱内空气的相对湿度可达到95%～100%，运输中仍然会保持在这个水平。短程运输时，这种高湿对产品品质本身影响不大，但纸箱吸潮后抗压强度下降，有可能使产品遭受压伤。因此，在运输时应根据不同的包装材料采取不同的措施，远距离运输用纸箱包装产品时，应采用隔水纸或在箱中铺以聚乙烯薄膜衬垫，以免受潮后抗压力下降。用木箱、塑料箱等包装材料运输时，可在包装材料的外层罩以薄膜防止水分散失。

（四）空气成分

气调运输工具如气调集装箱、气调冷藏车都是人工调节运输环境中的气体组成，利用低O_2、高CO_2控制运输蔬菜产品的生理代谢，保持运输产品的质量。对于其他运输工具，包装箱内的气体组成因容器和产品种类不同而异。在通风车运输时箱内CO_2浓度较低；而用冷藏车运输时，由于密闭的缘故，CO_2浓度上升。使用纸箱时CO_2浓度较低，但如果使用水纸或薄膜的纸箱，由于箱内气体扩散受到限制，CO_2浓度增高。运输途中为了进行降温而使用干冰时，包装箱内CO_2浓度会明显升高，运输的蔬菜产品易产生CO_2中毒而导致生理病害。所以，蔬菜运输时所用的干冰冷却一般为间接冷却。

（五）包装

包装是提高和保持蔬菜产品的商品价值，方便运输与贮藏，减少运输过程中的损耗，有利于销售的必要环节。在蔬菜产品运输过程中，一定要将小包装整理规整，形成一个标准的大包装，便于产品的装卸，同时也减轻了运输途中产生的一系列外伤。产品包装的好坏直接影响运输的质量，主要是包装的抗压强度和能否为产品提供适宜的环境条件。

二、运输方式及工具

（一）常见运输方式及特点

根据运输路线和运输工具的不同，蔬菜的运输方式可以分为公路运输、铁路运输、水路运输、航空运输和联运5类。

1. 公路运输

公路运输是我国最重要和最普遍的短途运输方式，主要用于蔬菜的省内、市内运输及跨省的短途运输，也是蔬菜在集散地的主要运输方式。公路运输投资少、机动灵活、方便快捷、货物送达速度快，由发货人仓库到收货人仓库，货物无须换装即可送达，可实现门到门的运输，对于不同的自然条件适应性很强，是中短途和长途运输常用的运输方式。但是公路运输也有一定的局限性，如运输成本高、载运量小、耗能大、运输能力和质量受路况制约较大，污染环境，易发生事故，劳动生产率低，不适宜大批量运输。公路运输广泛服务于城乡的物资交流，并可深入目前尚无铁路的中小城镇、工矿企业、农村及偏远地区，这是其他运输方式不能代替的。

2. 铁路运输

铁路是我国货运的大动脉，具有四通八达、运量大、速度快、中长距离运费低、受季节变化影响小、连续性强、不受天气影响、稳定、安全等优点，铁路网络遍布全国，可以运往各地。由于铁路造价高，运输成本高于水路运输，短途运输成本高，运费没有伸缩性，车站固定，不能随处停车，没有车站的地方不能直接运达，适用于大宗货物的中长距离运输，运货量大时可形成专列。目前，我国由铁路运输的易腐货物与果蔬货物占总运量的90%以上。

3. 水路运输

水路运输分为内河运输和海洋运输两类。水路运输的优点是行驶平稳，载重量大，成本低、耗能少、振动小、投资少、运费便宜，并可以和货车联运，十分方便。海运价格只有铁路的1/8，公路的1/40，但其受自然条件影响大，连续性差，速度慢，联运货物要中转换装，延缓了货物的送达速度，增加了损耗。此外，港口设施需要高额费用，搬运费用偏高。适宜承运量大，运距长的货物。海上运输在国外发展很快，多以冷藏集装箱及冷藏船为运输工具。目前果蔬的国际贸易主要靠海上冷藏运输。

4. 航空运输

航空运输具有速度快的优势，平均送达速度比铁路快6 ~ 7倍，比水路快29倍，适用于长距离运输的商品，可跨越各种天然障碍，包装简单，破损率低，但是空运费用较高、运量小、耗能大，目前在国内多用于特需供求的果蔬运输。

5. 联运

联运是指将蔬菜产品从产地到目的地的运输全过程中使用同一运输凭证，采用两种以上不同的运输工具相互衔接的运输过程。如铁路、公路联运，水陆联运，江海联运等。国外普遍采用的联运方式是将拖车装在火车的平板上或轮船内，到达终点站或港口时，将拖车卸下来，挂在牵引车后面，进行短距离的公路运输，直达目的地。联运可以充分利用运输能力，促进各种运输方式的协作，简化托运手续，缩短中途滞留时间，节省运费。

（二）冷链运输设备

冷链运输对运输工具要求特别高，必须具有良好的性能，对于易腐食品需要维持恒定的温度，避免大的温度波动。冷链运输方式主要是公路运输、铁路运输、水路（远洋）运输、航空运输以及多种运输方式联合运输。冷链运输装备主要包括铁路冷藏车、冷藏汽车、冷藏集装箱和冷藏船等。

（1）公路运输。随着我国公路建设的快速发展，与其他冷链运输方式相比，公路冷藏运输比例不断提高。农产品冷链公路运输装备以冷藏汽车为主。我国冷藏汽车按专用设备功能分为保温汽车、冷藏汽车和保鲜汽车。

①保温汽车。在一般卡车的底盘上安装隔热良好的车箱，不设冷源。这种车所装载的货物必须预冷，并且不能长距离运输，以免升温过快。保温汽车的设计，一定要注意顶盖和箱底这两个部位。因为夏季的保温汽车顶盖外部，在烈日的暴晒下温度可达50℃以上；而下部受公路的长期烤烫，温度也很高。在保温车箱的外面刷上白色的油漆，可以有效地反射辐射热，减少升温。

②冷藏汽车。冷藏汽车主要用来运输冻结货物。冷藏汽车上装有隔热厢体和制冷机组来维持车内的低温，且厢内温度可调范围的下限低于-18℃。冷藏汽车按制冷方式可以分为机械制冷、

蓄冷板制冷和液化气体制冷等。隔热厢体一般为1室，也有2室、3室的，以便运输不同贮存温度要求的货物。冷藏汽车按底盘吨位主要有重型、中型、轻型和微型4类。

由冷藏汽车衍生而来的平板冷藏拖车，由大马力车头牵引一节单独的隔热拖车车箱，可在公路上运输，又可以停放在平板火车上作远程运输。平板冷藏拖车可以在产地包装场载满产品后，用汽车牵引到铁路站台，安放在平板火车上，运到销售地火车站后，再用汽车牵引到批发市场或销售点。这一系列过程无需机械化的装卸设备，有助于节省时间，减少产品的搬运装卸次数，避免机械损伤，温差变化小，对保持产品的质量，提高销售价格十分有利。

要注意的是，冷藏汽车运输一般费用较昂贵，一般装载较满，这样就会出现一个车箱内温度均衡的问题。因为目前，我国生产的冷藏汽车的模式大多仿照活动冷库设计，在车头装备蒸发器，冷气从上方直吹，下部的产品要靠缓慢的传导降温，势必导致下层的温度偏高而上层易发生冻伤。冷藏车可以利用旧的制冷集装箱改装，而制冷集装箱的送风是从底部的风道均匀送风，能够明显改善厢体内的冷却效果。

③保鲜汽车。有隔热车体和制冷机组，厢内温度可调范围在0℃左右，用来运输新鲜货物的称为保鲜汽车。

（2）铁路运输。铁路冷藏车运用冷藏、保温、防寒、加温、通风等方法，在铁路上快速优质的运输易腐货物。冷藏车的特点是车体隔热，气密性好，车内有冷却装置，在炎热季节能在车内保持比外界气温低的温度。冷藏车在寒季还可以用于不加冷保温的运送或加温运送，在车内保持比外界气温高的温度。目前我国的冷藏车有加冰冷藏车、机械冷藏车和冷冻板冷藏车。农产品冷链铁路运输装备以机械冷藏车为主，而且95%以上是加冰冷藏车和机械冷藏车。

①加冰冷藏车（冰保车）。加冰冷藏车又称为冰保车，主要通过向车箱顶部的冰箱内加冰和车体隔热层的保温作用使车箱内的运输产品保持恒定的温度。各型加冰冷藏车，车内都装有冰箱、排水设备、通风循环设备以及检温设备等。我国的加冰冷藏车均为国产车，车体为钢结构，隔热材料为聚苯乙烯，顶部有若干冰箱。运输货物时在冰箱内加冰或加冰盐混合物，从而控制车内低温条件。加冰量或冰盐混合的比例，根据货物对温度的不同要求而定，在铁路沿线定点设加冰站，使车箱能在一定时间内得到冰盐的补充，维持较为稳定的低温。

加冰冷藏车的缺点是盐液对车体和线路腐蚀严重；每个加冰站的加冰量是否适宜很难掌握，车内温度不能灵活控制，往往偏高或偏低；运输速度较慢，平均每500～800km就需要靠站加冰；车辆重心偏高，不适合高速运行。加冰冷藏车由于长期受冰盐的腐蚀和代用棚车的损伤，造成车体、冰箱腐蚀严重，保温性能、气密性严重下降，现处于逐渐被市场淘汰的趋势。

②机械冷藏车（机保车）。机械冷藏车又称为机保车，采用机械制冷和加温，配合通风系统，能有效地控制车箱内较低的温度，装载量也比冰保车大。我国现用的机保车，仅B19型五节机冷车组是国产，其他多为进口车。B18、B20、B2均从德国进口，以B2型性能最好。

机保车由于使用机械制冷机，可以在车箱内获得与冷库相同水平的低温，在更广泛的范围内调节温度，可使货物迅速降温，并可在车内保持相对均匀的温度，因而能更好地保持易腐货物的质量。机保车备有电源，便于实现制冷、加温、通风、循环、融霜的自动化。由于运行途中不需要加冰，可以加速货物送达，加快车辆周转速度，提高使用率。与冰保车相比，机保车也存在着造价高、维修复杂、需要配备专业的乘务人员和维修设备等缺点。

③冷冻板冷藏车（冷板车）。冷冻板冷藏车又称为冷板车，是一种低共晶溶液制冷的新型冷藏车。冷板安装在车棚下，并具有温度调节设施，即使在车外30℃的条件下，采用-18.5℃的冷板能使车内温度降到6～10℃。

冷板车的充冷是通过地面充冷站进行的，一次充冷时间约12h，充冷后可制冷120h。若外温低于30℃，充冷后的制冷时间则可长达140h。车内两端的顶部各装有两台风机，开动风机加速空气循环，使蔬菜含有的大量田间热被带走，迅速冷却到要求的温度。冷板车是一种耗能少，制冷成本低，冷藏效果好的新型冷藏车。冷板车具有稳定的恒温性能，而这种恒温特性是机械冷藏车所不具备的，而且在直接制冷成本和能源消耗方面也比冰保车和机保车具有优势。冷板车的缺点是适用范围比较小，由于必须依靠地面的专用充冷设备为其提供冷源，仅限于铁路大干线上。

（3）水路运输。水路运输的主要工具是冷藏船和冷藏集装箱。目前，冷链装备以冷藏船为主，冷藏船隔热保温性好，温度波动不超过0.5℃。我国冷藏船吨位一般在10万t左右。现在随着冷藏集装箱的发展，冷藏集装箱在远洋运输蔬菜等农产品上应用逐渐增多，但一般来说，水路运输还是主要用于进出口时的大批量冷藏海运，国内贸易中使用相对较少。

（4）航空运输。农产品冷链航空运输装备以加冰集装箱为主。航空运输是时效最高的冷藏运输方式，由于其成本最高且批量小，因此主要针对有一定时效要求的高附加值产品。

（5）集装箱运输。集装箱运输是当今世界发展最快的运输工具，既省力、省时，又保证产品质量，实现“门对门”的服务，是现代运输工具的一大革新。在集装箱的基础上增加箱体隔热层以及制冷和加温设备，即为冷藏集装箱，它可以维持新鲜园艺产品和其他易腐货物所需的温度。在冷藏集装箱的基础上，加设气密层，改变箱内气体成分，即为冷藏气调集装箱。集装箱适用于多种运输工具，可以说集装箱是一个大包装箱。采用集装箱运输园艺产品，具有安全、迅速、简便和节省人力等优点。

集装箱的种类很多，一般按其材料、结构和用途进行分类。在选择制造集装箱的材料时，应尽量采用质量轻、强度高、使用年限长、维修保养费用低的材料，主要有铝合金集装箱、钢制集装箱和玻璃制集装箱。集装箱按其结构可分为内柱式与外柱式集装箱、折叠式集装箱和薄壳式集装箱。集装箱按其用途可分为干货类集装箱、保温类集装箱、框架集装箱和散货集装箱。在国际上，标准集装箱有3个系列，13种型号，见表6-3。这里着重介绍保温类集装箱，它包括冷藏集装箱和保温集装箱。在普通集装箱的基础上增加箱体隔热层和制冷设备，即成为冷藏集装箱。冷藏集装箱是专为运输要求保持一定温度的新鲜水果、蔬菜、鱼、肉等食品而进行特殊设计的，国际冷藏集装箱的规格见表6-4。冷藏集装箱可利用大型拖车直接开到产地，产品收获后直接装入箱内降温，使产品在短期内即处于最佳贮运条件下，保持新鲜状态，直接运往目的地。这种优越性是其他运输工具无法比拟的。

表6-3　国际标准集装箱的规格

系列	箱型	长（mm）	宽（mm）	高（mm）	最大重（kg）
1	1A	12 191	2 438	2 438	30 480
	1AA	12 191	2 438	2 591	30 480
	1B	9 125	2 438	2 438	25 400
	1C	6 058	2 438	2 438	20 320
	1D	2 991	2 438	2 438	10 160
	1E	1 968	2 438	2 438	7 100
	1F	140	2 438	2 438	5 080

（续表）

系列	箱型	长（mm）	宽（mm）	高（mm）	最大重（kg）
2	2A	29 920	2 300	2 100	7 100
	2B	2 400	2 100	2 100	7 100
	2C	1 450	2 300	2 100	7 100
3	3A	2 650	2 100	2 400	5 080
	3B	1 325	2 100	2 400	5 080
	3C	1 325	2 100	2 000	2 540

表6–4　国际冷藏集装箱的规格

箱外部	长（mm）	6 055
	宽（mm）	2 438
	高（mm）	2 438
箱内部	长（mm）	5 477
	宽（mm）	2 251
	高（mm）	2 099
门	宽（mm）	2 289
	高（mm）	2 135
内容积	m^3	25.9
自重	kg	2 520
最大装载量	kg	17 800
最大总重量	kg	20 320

目前，冷藏集装箱有外置式冷藏集装箱与内藏式冷藏集装箱两种。外置式冷藏集装箱没有制冷设备，仅具有隔热结构，

即在集装箱前壁设有冷气吸入口和排气口，箱子装在船舱内，由船舶的冷气袋供应冷气。此箱适宜海上运输，即使外界气温在40℃时，箱内仍可达到-25℃。冷气从集装箱底面吹到上面，使内部温度保持不变，长时间航行时，比内藏式发生故障概率小，保持一定温度的可能性大；由于未安装冷气机，箱内容积较大，自重也减轻，可以多装货物。此集装箱的缺点是由于船舶装有冷气机，要增加投资；因舱内安装了套管而减少舱容。内藏式冷藏集装箱是在隔热结构集装箱内安装制冷机组，无论在船上、码头、陆运中，只要供给电源，箱内即可保持园艺产品运输所需温度。内藏式冷藏集装箱，目前都采用自动调节温度，一般可达到-28℃，所以应用较为广泛，效果较好。

保温集装箱，用聚氨酯为隔热材料，并在集装箱的前壁和箱门上各装有几个通风窗口可以通风，并装有百叶窗进行开闭。用冰为冷媒剂，一般可以维持72h，温度的波动范围控制在3℃左右。此外，还有冷冻气调集装箱，以液氮为冷媒，同时箱内空气充入了人工氮气，使O_2减少，起到调节空气组成的作用。冷冻气调集装箱与其他集装箱一样，可以使用火车、汽车和轮船等运输，但需要有电源和液氮供应。

（三）冷链运输装备发展趋势

1. 发展符合国情的新型冷链运输装备

我国农产品冷链运输具有“小批量、多批次”的特点，因此要求冷链运输装备向“多品种、小批量”方向发展。如多温度冷藏车和蓄冷保温箱等。多温度冷藏车通常有3个独立的温度控制货舱，它可以满足小批量、不同环境要求的货品同时冷藏运输要求；蓄冷保温箱可根据不同需要，将蓄冷板拼装成不同大小、不同温控范围的蓄冷箱，其操作灵活、方便，可有效降低运输成本，并且高效、节能、环保。各种冷链运输方式联合运输将成为冷链运输发展趋势，与此相适应，多联式运输冷藏集装箱将得到积极推广。冷藏集装箱能实现易腐农产品“门对门”的运输，使其在冷链运输各环节中始终处于其所需要的安全环境中，同时也可解决多联式运输货物交接问题。

2. 健全相关标准和法律法规

参照国际标准，提出详尽的多种类易腐农产品冷藏运输标准，避免由于没有统一的收货标准致使一些第三方冷链物流企业出现中途停机的现象。努力提升冷链运输装备智能化、网络化和信息化水平，广泛应用全球定位系统、地理信息系统、无线射频、物联网、自动化测量、自动识别和全程温度自动控制等先进的信息技术，逐步建立智能的安全监控体系。在冷链运输过程中可实现对运输装备全程实时跟踪、监测、控制，对运输装备的运行状态实施远程动态监控、实时数据传输，以确保整条冷链不间断。

3. 提升冷链运输装备节能环保技术水平

为实现冷链运输装备的节能、环保、低耗能，应积极推广使用节能环保效果更好的制冷方式和制冷技术。如冷板机制冷方式，没有运行噪声和废气排放的污染，又能综合利用地面电能，节能效果显著；液氮制冷具有结构简单、制冷降温快、维修方便，特别是没有噪声和废气污染等优点。气调技术通过气调装置对车厢内的空气成分进行控制调节，可降低运输过程中农产品自身的呼吸热，从而在降低农产品损耗率的同时降低运输装备能耗；预冷技术能够迅速降低果蔬的田间热，减轻冷藏运输装备负荷，有效降低运输环节的能耗。

三、冷链低温运输技术

冷链低温运输是指产品从产地经过预冷、分级、包装是在运输全过程中始终保持有利于产品新鲜品质的低温运输方式。在整个过程中，通过冷藏设备和运输工具使所运输货物始终保持一定温度的运输。冷链运输方式可以是公路运输、水路运输、铁路运输、航空运输，也可以是多种运输方式组成的运输方式。由于冷链运输过程中包含很多风险和不确定性，因此要重视过程中各个流程的处理（图6-3）。

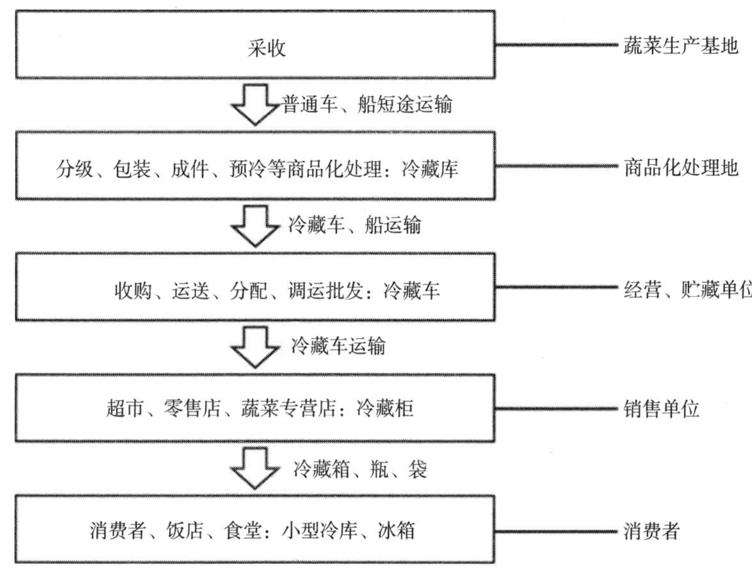

图6-3　低温冷链贮运流程示意图

（一）预冷

1. 车辆预冷

用于园艺产品运输的冷藏车，在装车前必须进行预冷。车辆预冷的必要性主要有：①减小运输过程中的温度变动，提高运输质量。②提高蔬菜产品的装载量，从而提高运输效率。③减少运行途中继续冷却车体的热负荷。因此，如果时间允许，预冷越充分越好，这一点在炎热季节尤为重要。我国现行《铁路鲜活货物运输规则》规定，机械冷藏车在装车前，车内温度在运香蕉时为12～15℃；菠萝、橘子应为9～12℃；其他易腐货物为0～3℃。加冰冷藏装运冷却货物或未冷却货物时，车内应预冷到12℃以下。

在车体预冷时，应注意把“车体温度”降到规定的标准，而不是把“车内的空气温度”降到规定标准。车内空气温度与车体温度是不能等同的。因为车体的比热容比空气高，降温比空气慢得多。如果只降低车内气温，则停止制冷后车内温度达不到规定标准。

2. 园艺产品预冷

园艺产品的充分预冷是温热季节运输的必要前提。在使用冷藏车时，由于冷藏车制冷能力的设计需综合考虑造价和运输的经济性，一般情况下，运输车辆的制冷能力仅能用于维持已冷却货物的温度。如用于运输未预冷的货物，则会使制冷负荷大大增加，运输成本相应增加，且园艺产品的冷却也极为缓慢，不利于运输产品的质量。Mircea等（1981）报道，在运输工具内利用制冷机组进行预冷往往需要70～80h。这常使园艺产品在运输结束时还未达到规定温度。为了避免冷却速度过慢，往往需要减少园艺产品的装载量，这又使运输成本剧增。因此，即使使用冷藏车运输，园艺产品预冷也是一个必需的步骤。在我国当前条件下，预冷是园艺产品运输业发展的一大制约因素。因此，尽快在各主要运输装车地建设预冷站或由地方冷库、铁路制冰厂开办预冷业务，已成为当务之急。

（二）装载方法

1. 装载量的确定

园艺产品装载量确定的基本要求是：在保证运输质量的前提下，兼顾车辆质量和体积的利用。确定园艺产品的装载量，必须考虑以下因素。

（1）车辆的比体积及园艺产品的质量/体积比。在我国，冷藏车、保温车既装冷冻货物（如冻肉、速冻蔬菜），又装冷却货物（如园艺产品、鲜蛋），为多用途车。车辆的比体积（有效装载体积与标准载质量之比）是按上述综合用途来确定的，往往比较小，如B12、B3、B2机械冷藏车的比体积分别为2.00m^3/t、2.08m^3/t、2.30m^3/t。这类车用于装载园艺产品时，因园艺产品的比体积大，加上外包装及按不同堆垛要求堆放后的单位质量体积大，车辆往往不能得到充分利用。陈继（1979）曾报道，水果的平均单位质量装载体积3.56m^3/t，蔬菜为5.20m^3/t，用标准载重为40t的机冷车装运时，比体积相对小的水果能装18～33t，叶菜则仅为10～18t。

（2）园艺产品的性质和热量状态。园艺产品及包装是否坚实耐压，其预冷程度、呼吸热的大小等，既影响装载方法，又影响车辆热负荷，进而影响装载量。如呼吸热小，充分预冷的产品就可以多装一些，而不致超过运输车辆的制冷能力。装载量也根据车辆的制冷能力来确定，往往小于额定装载量。

（3）运输季节和车辆性能。运输车外界温度、车辆的隔热性能和制冷能力与货物的热状态　起决定了运输中热负荷的人小和热平衡。如热负荷大，制冷能力不足，则只能减少装载量，这一点在热季运输时特别明显。显然，在热季运输未预冷园艺产品时的装载量是最低的，一方面热季高温和未预冷货物均使车辆热负荷增大，另一方面机械制冷机在热季的工况会出现恶化，制冷能力明显下降。

2. 装载方法

园艺产品的装载方法正确与否，与产品运输质量的高低有非常密切的关系。必须首先从保证产品质量的角度来考虑，在此基础上尽量兼顾车辆载重量和容积的利用率。在冷藏运输时，必须使车内温度保持均匀，并使每件货物都可以接触到冷空气，但也要注意应使货堆中部与四周的温度比较适中，防止货堆中心积热而四周又可能产生冷害、冻害的现象。

园艺产品装卸时，各货件之间必须留有适当的间隙，以使车内空气能顺利流通。在堆码时，每件货物不应直接接触车底板和车壁板，在货件与车底板和车壁板之间必须留有间隙。这样，通过车壁和底板进入车内的热量就可以被间隙中的空气吸收，而能较好地保持货物温度的稳定。

总之，园艺产品装载的基本原则是：一方面在各货件之间留有一定的间隙，使车内空气能在货物之间流动，使每件货物都能接触冷空气，以利于呼吸热的散发；另一方面要装载牢固，以防止移动、碰撞、振动造成的损伤。

（1）装车堆码方式。果蔬的装运方法与货物运输质量的高低有非常重要的关系。常见的装车法有品字形装车法，井字形装车法、“一二三，三二一”装车法和筐口对装法等，无论采用哪种装运方法都必须注意尽量利用运输工具的容积，并利于内部空气的流通。新鲜果蔬的装车方法属于留间隙的堆码方法，按其所留间隙的方式及程度不同又可分为以下几种方法。

①品字形装车法又称棋盘式装车法。“品字形”就是把奇数层与偶数层货物交错骑缝装载，使呈“品”字形状。此法适用于箱装货物，或在夏季要求冷却或通风，在冬季要求加温的货物。品字形装车法只能在货物的纵向形成风道，车内空气只能沿着车辆纵向循环，不能上下流通，适于有强制循环装置的机械冷藏车，对于车内空气沿着横断面循环的冷藏车不宜采用此法。

②井字形装车法。“井字形”就是货箱与侧板之间留空隙，端板之间靠紧，奇数层与奇数层，偶数层与偶数层的装法相同，奇数层与偶数层交叉堆放形成“井”字。这种装车方法灵活多样，各层货物纵横交错，可按车辆有效装载尺寸和包装规格，确

定纵向或横向的放置件数。此法的特点是，空气可在每个井字孔中上下流动，并可通过井字孔串入箱间的缝隙。同时各层纵向的直缝内空气也能畅通无阻，装载也较牢靠，装载量也较大。

③“一二三，三二一”装车法。用这种方法装车时，空气只能在车辆的三条通风道中流通，因此空气循环情况比上述三种方法都差，但装载量可以提高，适于运输较坚实的水果和蔬菜。

④筐口对装法。

这种装车法主要用于竹筐、柳条筐等包装的水果和蔬菜，由于这些筐本身及编造上的特点，装载时在货物之间能自然形成间隙，便于空气流通，故不必留出专门的通风空隙。一是能在货堆中形成两条纵向通风道，再加上沿侧墙的通风道，共有4条纵向通风道。车内空气也可在上下方向流通，横向货物间也有间隙，车内空气循环较好，为装运香蕉效果最好的一种装车方法。二是货堆中无纵向通风道，空气循环不如前者，但可多装货物，冬季装运坚实的水果蔬菜比较合适。三是比前两者通风条件都好，有利于降低未冷却货物的温度，但对车辆容积的利用较差，可用于夏季装运发热量大的水果和蔬菜。

此外，对于不加包装的甜瓜或娇嫩易腐的货物，如荔枝、韭黄等可采用分层装载法，即在车内搭架子加搁板装载货物，对某些比较坚硬的蔬菜类货物，如马铃薯、晚白菜、萝卜、南瓜、冬瓜、胡萝卜等，可以堆装运输，堆高一般为1.0～1.5m，并在菜垛中每隔一定距离插一个直径1cm以上的大风筒。芹菜和青蒜可以不加包装或装入编织袋内，堆装夹冰运输，即一层菜一层冰，冰重为菜重的30%～50%，采用冷藏车运输，质量更好。

（2）混装。园艺产品在冷藏或保温运输时，车箱内一般只能调节到一个温度。如果是集中供冷的铁路冷藏车，则整列车箱均调在同一温度上。此外，低温运输时，通风有限，这样的环境一般是不适宜园艺产品混装的。将生理特性各异的园艺产品混装在一起，有时会产生严重的后果。但是出于运输经济性的考虑，在实践中常遇到发货人或收货人要求混装的情况。这时，果品、蔬菜应按下列因素来考虑混装的相容性。

①温度。最适温度有较大差异的园艺产品不能混装。

②相对湿度。洋葱、蒜头等要求低湿度的蔬菜不能与要求高湿度的园艺产品混装。

③乙烯和其他挥发物。对乙烯敏感的产品与乙烯释放量大的产品不能混装。释放具有强烈气味的挥发物的产品不能与其他产品混装。

（3）装卸。新鲜蔬菜在流通过程中，装卸是必不可少的重要环节，新鲜蔬菜娇嫩，含水量高，如装卸中操作粗放、野蛮，就会导致商品机械损伤、腐烂，造成巨大的经济损失。我国果蔬装卸搬运多靠人力，劳动强度大，装卸不当，往往损失惨重。近年来，随着生产水平的提高，一些大型车站、码头已逐步向搬运装卸机械化方向发展，尤其是外销口岸普遍采用了传送带、叉车、起重吊车等设备，改善了搬运装卸条件，但短途搬运装卸和货物交接仍需人力。

国内市场经济的繁荣、国际贸易的剧增，促进了交通运输工具的发展，交通运输的发展又需要先进的机械化装卸作业与之配套，装卸合理、经济、省工、省力、安全是商品流通的关键。为使装卸设备与国内、国际贸易中的各种运输方式接轨，就必须采用标准货件制，即对一些大宗商品采用全国甚至国际通用的货件标准和规格，如使用集装箱和托盘，以便使用通用的装卸运输工具和机械，做到省工省时，减少损失。

（三）途中管理

1. 温度管理

使用机械冷藏车运输时，应在途中每隔一定时间做好温度记录。铁路规定记录温度管理的时间间隔为2h，并每隔6h填写一次冷藏车作业单。

一般机冷车的温度控制可自动进行，温度管理反而简单。在使用加冰冷藏车时，车内的低温靠冰的消耗来维持。长距离运输时，往往需要中途加冰。因此，铁路加冰冷藏车必须按指定路线在有中途加冰站的线路上运行。加冰冷藏车的途中加冰作业主要为，在始发站根据列车的热消耗情况预测冰消耗量，并向前方途中加冰站发出加冰申请预报。到达加冰站后，应立即检查车内温度、残冰情况，并按需要量加足冰或冰盐，同时向下一个中途加冰站发出申请预报。在长途运输中，往往运输沿线的外界气温有很大差别。如在12月份由广州往哈尔滨运送蔬菜，广州的平均外温为25℃，哈尔滨的平均外温为0℃。在这种情况下，往往要视具体情况，先用冷藏运输，在途中的适宜区段采用不制冷的保温运输或通风运输，而在严寒地段降温超过允许幅度时，则要采用加温防寒运输，以保证货温的稳定。

表6-5列举了部分蔬菜国际制冷协会推荐的冷链运输温度。

表6-5　部分蔬菜国际制冷协会推荐的冷链运输温度

蔬菜种类	冷链运输温度（℃）		蔬菜种类	冷链运输温度（℃）	
	1～2d	2～3d	芦笋	1～2d	2～3d
花椰菜	0～8	0～4	菜豆	5～8	—
菠菜	0～5	—	南瓜	0～5	—
黄瓜	10～15	10～13	菠菜	0～5	—
番茄（未熟）	10～15	10～13	胡萝卜	0～8	0～5
番茄（成熟）	4～8	—	辣（甜）椒	7～10	7～8
洋葱	−1～20	−1～13	甘蓝	0～10	0～6
马铃薯	5～10	5～20	生菜	0～6	0～2

2. 通风

通风的目的主要有两个，其一为排出园艺产品运输途中释放的过多水汽、CO_2、乙烯和其他气体，保证产品不受有害气体的伤害；其二为散失热量，帮助调节车内温度。

机械冷藏车一般同时装有自然通风与强制通风装置，在途中或停站时进行通风。加冰冷藏车因无强制通风装置，在途中可开启通风口，利用车辆与空气的相对运动来通风。在停站时，只能在通风口临时装设风扇进行通风。如果通风的目的是为了换气，则冷藏车的通风在热季和温季要求进入车内的空气温度低于车内温度，通风应在清晨或夜间进行，否则不应通风或需要进行空气的预冷。在寒冷的季节一般不进行通风，以免冻坏产品。温、寒季节为了调节温度而通风的时候，应根据货温确定通风量，外界气温过低时，通风要缓，应在白天进行，否则易冻坏产品。当外界温度低于-10℃时，停止一切通风。

（四）到达作业

到达作业主要为及时卸车，是园艺产品运输过程的终了作业。若到达作业的处理不当，也可能对产品造成巨大损失。

在采用汽车运输时，因批量小，卸车及转运、入库工作较易组织。而使用铁路运输时，产品的批量很大，应特别重视卸车的组织工作。在运输途中，中途站应根据运行情况及时向终点站做预报。到站应根据预报及时通知收货人准备卸车。园艺产品等冷藏运输的易腐货物一般由收货人自备搬运工具，组织直接卸车。园艺产品经长途运输后，所受的损伤和病菌侵染可能性较大，一般不适于继续长期贮存。卸车后的产品应及时进行转运处理，避免长时间堆积造成腐烂损失。

四、蔬菜运输中的注意事项

（1）运输的蔬菜要合乎运输标准，成熟度和包装应合乎规定要求，并且新鲜、完整、清洁、没有损伤和萎蔫。

（2）蔬菜承运部门应尽量快装快运，现卸现提，保证质量。

（3）装运时堆码要注意安全稳当，要有支撑物与垫条，防止运输中移动或倾倒，堆码不能过高，堆间应留有适当的空间，以便通风平稳。

（4）装运应避免撞击、挤压、跌落等现象，尽量做到运行快速。

（5）装运应简便快速，尽量缩短采收与装运的时间。

（6）如用敞篷车船运输，果蔬堆上应覆盖防水布或苇席，以免日晒雨淋，冬季应盖棉被进行防寒。

（7）运输时要注意通风，如用棚车、敞车通风运载，可将棚车门窗打开，或将敞车侧板调起捆牢，并用棚栏将货物挡住，保温车船要有通风设备。

（8）在装卸蔬菜之前，车船应认真清扫，彻底消毒，确保卫生。

（9）不同种类的蔬菜最好不要混装，避免因为各种蔬菜产生的挥发性物质相互干扰，影响运输安全，尤其是不能将产生乙烯的蔬菜和其他蔬菜装在一起，因为微量的乙烯可促使其他蔬菜提前成熟，影响蔬菜质量。

一般运输时间少于1d的短距离运输，可以不要冷却设备，长距离运输最好用保温车船，在夏季或南方运输时要降温，在冬季或北方运输时要保温，用保温车船运输蔬菜，装载前应实行预冷处理，要保持蔬菜的新鲜度和适宜的相对湿度，以防止蔬菜出现萎蔫现象，影响商品价值。

第三节　蔬菜分级与包装技术

一、蔬菜分级

（一）分级的目的和意义

分级是将蔬菜产品按照色泽、形状、洁净度、病虫害、机械损伤、整齐度及可利用部分的大小、新鲜程度等外观品质按照一定的标准进行挑选、分类的过程。

在蔬菜的生长过程中，蔬菜产品的大小、重量、形状、成熟度以及采收时的机械损伤情况受自然环境和人为因素的影响很大，因此蔬菜分级是商品化处理的一个重要环节。通过蔬菜分级可区分产品的质量，为其商品性和价格提供依据，也为生产者、收购者和流通渠道诸环节提供“贸易语言”。

蔬菜产品分级后，产品标准化、规格一致，有利于产品包装、收购、贮藏、运输及销售；同时等级分明，便于按质论价，实现优质优价，达到效益最大化；剔除掉病虫害及机械损伤的产品，减少了贮藏中的损失，减轻了病虫害的传播，产品品质得到了提升。

（二）分级标准

蔬菜分级，是适应消费多样化发展趋势、满足消费者不同层次需求、确保不同等级蔬菜合理利用，实现蔬菜优质优价，使效益达到最大化的重要一环。等级标准是产品分级的重要参考和依据，有助于生产者和产品经营管理者在产品上市前的准备工作和标价，降低同质化造成的经营风险。

目前，在国外一般将等级标准分为国际标准、国家标准、协会标准和企业标准。在我国，以《中华人民共和国标准化法》为依据，将标准分为4级：国家标准、行业标准、地方标准和企业标准。国家标准是由国家标准化主管机构批准颁布，在全国范围内统一使用的标准业标准又称专业标准。行业标准，是在无国家标准情况下由主管机构或专业标准化组织批准颁布，并在某一行业范围内统一使用的标准。地方标准则是在上面两种标准都不存在的情况下，由地方制定，批准发布，在本行政区域范围内统一使用的标准。企业标准由企业制定发布，在本企业内统一使用。目前包括番茄、蒜薹、青花菜、大白菜、辣椒、莴笋、豆角、山药、香菇、芥菜、马铃薯在内的许多蔬菜都已经纳入了标准管理等。企业标准在实际生产中应用最多，企业根据市场和消费者需求制定相应的标准。

但是，蔬菜产品由于可使用部分的不同，成熟标准不一致，所以很难有一个固定统一的分级标准，只能按照对各种蔬菜品质的要求制定个别的标准。蔬菜分级因产品种类及供食用部位不同而有差异。通常在紧实度、清洁度、新鲜度、形状、大小、质量、颜色、品质、病虫害及机械损伤等方面进行分级，一般分为一级（特级）、二级（一级）和三级（二级）。一级（特级）品质最好，具有本品种典型的形状和色泽，不存在影响组织和风味的内部缺点，大小一致，产品在包装内排列整齐，在数量或重量上允许有5%的误差。二级（一级）产品与一级（特级）产品有同样的品质，允许在色泽上、形状上稍有缺点，外面稍有斑点，但不影响外观和品质，产品需要整齐地排列在包装箱内，可允许有10%的误差。三级（二级）产品可以呈现某些内部和外部缺点，价格低廉，采后适合于就地销售或短距离运销。

（三）分级方法

蔬菜产品在生长期间由于受到环境和自身生物学特性的影

响，在成熟度、形状、大小等方面都有较大差异，因此在采后根据一定的分级标准进行分级。通常，蔬菜的分级方法分为人工分级和机械分级。

1. 人工分级

人工分级即分级人员根据经验和感官，同时辅以分级板、比色卡等简单的工具对产品进行分级。这种方法多用于形状不规则和质地柔软容易受损伤的蔬菜，如叶菜类、蘑菇等。人工分级时，分级人员应预先熟悉掌握分级标准，可以提高工作效率，减少机械伤害。这种分级方式灵活性强，可以随时挑出病虫害等劣果，而且操作精细化，机械伤害少；缺点是手工分级效率低，误差大，不适用于大规模生产的要求。

2. 机械分级

机械分级最大的优点是工作效率高，在蔬菜表面色泽、伤害、表面完整性等外观形状的检测方面比人工操作更有效，而且在实际生产中常与挑选、洗涤、打蜡、干燥、装箱等连成一体，组成完整的生产流程。这种方法适用于形状规则、不易受伤的产品种类，如番茄、洋葱、马铃薯等。有时为了使分级标准更加一致，机械分级常常与人工分级相结合使用。

目前，常见的分级机械有3种，即重量分级机、大小分级机、图像分级机。

（1）重量分级机。重量分级机广泛应用于许多蔬菜的分级。根据产品的重量进行分选，用备选商品的重量与预先设定的重量进行比较分级。电子秤式测重计分选的精度较高，适合马铃薯等块根、块茎类蔬菜的分选。

（2）大小分级机。这类装置按照蔬菜的大小、长度进行分级，各种大小分级机被广泛运用于表皮比较结实或加工用产品的分级。这类分级机优点是结构简单、故障少、工作效率高。缺点是分级精度不够高。由于果实的横径和纵径大小不同，在运动过程中容易滚动，有时不是按横径而是按纵径进行分级，特别是果型不整齐时，更容易发生偏差。

（3）图像分级系统。图像式分级系统主要由CD摄像机、无损检测装置、输送带、计算机及电器控制系统等组成。图像式分级机有光线式形状分级机、外观品质分级机和内部品质分级机3种，在应用上具有稳定、精确和具加工处理能力的特点，可以应用于各种蔬菜的分选。图像式分级与机械分级机最大的不同就是可以进行形状和内部品质的判断，如直径、最大径、截面积、长度、各种形状系数等，不仅可以对产品进行大小分级，还可对产品进行外观品质和内部品质的分级。图像式分级系统使产品分级实现了自动化。

随着人们对蔬菜产品质量要求的提升，对于蔬菜内部品质的检测包括糖度、酸度、硬度和内部缺陷、病变的检测需求也随之提升，无损伤检测开始逐步推广。

（四）园艺产品无损伤检测

蔬菜的品质检测包括表面品质检测和内部品质检测。表面品质检测项目有表面颜色、果型、表面损伤等。内部品质检测包括糖度、酸度、叶绿素和内部缺陷等。不同的蔬菜需要不同的检测方法。传统的蔬菜产品的品质检测可以通过感官鉴定和理化检测进行，如外观品质可以直接凭借人体自身的感觉器官对产品的品质进行判断；而内部品质一般以理化检验进行。理化检验包括理化方法和生物学方法两类。理化方法可分析原料的营养成分、风味成分和有害成分的含量等。生物学方法主要是测定产品中有无毒性和生物污染程度。目前，国内外在生产上已经开始应用果蔬非破坏性的鉴评或检测方法，即无损伤检测包括光学技术（紫外线检验、可见光检验、近红外线检验、红外线检验）、电磁技术、力学技术和放射线技术（X光及CT检验）等。无损伤检测原理可分为两种，一种是在果蔬的外部发出一种能量，从产品对能量的输入与输出变化中得到产品相关的理化特性；另一种是通过对产品本身的化学发光或红外放射的能量等来测定产品的质量。

常用的无损伤检测方法有以下几种。

1. 近红外分析法

目前近红外分析法用得最多最广，技术相对成熟。其原理是：当近红外线照射到产品时，一部分被反射，另一部分被吸收，检测与成分相关的特定的吸收光带，就可算出成分的含量。

近红外分析法在产品的检测方面主要用于测定糖度和酸度。产品在不受任何破损的情况下，即可获得糖酸值。利用红外线还可快速测定蔬菜中残留农药的情况，主要是采用类似光传感器的方法，测出蔬菜表面附着的农药种类及浓度，以便鉴定出残留农药是否超标而不会损伤蔬菜表面。

2. 可见光分析法

可见光分析法是利用果实成熟度和透光量之间的相关关系进行检测的方法。

3. 激光分析法

蔗糖是成熟果实中的主要糖分。充分利用蔗糖只吸收特殊光线（激光具有较好的单色性）的性质，通过测量随蔗糖含量变化的特殊光线量，即可最终确定果实的糖度。已有公司应用该技术开发出激光甜瓜糖度在线检测装置。该装置通过转换开关，还可测量成熟度和西瓜的糖度。

4. X射线分析法

X射线具有穿透能力，而物质的密度大小又影响X射线的穿透量，通过对穿透量的分析，就可探明物质内部的情况。因蔬菜产品的密度比金属物质要小得多，所以需要的X射线强度很弱，通常称其为软X射线。应用软X射线可以检测如马铃薯的空洞等内部缺损现象。

5. 力学分析法

力学分析法，即根据机械装置向产品发出敲打动作，通过传感器检测振动频率或传播速度，计算机进行波形分析比较，从而确定成熟度的方法。成熟度空洞分析法跟人挑选西瓜时一样，振动频率越低或传播速度越慢的，成熟度越高。

6. 电子鼻分析法

用电子鼻分析法是根据果蔬腐烂过程中释放出的如CO、CH、H_2S等气体的浓度值与计算机数据库内的数值进行比对，从而判断出产品是否快要腐烂。

二、蔬菜的包装

蔬菜产品的包装是使蔬菜实现标准化、商品化，确保安全运输和贮藏的重要措施。蔬菜属于易腐农产品，在贮、运、销过程中容易受到周围环境以及机械伤害的影响，容易衰老变质乃至腐烂，品质降低。蔬菜包装可以保护产品免受机械伤害，保护产品在处理和流通环节中保持完整性；方便产品的运输，便于装卸和搬运，隔离病虫害和微生物的相互感染，防止产品腐烂变质；提升产品的外观，促进产品的销售；通过包装进行品牌宣传，提高产品知名度。

（一）蔬菜包装的质量安全风险分析

随着蔬菜种植面积、产量和消费量持续稳定上升，以及人们对蔬菜营养健康的关注度不断提高和国际标准的日渐严苛，蔬菜包装产业与蔬菜产业的发展密切相关，加快发展蔬菜包装产业已成为我国农业产业化的必由之路。蔬菜包装质量安全关系着人们的身体健康，同时也反映出一个国家科学生产和技术进步的水平。蔬菜包装的主要质量安全风险来自多个方面，如蔬菜包装材料、蔬菜包装人员设备以及蔬菜包装质量监管等。

1. 蔬菜包装材料存在安全风险

蔬菜包装材料在生产、流通过程中与蔬菜密切接触，对蔬菜产品的品质有极大的影响。目前人们普遍使用的蔬菜包装材料主要分为塑料类和纸壳类等。塑料是使用最广泛的包装材料。塑料中的添加剂成分在一定条件（高温等）下析出，会造成蔬菜的污染。而纸制包装材料的安全问题表现为主要原料本身的不清洁，纸质包装材料的原材料采用霉变或者回收废纸，里面重金属、化学物质残留、微生物污染情况时有发生。此外，纸质包装材料也存在着添加剂的问题。

2. 蔬菜包装生产采购存在安全风险

目前，一方面，我国蔬菜包装生产企业的规模和产品质量良莠不齐，特别是塑料袋的生产企业，小型企业占比较高，存在着从业人员素质偏低和技术设备水平落后等问题。有些蔬菜的包装直接在田间地头进行，缺乏必要的消毒、包装设备。另一方面，在实际生产中，大部分的蔬菜生产示范园区只生产蔬菜，包装需要从外部采购，采购环节的监管缺失导致风险增大。

3. 蔬菜包装安全监管存在安全风险

目前，我国食品安全的监管力度逐步加大，对于蔬菜等相应的法律法规制度不断完善，但实施难度较大，尤其是对于各类农产品的安全监管，特别是蔬菜等农产品包装安全监管明显薄弱，甚至存在“监管盲区”。蔬菜包装上常常存在标识不清，标识与内容不符等现象，蔬菜内包装常用的塑料薄膜上一般没有包装企业标志，消费者一般无法辨识蔬菜包装是否安全，因此包装安全很难保证。

（二）包装种类与包装规范

蔬菜包装的选择主要根据不同蔬菜特性进行选择，选择适当的包装主要应从以下几个方面进行考虑。符合国家安全要求，采用食品级包装，材料质轻、柔软、无毒、无臭、清洁卫生、无污染，材质非有害物质；具有一定的机械强度，牢固、坚韧有一定的抗压能力和缓冲性，在运输贮藏过程中不易破损，防止造成产品的机械损伤；具有通风口或者采用通透性较好的材料，便于产品通风换气、散发热量；具有一定的防潮功能，避免因为潮湿造成腐烂，保持干燥清洁卫生。此外，取材容易，成本低廉，质量轻、体积小，便于中转或者回收再利用等因素也是考虑之内的。

根据使用的目的不同，包装的分类方式比较多元，通常按照内包装和外包装进行分类。蔬菜包装常用材料及作用见表6-6。

表6-6　蔬菜包装常用材料及作用

材料种类	作用
纸	衬垫、减少失水失重、化学药剂的载体，缓冲
塑料托盘	间隔产品及衬垫，减少碰撞
瓦楞隔板	间隔产品，增大支撑
泡沫塑料	衬垫、缓冲
塑料薄膜袋	减少失水失重，抑制呼吸
塑料薄膜	减少失水失重，保护作用

1. 内包装

内包装指直接与产品接触的包装。主要功能是减少蔬菜的水分蒸发，降低呼吸强度，抑制腐败和微生物的滋生。内包装也有利于减缓产品之间的挤压、振动，降低机械损伤。

（1）保鲜包装。

①纸包果。采用柔软、卫生的纸将产品包裹住。这种方法可降低蔬菜水分蒸发，减少失重与萎蔫。同时也隔离了相互间病原微生物的传播，缓冲摩擦，降低产品间的气体交换，抑制呼吸作用。

②塑料袋。塑料薄膜袋在生活中的使用比较广泛，由于塑料薄膜袋的隔离，由于蔬菜水分蒸发和呼吸作用形成了一个相对封闭的袋内高湿、高CO_2、低O_2的小环境，可抑制产品的呼吸强度，同时降低水分蒸发，保持蔬菜的生鲜状态和品质。在选用塑料薄膜的薄厚、袋的大小时，要充分考虑产品种类、品种、贮藏和运输方法以及环境条件。需要注意的是，在较长时间储藏时，要定期检测袋内的O_2和CO_2浓度，防止造成生理病害导致蔬菜腐烂。现在使用较多的是聚氯乙烯和聚乙烯袋。

③硅窗袋。硅窗袋指在塑料袋上嵌贴一定面积的硅橡胶窗，硅橡胶窗可自动调节袋内O_2和CO_2浓度。袋内蔬菜呼吸释放的CO_2通过硅窗释放到袋外，呼吸需要的O_2则透入袋内。硅窗面积根据袋的大小、袋中装入的蔬菜种类、数量确定。

（2）缓冲包装。

①泡沫网套。泡沫网套是典型的缓冲包装。将蔬菜装入网套后再装入外箱，可填充相互之间的空间，保证相互之间不能相互磕碰、挤压，减少机械损伤。

②塑料托盘或小盒。塑料托盘或小盒常用的有吸塑和发泡两种材质，固定定位功能比较好，可增大产品间的接触面积，有效地将产品隔离开，减少碰撞和腐烂。

③填充物。蔬菜产品直接与外包装箱相碰撞、摩擦容易造成机械损伤，因此也常在箱内添加填充物吸收外来振动能量，通常采用干燥、柔软、清洁、无异味的碎纸、刨花、蒲包等材料。

2. 外包装

目前在我国有筐、木箱、塑料周转箱、瓦楞纸箱、泡沫保温箱等。

（1）筐。包括柳条筐、竹筐、荆条筐等。具有可就地取材，价格低廉的优点，但规格不一，牢固度低。

（2）木箱。木箱相比较于各种筐类，牢固性好，规格一致，但是缺点是自重较大，需要消耗大量的木材资源。

（3）塑料周转箱。硬质塑料周转箱最大的优点就是“周转”，使用过后可回收后反复使用。此外它还具有强度高，通透性好，不怕潮湿的优点，规格一致便于码垛，在冷藏或者气调贮藏时经常使用。目前已有国家标准，按照国家标准生产和使用的周转箱可以实现异地周转和再利用。

（4）瓦楞纸箱。瓦楞纸箱是最常用的外包装之一，它与塑料周转箱相比具有许多优势，如自重轻、使用前可折叠、减小占地面积、方便储存运输；具有良好的缓冲性、隔热性，特别是瓦楞纸箱便于印刷箱面的文字、图案，促进宣传销售。在蔬菜出口时，由于塑料周转箱不可能周转，所以一般采用瓦楞纸箱。但它的缺点也比较明显，抗压能力较低，容易受潮变形。

（5）塑料泡沫箱。塑料泡沫箱对于延长蔬菜储运保鲜期很有益处，具有良好的保温效果。它具有重量轻、成本低、保温好的特点，近年来主要用于农产品的保温运输。

3. 包装规范

蔬菜商品化处理后，一般先进行内包装，然后装箱进行外包装。包装时需要标注产地、品种、等级、重量以及包装日期等有效信息。现在随着手机使用的普及，扫一扫二维原产地信息也经常出现在产品包装上。

（三）蔬菜包装的发展趋势

包装是品牌宣传的重要途径，在过去，我国蔬菜包装方面以手工包装较多，机械化、自动化包装技术和设备使用率低，包装形式单一，包装档次较低，包装标识不清，品牌意识较弱。近年来，我国的蔬菜包装业获得了迅速发展。目前在制造工艺和水平上都有了长足的进步，包装方法、材料、包装保鲜技术都有了稳步的提升。

蔬菜包装的发展需要首先满足蔬菜本身的食用价值属性——高保鲜，也要进一步提高蔬菜的商品化属性——高价值。标准化、科技化、品牌化是主要的方向，包装材料安全和新型包装技术越来越受到企业和公众的重视，品牌打造成为重点。

1. 蔬菜包装标准化

蔬菜包装标准化即蔬菜包装的标识准确，如产地、采摘时间、品种、重量等，包装规格大小统一。根据市场需求，现在以独立小包装的包装模式为主，根据蔬菜品种的不同，一般家庭采购1～3kg居多，5kg的大包装在销售时相对困难。另外，人们对于蔬菜等农产品的品质要求越来越高，特别是绿叶类蔬菜，许多人基本上储备的是当天的需求量，以保证吃到新鲜蔬菜。

2. 蔬菜包装科技化

蔬菜包装科技化即通过选择最新的包装材料和包装技术进行蔬菜价值提升。目前绿色包装成为行业新风向，各类蔬菜保鲜包装技术，如控制气体保鲜包装（气调包装、减压保鲜、可食性保鲜膜）、控温保鲜包装、控湿保鲜包装、抗菌保鲜包装、智能保鲜包装等为蔬菜包装提供了新技术和新途径。

3. 蔬菜包装精品化

蔬菜包装精品化即通过精心设计增强蔬菜产品的视觉效果。目前很多蔬菜产品的包装设计出现了两极化，有的过于粗糙，缺乏美感，也有的过度包装，奢华浮夸，二者均不利于蔬菜产业的发展。蔬菜包装多采用透明可视材料，或者通过包装上的镂空设计，目前蔬菜包装用的薄膜或者塑料盒大多为这种设计，最大限度地向消费者展现了蔬菜产品的品质，方便消费者进行选择。同时，结合蔬菜本身的特点，选择合适的包装材料和合理的艺术设计，提升商业价值。

（四）围绕蔬菜品牌建设，实施蔬菜品牌包装

20世纪90年代，我国就提出了“品牌战略”，发展农产品品牌有助于提高农产品的附加值，增加农民的收入。目前，我国蔬菜产业品牌数量比较多，但在全国范围内知名的“金字招牌”比较少，如何打造知名品牌是各个蔬菜生产商亟需解决的问题。

1. 品牌的作用

品牌具有区分企业所生产的产品和服务的作用；能帮助建立消费者与企业之间长期稳定的关系，使消费者对于某一个特定品牌情有独钟，对其质量和服务予以高度认可；品牌具有资产收益作用。

外包装是品牌最直接的表现形式，是除了产品以外，最能够体现品牌实力，彰显品牌价值的重要因素之一。蔬菜包装与品牌打造有着千丝万缕的联系，良好的包装也有能力建设、建立和反映品牌。包装体现的是品牌理念、品牌文化，因此在蔬菜产品外包装的选择时应紧紧抓住品牌打造这条主线。

2. 品牌包装要求

（1）包装上应具有标示性，充分体现品牌特质。

在包装设计时，真正树立品牌意识，在包装的显著位置放置企业LOGO、标语等，使其产品与其他同类产品区别开来。

（2）包装应该具有特征性，展现品牌文化。

蔬菜包装要体现产品特征，如外在品质、特定地域、文化背

景等，此外还要充分考虑市场特点、消费者心理等因素，努力与消费者建立联系，包容消费者多元的个性需求，使包装作为品牌的视觉载体和品质体现，成为与消费者沟通的桥梁。

（3）包装应富含高级元素，提升品牌定位。

包装材料、色彩、图案的选择、包装理念的设计需要融入高级元素，反映产品档次。不能只一味停留在简单实用的层面，应注重符合高端消费群体的心理预期。

由此可见，蔬菜产品的包装是企业品牌自我展示的一个窗口，是消费者区分同质产品的明显标识，是区别产品质量、档次，推广企业品牌，建立与消费者之间联系的重要工具。特别是对于一些中小蔬菜生产企业，在打造自身品牌过程中想要扩大品牌知名度和影响力，就必须重视包装的价值，吸引更多消费者，占领更大的市场份额。

（五）突出个性化包装设计，提高蔬菜包装档次

在目前市场上出售的各类蔬菜产品同质化程度较高。所谓“同质化”，是指同一大类中不同品牌的蔬菜产品在品种、外观、形状、质量、特征甚至营销手段等方面相互模仿，以致于逐渐趋同的现象，这造成了消费者在选购时难以区分辨别，影响到产品的销售。而所有的企业都希望从同质化竞争中赢得优势，因此不断努力使自已的产品及其包装设计具有与众不同的个性，突出同类产品中的差异化卖点，提升商品价值和市场销售份额。

根据蔬菜产品的特点，在个性化包装设计时，主要可以结合相应的自然条件如土壤、气候等特点，也可以突出相关风味特点，或者可以突出生产过程，如无公害、有机等特点，进行差异化卖点设计。在高端消费群体中流行“私人定制”，凸显独特魅力。同理，蔬菜产品在包装设计上也应该借鉴相应的理念，通过个性化的包装材料选择、造型设计和视觉设计，满足消费者的情

感体验，提高包装的设计价值。

1. 包装的个性化设计元素

（1）包装材料的个性化选择。包装材料是实现包装设计的物质基础，是实现设计者构思创意的先决条件。目前，市场上的蔬菜包装材料以塑料、纸居多，塑料包装通常与刚性较好的纸盒配套包装，一般用纸盒做外包装，塑料做内包装。此外，凡可以满足蔬菜包装保鲜、耐贮运的基本功能外的各类材料，市场上均有发现，如铝箔、镀膜保温材料等。随着消费者环保意识的增强，绿色包装材料日趋受到青睐，如藤编、竹制品等。

（2）包装的个性化造型设计。结构设计是三度空间且多层次的设计，最适合全方位展现包装的个性化设计理念。当前消费者的审美能力和消费观念向个性化诉求转变，希望蔬菜的包装造型要新颖别致、多样化、富有文化内涵。因此，不同蔬菜的包装造型设计应因势利导，深入挖掘潜在的个性化特征。

①趣味性造型设计。趣味性造型要求设计者从消费者的思想情感出发，在造型上通过比喻、拟人、夸张等手法和精心巧妙的构思设计，增加包装的趣味性、亲和力和幽默感。

②舒适性造型设计。设计时着重从消费者的生理和心理舒适协调出发，努力追求人和物融为一体的平衡与一致，从而使消费者获得生理上的舒适感和心理上的愉悦感，如在蔬菜包装盒上装有便携扣、易撕口等。这是现代设计的必然趋势，更是个性化包装设计所必须遵循的基本原则。

③多用途设计。具有多用途的包装指原包装的产品用完后，包装容器可转作他用的结构设计，又称“双重用途包装”或“复合功能包装”。常见的多用途包装，如造型优美的酒瓶、果汁瓶，饮完后瓶子还可以作花瓶使用等，减少了包装废弃物，降低了能源、材料的消耗，保护了生态环境。

2. 包装的个性化视觉设计

从营销的角度出发，个性化包装图案和色彩设计是突出商品个性的重要因素，是最有效的促销手段。消费者的需求总是多样化的，不同性别、年龄段和文化层次的人群对包装中的色彩、图形和文字的认知是不同的。例如色彩方面，年轻人欣赏简洁明快，中老年人喜欢平和、质朴；图形设计上，儿童有着独特的审美，卡通化的图形设计最受追捧。伴随着互联网的发展和电商销售平台的应用借势，让包装承载更多文化创意的文字设计是时下最时髦的包装设计之一。此外，联名款、限量款也可以成功地吸引消费者的关注。

蔬菜的个性化包装设计是一个关乎蔬菜产业经济发展、满足广大消费者个性化需求的重要课题。个性化包装的蔬菜产品应以高端市场和大型超市为目标市场，激发消费者浓厚的兴趣和强烈的购买欲，为生产企业创造更大的效益。

（六）以蔬菜规模经营体为先导，引领蔬菜包装上台阶

随着国内、国际市场的不断变化和农村经济的快速发展，分散经营的千家万户与大市场的衔接问题，蔬菜经营规模偏小与蔬菜产业化、规模化、品牌化发展的矛盾逐步显露出来，成为蔬菜包装业再上新台阶的制约因素。应根据蔬菜主产区的发展现状，以蔬菜规模经营体、蔬菜协会、有组织的生产大村和包装生产大户等为发展主体。这些规模经营的经济体，集生产、包装、销售一体化，具备雄厚的经济基础，具有良好的包装意识和市场意识，容易实现生产与市场的紧密衔接。这些规模经营体能表现出明显的带动作用，促使他们在附近菜园或生产基地联合越来越多的农户，推行自己的生产标准和技术要求，收购符合条件的果品，统一包装后进入市场。当规模经营体达到足够多时，“优质蔬菜+名牌包装”的形象就会深入人心，从而带动整体蔬菜包装

水平的提高。

（七）营造绿色包装，体现生态理念

绿色食品是指在无污染的生态环境中种植及全过程标准化生产或加工的农产品，严格控制其有毒有害物质含量，使之符合国家健康安全食品标准，并经专门机构认定，许可使用绿色食品标志的食品。近年来，绿色食品的概念越来越深入人心，绿色食品在国内外市场上的占有率逐年提高，消费者表现出对绿色产品明显的消费偏好。但是，目前比较尴尬的是，很多“绿色食品”采用的并不是“绿色包装”。国际上公认的绿色包装应符合“4R+1D”的原则，即减量利用（Reduce）、重复利用（Reuse）、循环利用（Recycle）、再生资源利用（Regrow）和可降解（Degradable）。绿色包装设计作为一种新的设计思想与方法，符合生态、环保、健康的消费潮流，已经引起了世界各国的广泛认可和重视，是农产品包装未来发展的方向。

1. 实现包装材料的绿色化

目前，欧、美等发达国家对于包装材料的立法已经比较完善，我国也高度重视包装材料的规范化，尤其在食品、农产品领域，正在加速推进绿色包装的使用与普及。目前，国内外都积极研发各类绿色包装，一方面，研发新材料，如利用牛奶中的酪蛋白研发出一种新型可生物降解、可食用的食品包装塑料；另一方面，升级优化传统材料，如用竹竿、秸秆、柳条等绿色植物制作的包装材料，在原有的竹藤、草编和柳编等基础上对其用新技术再次深度加工，使之形成既具有原始材料包装的特点，又具有了新的优势，如环保、经济、抗压、防水、防潮、防腐、轻便、可循环使用等。这类绿色包装通过规模化的生产，赋予了优质蔬菜产品浓郁的中国风，受到国内外消费者的青睐。这种方式既提升了蔬菜品位，又增加了农民的收入，是非常值得推广的。

2. 蔬菜包装方式的绿色化

前面提到绿色包装的“4R+1D”原则，其中的Reduce就是要求实行包装的减量化——包装在满足保护农产品、方便运输、促进销售等功能的条件下，应杜绝包装的浪费，即避免过度包装（包括商品整体过度包装和局部过度包装），从而实现包装的经济、美观和环保。如可食性被膜包装（即涂蜡）等绿色包装方式，目前在一些发达国家应用普遍而在国内还较少使用。另外，在设计包装时还应考虑充分购买后的携带问题。消费者在购买蔬菜之后不必再使用塑料袋或编织袋，减少了塑料袋的使用，避免了一大部分的白色污染，使绿色蔬菜更环保。Reuse是要求包装的重复利用——农产品包装应尽量避免设计一次性的、使用周期短的、废弃物排放量大的包装产品，即提高包装重复使用次数。

3. 结合蔬菜特性进行包装设计

绿色蔬菜的包装设计在满足绿色的前提下，还要充分考虑蔬菜的特性，从而使绿色包装与绿色产品完美地结合，达到促进销售的目的。例如，绿叶类蔬菜产品给人强烈的新鲜感，在包装设计中应采用“无包装”设计风格。

发展蔬菜产品绿色包装是克服蔬菜贸易壁垒，提高产品竞争力的必由之路。我国绿色包装发展迅速，但与发达国家相比还有一定差距。在未来发展过程中，我们要坚定不移地秉承绿色可持续发展的理念，广泛宣传绿色包装的概念与优势，将发展蔬菜绿色包装提升到与提高蔬菜产品质量并重的位置，引导生产者和消费者建立绿色的消费观念，主动选择绿色包装产品，实现经济效益、生态效益和社会效益的有机统一。

（八）充分利用资源优势，建议发展高档包装纸箱企业

提升纸箱保鲜作用是包装纸箱的主要研究方向之一。瓦楞纸箱是目前蔬菜产品最常用的保鲜纸箱，瓦楞纸箱的保鲜功能是通

过采用一定的技术手段，使纸箱能通过吸潮吸湿、调控温度、调节内部气体、吸附乙烯等方式，降低蔬菜产品在贮运过程中可能出现的失重、萎蔫和腐败现象，从而实现保鲜的目的。

随着保鲜技术的发展，带动了保鲜纸箱生产加工方法的发展。目前，常用的保鲜纸箱生产加工方法如下。

1. 造纸原料混入

在纸箱的纸张生产原料中添加一些能发挥保鲜功效的物质，如混入一些具有气体吸附能力的多孔性矿物质，如高岭土、沸石、硅藻土、蒙脱石等。

2. 纸板表面涂覆

一种方法是将具有保鲜功能的物质溶解成溶液、悬浮液或浆状，采取喷涂或涂覆的方式，使纸箱内表面均匀地分布覆盖涂层；另一种方法是将具有保鲜功能的物质加入油墨助剂，按照油墨的要求采取印刷的方式，将保鲜功能物质固定于纸箱内表面。

3. 纸板夹层添加

瓦楞纸板由于具有特殊的楞形结构，楞与楞之间还留有凹槽，这就为保鲜功能物质的添加提供了条件，可以在夹层凹槽、夹层芯纸中添加，也可以在胶黏剂中添加。这种方法相对绿色、安全、环保。

4. 其他辅助处理

通过在瓦楞纸箱上加装一些辅助处理实现更好的保鲜的方法，如纸箱内复合一层选择透过性PVDC薄膜来阻隔热量传递；采用泡沫板或者装有冷冻介质的囊状冰袋填充而充当保温层等。目前，国内外此类型的专利项目较多，为蔬菜包装提供了多种选择。

虽然近年保鲜纸箱领域研发力度不断加大，各种新式的保鲜纸箱逐渐涌现出来，但与此同时，我们也应该认识到目前保鲜纸箱在实际应用中还存在许多亟需解决的问题。如在纸箱内表面涂覆或印刷方式的纸箱，由于其功能物质会与内装物直接接触，可能存在潜在的风险；再如，纸箱覆膜或经其他处理后，不可直接制浆造纸，在回收处理上比较棘手。因此，下一步在各蔬菜主产区提升蔬菜品质，打造知名品牌的过程中，使蔬菜包装纸箱产业与蓬勃发展的蔬菜产业形成产业配套，增加蔬菜产品附加值，形成循环经济将是大有可为的朝阳产业。

案例篇

第七章　国内蔬菜生产品质管控案例

我国蔬菜种类200多种，无论在蔬菜数量还是种类上基本都能满足人们的生活需要和企业加工需求。但与此同时，国内大量分散、小规模、组织化程度低的农户仍然是蔬菜生产的主体，缺乏统一的生产标准和安全生产保障激励机制等，因此蔬菜的质量安全不能从根本上、更大范围内得到保障，在整个蔬菜生产、加工产业不断发展的同时必须清楚地认识到，我国蔬菜生产单位缺乏组织和龙头企业带动，加工企业数量虽然多但大都规模较小，质量管理体系建设不够健全，标准化建设滞后，采用GMP管理规程并通过HACCP认证和ISO质量系列的更少。

随着科技水平提高和蔬菜产业的不断发展，一方面从国外引进的技术和设备在少数蔬菜生产、加工企业中得到了应用，另一方面在蔬菜生产和加工关键技术创新和研发上也取得了显著成就，这些先进技术和设备的应用有效保障了蔬菜加工产品的质量与安全。本章将重点介绍部分蔬菜质量安全控制典型案例，以期为广大蔬菜生产、加工用户提供借鉴。

第一节　安全优质蔬菜品质管控模式

2014年1月至2016年12月，临沂市农业科学院等单位组织科技攻关团队以临沂同德农业科技开发有限公司、临沂东开蔬菜有限公司为核心示范基地，完成了“安全优质蔬菜品质管控模式及关键技术集成创新”。

临沂同德农业科技开发有限公司坚持“标准化、产业化、品牌化、国际化”发展战略，建立了“公司+农户+基地”、订单农业等经营模式，2006年通过了国家环保总局有机食品认证，被临沂市人民政府认定为农业标准化示范基地，“同德”牌有机蔬菜于2005年5月被评为临沂市绿色优质农产品十佳品牌，2012年被评为中国名优特产，2015年被评为山东省著名商标，成为临沂市蔬菜产业发展的亮点。临沂东开蔬菜有限公司目前依托自主发酵微生物菌肥，在种植中不使用农药、化肥、激素、转基因产品，严格执行国家有机农产品生产标准，打造纯天然的健康食品。采摘园在日常销售上主要采取会员制营销模式，定位于高消费人群，实行会员制消费，配套现代物流、现场采摘等现代化服务。会员独享，在家中通过互联网24h监控园区的生产过程、通过全国免费服务电话或QQ订菜、随时到基地采摘、到基地订餐品尝整桌纯有机蔬菜、顺丰快递送货上门服务。6年来承担了国家农业产业化项目2个，山东省农业技术推广项目等省级项目5个，被评为临沂市农业科技示范园项目，获得国家级农民专业合作社示范社、农业部有机蔬菜标准示范园、全国农村专业技术协会先进集体、全国“三农”科技服务金桥奖等荣誉称号。

该项创新成果主要针对当前蔬菜产品质量认证很多，但许多认证产品外观质量、营养品质、风味品质较差，消费者不认可的实际，采用实验室研究与田间试验相结合；关键技术研究与技术集成相结合；生产环节技术研究与营销模式管理创新相结合；试验研究与示范应用相结合的方法，以日光温室茄果类、瓜类蔬菜和大棚韭菜等为主要研究对象，引进国内外的新品种进行试验示范，筛选具有非转基因、具有较强的抗病虫性能、风味品质好、外形美观的适合安全优质栽培的新品种；开展了蔬菜品质标准研究；对EM有机肥生产工艺及其在蔬菜安全优质栽培上的应用效果进行了研究，筛选出了蔬菜有机基质配方；通过对植物源农药、微生物农药防治效果研究，筛选出了适合在有机、绿色蔬菜上使用的生物农药，明确了熊蜂授粉、授粉器授粉在安全优质蔬菜生产上的应用效果，组装了病虫害生态控制技术，建立了安全优质蔬菜的绿色防控技术体系；研究提出了以开展质量安全认证、政府或第三方认证背书为基础，建立质量追溯体系、透明溯源为核心，实行品牌营销、企业品牌保障为根本，面向中高端、会员制营销为手段的安全优质蔬菜品质信任体系，提出安全优质蔬菜的安全品质+风味品质+外观品质的“有机（绿色）+”品质概念，建立了以“三大技术支撑+四重信誉保障”为核心的安全优质蔬菜品质“三四”管控模式。将研究成果与国内外先进的蔬菜集约化育苗技术、肥水一体化技术、采后保鲜技术、物联网技术等进行集成，总结完善了安全优质蔬菜品质管控技术规程。

经验借鉴：一是首次提出安全优质蔬菜“有机（绿色）+”品质概念，即安全品质+风味品质+外观品质的“有机（绿色）+”品质；研发出以三大技术支撑（土壤培肥改良、病虫生态控制、良种良法配套）和四重信誉保障（认证背书、透明溯源、品牌保障、基地直销）为核心的有机蔬菜品质“三四”管控模式，有效确保了有机蔬菜的质量和信誉。二是在蔬菜专用生物有机肥的研发方面有创新。研发了以杏鲍菇菌渣为主要原料的有机基质配方（杏鲍菇菌渣：兔粪：土壤=2：1：1+骨粉100kg/667m^2+蓖麻粕150kg/667m^2）及番茄、黄瓜专用生物有机肥。三是在安全优质蔬菜品质管控技术集成上有创新。建立了产地环境管控、种子质量管控、播种期管控、土壤改良与肥水管控、病虫害生态管控、采收与贮运管控、品质信誉管控的安全优质蔬菜技术规范，符合当前产销实际，可操作性强。该项目认为该项研究在安全优质蔬菜品质管控模式、生物有机肥研发方面有创新，整体达到同类研究项目的国内领先水平。通过建立示范基地、开展技术培训等措施，建立有机蔬菜项目核心示范区320亩；在临沂市兰陵、费县、沂南、河东等县（区）累计推广安全优质蔬菜12.6万余亩，并在山东省潍坊、淄博、德州等市推广，获得了显著的经济效益、生态效益和社会效益。

第二节　兰陵县蔬菜生产全程品质管控实践

山东省兰陵（苍山）县素有“山东南菜园美誉”，被誉为“中国蔬菜之乡”“中国大蒜之乡”“中国牛蒡之乡”。常年蔬菜种植面积达100万亩（6.7万hm^2）。其中，设施蔬菜面积达55万亩，包括10万亩新型设施蔬菜。2016年新增优质农产品基地4万亩，共建设各类优质农产品基地69万亩；“三品一标”认证农产品达到276个，其中无公害产品14个，绿色食品248个，有机食品11个，中国地理标志产品3个（苍山大蒜、苍山牛蒡、苍山辣椒）。兰陵县已构建了农业投入品动态监管体系、农产品规范化流通体系、质量安全检验检测体系和追溯体系，兰陵县被认定为山东省“农产品质量安全示范县”和“出口农产品质量安全示范县”。2016年中国品牌价值评价信息发布，“苍山大蒜”品牌价值再创历史新高，达到172.71亿元。2018年“苍山蔬菜”名列中国区域品牌发展年度报告及农业品牌影响力排行榜，受到广泛关注。

经验借鉴：为保障蔬菜生产的质量安全，兰陵县将确保质量安全作为“兰陵蔬菜产业转型升级的生命线”，主要以建设高标准园为主抓手，以检验检测为保障，收到了良好效果。先后有山东省的金乡、淄博、平邑、临沭、沂南、莒南，江苏的东海、新沂、大丰、盐城、镇江，辽宁的朝阳、凌源，山西的安泽，河北的尚义，浙江的杭州等20多个省内外县（市、区）来参观学习。

一、建设高标准标准园

自2009年11月起，山东省在蔬菜发展重点区域积极开展蔬菜标准园创建工作，全省共创建设施蔬菜标准园34个，露地蔬菜标准园8个，分布在15个市。其中，山东兰陵县蔬菜标准园建设项目由县级农业（蔬菜）主管部门承担，以农民专业合作社或蔬菜龙头企业为实施载体。项目实施后，要求达到3个100%，即标准化生产达到100%，商品化处理达到100%，品牌化销售达到100%，达到节本增效目的。强化“五项”制度建设，即健全完善投入品监管制度、生产档案制度、定期检测制度、基地准出制度、产品质量追溯制度，稳定提高产品质量安全水平。

（一）强化组织领导，确保项目实施

成立了由分管县长任组长的苍山县蔬菜标准园创建工作领导小组，办公室人员由蔬菜局、所在乡镇和公司的精干人员组成，具体负责蔬菜标准园创建工作的组织、协调、督导、服务工作。同时，成立了技术指导小组，具体负责各项技术措施的制定、培训、指导和服务，确保技术到位。制定了标准园创建实施方案、规划图、领导小组、技术指导小组和投入品管理制度、生产档案制度、产品检测制度、基地准出制度、质量追溯制度等；及时整理入档；按照全省统一要求制作了蔬菜标准园（创建）标识牌，标明了管理人姓名、栽培品种、种植时间、主要技术、技术负责单位及技术员姓名等内容。

（二）做好技术服务，提高科技含量

先后引进优良蔬菜品种30多个，经过试验筛选，确定黄瓜、番茄等各类蔬菜主推品种15个。集成、示范了山东V型日光温

室、多功能复合棚膜、杀虫灯、秸秆生物发酵、微滴灌、熊蜂授粉等新设施、新设备、新技术。组织专家编印了《蔬菜标准园（创建）技术手册》，印制了《技术操作规程》明白纸，张挂到棚头屋内，做到生产有标可依。专家技术人员实行定岗定位，培训学习了《蔬菜标准园创建工作方案》《农产品质量安全法》《蔬菜标准化生产技术》。召开现场观摩会集中参观学习。

（三）抓好基础设施建设，提升创建档次

重点对园区内的水、电、路、沟、渠进行了配套完善，对棚头房进行了重建。共硬化生产路3.5km，完善水渠5.3km，干道两边绿化3.4km，改造生产电路5.2km，重建棚头房43个，改造提升温室68个，全部采用优良棚型，其中两个作为集中育苗场所，全部采用穴盘基质育苗，可一次性育苗72万株。新建贮藏恒温库1座，面积2 000m^2，改建蔬菜加工处理、分级、包装车间1 500m^2。

（四）重视产品质量监控，确保产品安全

蔬菜标准园内组建了专业化植保队伍，病虫害实行了农业、物理和生物综合防控技术，农药用量减少了30%以上。在推广生态栽培的同时，强化了产品检测，制定了检测制度，所有自检和县级质量部门抽检产品均合格。

（五）加强品牌建设，争创一流品牌

产品注册了“双龙湾”牌商标，获得了“绿色食品”认证，目前已进行了有机食品认证申报。由于生产过程的全程标准化，苍山蔬菜标准园被列为上海世博会蔬菜专供基地、临沂市优质农产品基地，基地生产的全部蔬菜产品畅销上海世博会及上海家乐福等超市。借助蔬菜标准园创建工作，积极在临沂农业信息网、

兰陵县电视台、兰陵蔬菜网等媒体上宣传“双龙湾”牌番茄，品牌知名度有了较大提高。

（六）注重产后处理，增加产后附加值

为了增加蔬菜产后附加值，利用建起的市场交易区、加工分级包装区进行产后精包装和净菜加工，园内产品全部实现了分等、分级、包装、贮运、保鲜为一体的商品化处理体系，实行加工、运输、销售全程冷藏保鲜。部分蔬菜实现了精加工，产品销往上海、苏州、广州等南方大中城市以及日本、韩国等国外市场。目前园内蔬菜基本上实现了“统一品种、统一购药、统一标准、统一检测、统一标识、统一销售”的“六统一管理”。做到100%统防统治、100%测土配方施肥、100%产品订单生产、100%商品化处理、100%品牌销售，实现了龙头企业+合作社+基地的产业化经营模式。

园区内推广了多项新技术和新产品，科技含量进一步提高；产品质量明显提升，完全达到了国家绿色食品标准，部分达到了有机食品标准；通过推广标准化生产技术及环境友好型产品，使生态环境更加友好，空气质量达“优”，水质无任何污染，土壤生态环境明显改善，生态效益明显；企业、农民的传统观念得到改变，现代农业意识和科技意识明显提高，在全县起到了良好的示范带动作用，每年带动推广300hm^{2}以上，得到了社会的认可。

二、加强检测检验

投资700多万元建设了全省第一家农副产品质量监督检验中心，可进行药残、肥残、重金属等100多项指标的检测。与上海、江苏、广东、浙江等地南方蔬菜主销区建立了无公害蔬菜产销联盟，让销区市场人员来兰陵进行源头监控，抢先拿到了“兰陵蔬菜”在市场销售中的通行证。兰陵县每年自10月份进入大棚

菜生产旺季以来，除了对进入市场销售的蔬菜进行登记和抽签，还依托位于各乡镇的农产品质量安全监管服务中心，每周二、周五定时、不定点地深入农产品生产基地、生产企业和大型超市等进行抽检；对全县范围内农资经营户、农产品生产基地、蔬菜批发市场、农民专业合作社、农产品生产企业、种植（养殖）大户进行安全隐患排查，对发现的农残超标蔬菜，及时处理销毁。该检测中心已经通过山东省级计量认证和实验室认可，开展对20大类农副产品389种农产品的全部项目检测，以及对153种农副产品的712项参数及46个检验方法的检测，检测内容覆盖农副产品理化、农药残留、重金属、微生物和营养成分等指标。就在检测进行过程中，菜农的进场报备信息与安全报备信息同时登记完毕，在流通和终端消费过程中，它们还将有可能被抽查，一旦发现质量安全问题，就能很方便地追溯到源头。通过检测后，菜农才能把“无公害农产品”的激光标志贴到自家生产的蔬菜上。目前，全县蔬菜生产已经完全按照用药标准组织生产，蔬菜抽检合格率达到了100%。要求全县蔬菜专业批发市场的每一批蔬菜进场时都要有进货票据，出场时也要提供出货票据，一旦质量出现问题，就能查到它的来源和下落，便于及时追溯、检测并召回，不让一斤有问题的蔬菜流出兰陵。

第三节　丽水市GS1管理与追溯体系

“丽水山耕”是国内首个覆盖全区域、全品类和全产业链的地级市农产品区域公用品牌。“2018中国区域农业品牌影响力排行榜”，丽水市农业公共区域品牌“丽水山耕”以96.76的品牌指数摘得“区域农业形象品牌影响力”桂冠。品牌力量来源于从源头抓质量。丽水市通过GS1管理与追溯体系建立、标准化实施，提升农产品质量，增强农业增效、农民增收，农产品质量安全管控成为品牌建立的坚实基础，品牌影响力扩大的根本措施。“丽水山耕”共有会员863家，建立合作基地1 122个，至今累计销售额67.3亿元，产品溢价率超30%，品牌评估价值达26.6亿元。

丽水市贯彻落实“绿水青山就是金山银山”的发展战略，建立“GS1管理与追溯体系+标准化管理”体系，确保农产品质量。

一、建立“GS1管理与追溯体系”

丽水市以追溯系统拧紧安全阀门，加快建设农产品质量安全追溯管理系统，由农、林、渔等部门负责在线监督企业生产流程和标准，全面推广农产品质量安全定量检测。消费者可通过扫描商品上的溯源二维码，实现产品源头可追溯、流向可跟踪、信息可查询，确保“舌尖上的安全”。

GS1管理与追溯体系采用全球统一编码系统进行产品追溯，并在农产品种植、加工、仓储、运输、销售等关键节点进行了实际应用，形成了扫描数据自动采集、扫描条码全程读取的高效运作模式。GS1全球统一编码系统的应用深入推进了“丽水山耕”农产品质量标准和认证体系建设，以及信息系统、编码和追溯体系建设，在加强农产品质量安全追溯监管，从源头抓好农产品质量及提升品牌影响力方面起到了关键作用。

GS1系统能够对供应链全过程的每一个节点进行有效标识，记录各个环节信息管理、传递和交换的数据，从而对供应链中原材料、种植加工、包装、贮藏、运输、销售等环节进行跟踪与追溯，这也有助于及时发现问题并进行妥善处理，让消费者放心、满意的消费。所以追溯系统建立后，保证了农产品全程可追溯，让消费者放心消费，实现了优质优价，给生产者带来溢价。这一需求导向也促进和引导了更多“丽水山耕”协会的会员少用农药、化肥，杜绝高毒农药，尽量使用生物农药和有机肥，进而实现了经济效益和社会效益的共赢。对政府来说，能实现高效监管，提前消除安全隐患，万一出现问题产品能及时召回；对生产者而言，通过唯一代码洞察消费和流向，优化生产、降低库存；对消费者而言，实时查询溯源信息，放心消费培养信任，提高对品牌的忠诚度；对进出口商来说，通过统一的国际标准实现信息共享，方便追踪并能提高国际竞争力；对物流服务商来说，优化流程提升物流效率降低成本；对销售商而言，能实现智慧管理以减少库存并实现精准营销。

二、建立农业标准化体系

丽水市在全产业链的整体生产过程中通过实施标准化战略，构建农产品在产前、产中、产后的标准体系框架，制定适合于当地情况的技术标准和技术规范，明晰了无公害农产品、绿色食品和有机食品的区别，加大宣传让企业和农民懂标准化、会标准化；加强农产品安全检测，建设农产品检测体系和强有力的监督机制；加快推进粗放型经营向集约型经营转轨的进程，改变单家独户的小生产和千变万化的大市场脱节，土地适度规模经营和农业龙头企业发展滞后的现状；从源头上推进农业标准化实施，在生产、加工、销售各个环节实现标准化，如莲都区的梅峰茶叶公司制订了梅中田牌茶叶标准，青田县农业局制订的山鹤牌杨梅标准，松阳县农业发展有限公司制订了梦阳脐橙标准等，他们将标准化和农业产业化经营结合起来，提高了农产品质量，开拓了市场，提高了经济效益。到2014年底，全市共制定农业标准214个，且多个标准成为浙江省省级标准，如松阳银猴茶、遂昌竹炭、瓯江彩鲤等。全市检测机构已有10家，能开展检验项目共有4类467个参数。标准的制定实施，为提高农产品质量和促进农民增收起到了积极的作用。如青田县山鹤杨梅标准，规定了山鹤牌杨梅的适应环境、壮苗培育、栽培技术、病虫防治、采收包装、贮运销售等，对生产技术的规范起到了积极的作用。

未来，“丽水山耕”与物品编码中心将考虑在基于区块链技术的GS1全程溯源方面进行深入合作，利用区块链的不可篡改性，将生产信息、物流信息、销售信息等全流程的数据记录上链，有利于保证丽水山耕产品的正宗，真正维护了消费者权益。

第八章　蔬菜加工品质管控案例

第一节　青果出口速冻蔬菜全程品质管控模式

对蔬菜加工企业自身而言，注重质量安全管理可以提升产品品质，抢占更多的国内国际市场份额，获得更多的经济效益；对整个蔬菜产业来说，如果更多的加工企业重视质量管理就会迫使市场淘汰产品质量不合格的企业，进而促进整个产业的优化升级；另外，在社会大众对农产品质量要求越来越严格的背景下，重视产品品质的企业更能够获得消费者认可，树立良好的企业形象。下面对其蔬菜加工企业的质量安全管理与控制的关键点进行系统分析，总结其典型的经验与做法，以期为其他同类企业提供启示与借鉴。

山东青果食品有限公司成立于2002年4月，是一家集蔬菜种植、加工和出口于一体的外向型企业，是“国家第一批良好农业规范试点企业”“山东省农业产业化重点龙头企业”“山东省出口农产品质量安全示范企业”“山东省重合同守信用企业”。公司产品分速冻和腌渍两大系列80余个品种，主要产品有速冻菠菜、毛豆、绿芦笋、黄秋葵等及腌渍大姜、黄瓜等。2016年公司年生产总量2.5万t，年销售收入2.1亿元，实现出口创汇1 900万美元，内贸销售货值9 000万元。

公司拥有自营出口权，通过了HACCP食品安全管理体系认证和欧洲EC、美国NOP、日本JAS有机食品等认证，产品质量稳定，成功打入国际、国内两个高端市场。建立了遍布全球的销售网络，在美、日、欧盟等9个国家和北京、上海等30个国内大中城市建立了销售网络，在国内采用同质、同标、同线的“三同”生产方式，与湾仔码头、嘉和一品、西贝餐饮等建立了良好的合作关系。

近几年青果公司积极研究探索速冻蔬菜全程冷链与全程质量控制模式，创建了青果品牌蔬菜“双管齐下品控模式”，即采取基地过程控制和产品检测控制的双控管理，突出原料预冷和产品冷运两个关键环节的全程冷链，实行工厂与消费者、与基地的正向、逆向双向全程追溯，面向国外出口和国内高端消费两个市场开展品牌营销。

一、基地生产双控管理，严把速冻蔬菜质量

蔬菜质量的控制首先要从基地选择、土壤改良、施肥控制等细节入手，其次是采摘储存、运输方式对蔬菜质量的影响。青果公司为确保速冻蔬菜质量，对基地生产实行双控管理。

1. 规范基地管理，对种植源头进行监测调节

青果公司采用先进的监控装置和系统控制技术对农作物生长过程中的土壤、基质水分、养分等环境参数进行实时监测和职能调节，高效、节水、生态、优质，有效防止土壤盐碱化和板结，保护生态环境。

青果公司拥有覆盖全国的自控蔬菜种植基地，按照“公司+合作社+基地+农户”的农业产业化运营模式，与合作社、基地、农户统一签订合同，按照“订单式生产、保护价回收”的方式，采取“六统一”模式进行基地管理，确保了基地种植的规范化、标准化和质量可控。公司在宁夏、辽宁，江苏响水和山东泰安、聊城等地，发展种植基地5.5万亩，顺利通过了日本JAS有机认证

审核和西本贸易基地审核，保证了出口产品顺利通关。

2. 完善抽检制度，对生产环节进行全程监控

青果公司采用多种措施，对生产环节进行全程监控。一是原料采收前，以地块为单位，每50亩，实行25点取样。二是原料收获后，公司对采收原料的重金属等理化指标进行再次检测。三是原料进厂时，按卸车先后顺序进行取样，并按照原料检验标准抽查利用率。四是对半成品、成品进行检测控制，对每个TBS每天做农残和微生物检测，在线品管员每小时对半成品和成品做感观等指标检测。五是出货时，再对每个柜的产品做微生物等指标抽查检测，不符合指标要求的产品严禁装柜。

二、注重原料预冷和产品冷运两个关键环节，实现全程冷链，确保质量

1. 原料采收进行田间预冷

青果公司根据种植基地的地块分布，合理布局有预冷处理室的蔬菜初加工车间，对采收的蔬菜及时进行初加工及预冷储存。改变了过去合作社种植基地连片面积小的缺陷，发展大面积连片基地，面积在3 000亩以上的已达到十几处，在种植基地建设蔬菜初加工车间十几处，将蔬菜原料预冷后运输，提高了运输质量，保障了蔬菜品质。

2. 运输采用冷链物流配送

原料蔬菜收获后，距加工厂路途较近的，及时运输到加工厂进行加工速冻、包装、低温冷藏；距离加工厂较远的，在初加工车间预冷后，再采用低温运输车送到加工厂进行深加工，然后低温冷冻储存，全部采用冷链物流进行配送，使各个环节始终处于产品所必需的特定低温环境，减少损耗，防止污染和变质，以保证产品的安全。

三、建立从种植到消费全过程的一码制，实现双向全程质量追溯

为确保食品安全，提高产品质量，按照国家实验室标准，公司投资建设了具有独立法人资格的山东爱普迪检测有限公司。检测公司引进日本、美国等国家的先进液相检测仪、气相色谱仪、气质联用仪等设备，可检测重金属、农残、致病菌、转基因及营养成分等多项指标，并通过了资格和计量“双认证”是鲁东南地区最大的以种植业为主，畜牧业和水产业检测为辅的食品检验检测中心。

为实现食品安全可全程追溯，规范食品生产、加工、流通和消费4个环节。公司为每个产品都颁发一个“电子身份证”，全部加贴条码电子标签，并建立食品安全数据库，从基地种植及生产加工环节开始加贴，实现“从基地到餐桌”全过程的跟踪和追溯，确保从基地到餐桌全程六道关口责任可追溯。

四、开展技术研发制度规范，提升冷冻蔬菜质量安全品质

公司与青岛农业大学、临沂市农业科学院等单位进行技术合作，进行了基地蔬菜生产优化品种结构、完善标准化生产技术等多项研究。在研究和生产过程中，逐步制订了20余种出口蔬菜的基地管理、物资管理、原料采收与运输管理、加工流程管理、质量溯源管理等规程。制定的《输日冷冻菠菜农残控制体系运行规范》，被国家商检总局作为行业标准在全国推广。积极改进蔬菜深加工工艺。技术人员在菠菜、芦笋速冻生产线中使用了CAS技术，使处理后的蔬菜快速冷冻，降低了常规冷冻时细胞壁“涨破”的比例，解冻后的蔬菜色泽、口感都优于前者，产品质量得

到明显提升。

青果公司秉承“健康生活，源自青果”经营理念，实行“从基地到餐桌”全产业链质量追溯的质量安全控制工作，为做大做强国际、国内两个市场，为逐步建成拥有自主创新能力和核心竞争力的现代农产品深加工企业打下了坚实的基础。

第二节　亚细亚有机蔬菜加工品质管控实践

泰安泰山亚细亚食品有限公司自1994年开始从事有机农业，是国内最早、也是当前规模最大的集研发、生产、加工、销售和出口为一体的全产业链有机蔬菜加工企业。公司的主营产品有有机速冻蔬菜、有机保鲜蔬菜、有机脱水蔬菜、有机调理食品共四大系列60多个种类，在国内，2011年注册了“九州丰园”的营销品牌，产品遍布山东各市区、长三角、珠三角和京津冀等地区。销往美国、加拿大、日本、澳大利亚、新西兰以及欧盟各国等30多个国家和地区。亚细亚进行质量安全管理的关键点如下。

一、特色基地严格管理

从源头把控，严格按照有机农业规范的标准选择蔬菜生产基地。

二、采用“公司+合作社农场”和“公司+私人农场（大户承包农场）”是亚细亚基地管理的主要模式

在合作社农场模式中，多家农户按照“自愿加入、利益共享、风险共担”的原则成立合作社领导下的有机蔬菜种植农场，

并对农户进行“六统一管理”培训。公司向农场派遣监督员，通过多点取样检测的方式进行质量监控。同时有机蔬菜的种植收入比粮食提高3～5倍，提升了菜农长期种植有机蔬菜的积极性，从源头上杜绝了农药、化肥等污染。

1. 应用关键技术

一是采取了合理轮作、冬季休耕等农业防治措施，破坏病虫害的生存环境。二是通过生物防治措施，达到了以虫治虫、促进生态平衡的效果。三是采用黑光灯、频振式杀虫灯、黄黏板等物理防治措施诱杀黏杀害虫。四是在每个农场建立了有机肥料厂，通过施用有机堆肥、豆科绿肥、专业有机肥，增强了作物的抗旱、抗病等抗逆能力，既提高了蔬菜的产量又保证了蔬菜的安全和品质。

2. 严把过程管理

（1）精选原料确保来自经NOP、CCIA、JONA、JAS等有机认证的农场。专人按有机原料的采购标准统一现场验收；有机农产品专用车辆在4h内运输到各加工厂；原料入厂后，接收员、保管人员严格按照章程进行管理。

（2）加工过程标准化管理。加工车间按照GMP的规划建设标准，制定了《卫生标准操作规范》。在加工工艺上，根据HACCP的要求将可能出现的危害降至最小。基于GB/T 19630有机产品标准，每种产品在20多个环节和工序中都建立了相应管理体系，保证产品的质量和有机属性。

（3）在检验检测上，对每个批次的产品都进行严格的企业自检、官方抽检和第三方检测。

（4）建立质量可追溯体系。亚细亚从基地种植、原料采收、生产加工、半成品入库到包装出库整个过程都建立了严格的产品质量追溯制度和标识制度，对有机蔬菜的质量能够做到

100%的可追溯，建立了模拟追踪系统。建立了产品的召回/撤回制度，最大限度地确保消费者利益，使不良影响降至最低。

第三节　效峰科技食用菌加工品质管控实践

山东效峰生物科技股份有限公司，成立于2006年8月，位于临沂市罗庄区高都街道驻地。系国家高新技术企业、山东省农业龙头企业、山东省创新企业、山东农业产业化十佳企业、山东省食用菌行业优秀龙头企业、农业产业化市重点龙头企业、临沂市创新型企业，也是山东省率先通过的有机产品认证、ISO 9001国际质量管理体系认证、HACCP食品安全管理体系认证和QS认证的科技创新型现代农业企业，是临沂市食用菌行业的领头羊。2016年度效峰企业被授予“山东省企业改制创新转型升级先进单位”“山东省工业旅游示范点”“效峰科技国家星创天地”。公司建有目前山东省最大的有机杏鲍菇工厂化生产加工基地，拥有省级科技创新平台2个、市级创新平台2个，国家授权专利23件，其中发明专利10件，主持制定省、市地方行业技术标准5个，国家注册商标3个。

效峰科技旗下食品公司——山东效峰食品有限公司，成立于2014年8月。目前，效峰食品厂设有两个分厂，面条厂与酱菜厂。企业主要生产蘑菇酱菜、蘑菇面条等产品。其中面条厂目前生产有22种规格与种类的面条，主要品类有杏鲍菇原汁面条、香菇原汁面条、清水面、龙须面等，年产量达1万t，实现产值5 000万余元；酱菜厂目前有三大品类的产品，瓶装酱菜及即食袋装酱菜，以及辣椒酱，酱菜产品口味多样，有原味酱菜、香辣口味、泡椒口味、麻辣口味、香辣牛肉味，以及香辣金针菇等共16种产品，年产值1 000万余元。

企业非常重视“食品”安全，关注“饮食”健康，坚持重质量、追求产品完美，凭借过硬的产品质量、优质的销售服务，产品先后被授予“临沂市名优农产品”“沂蒙优质农产品十佳品牌”“山东省著名品牌”“全国百佳农产品品牌”“第五届沂蒙优质农产品交易会参展农产品金奖”和“山东省知名农产品企业品牌”等荣誉称号，畅销北京、沈阳、天津、石家庄、大连、连云港、济南、青岛、广西、云南等全国20多个省、区、市，深受消费者青睐。

公司高度重视质量安全控制科技创新，围绕产学研合作、新产品研发、优质农产品基地品牌建设及市场营销等工作，现已与中国科学院昆明植物研究所、中国农业大学、山东农业大学、聊城大学、山东省农业科学院、临沂市农业科学院、临沂市科学技术合作与应用研究院等10多个高等院校、科研院所建立了产学研合作关系，实现了企业与科研院校的有机结合，促进了产学研长效机制的建立，不仅有效解决了食用菌生产发展中的质量安全控制技术“瓶颈”问题，而且进一步提升了企业自主创新能力和产品核心竞争力，促进了当地经济社会发展。

第九章　国外蔬菜质量安全控制案例

第一节　发达国家蔬菜品质管控技术体系

发达国家在蔬菜质量安全管理上，通过标准化生产、社会化信息服务和法律监管体系，提高蔬菜的安全性和竞争力。

一、发达国家蔬菜质控技术体系

（一）蔬菜生产质量控制技术

1. 生产环节

（1）因地制宜合理规划生产布局。由于市场竞争、自然条件以及交通、通信设施的发展，发达国家的蔬菜生产区域化，各基地或蔬菜农场专门生产少数几种最适宜的蔬菜供应到全国各地。例如西班牙的蔬菜产区主要集中在地中海沿岸、Anda-lucia西部、加那利群岛、内陆地区和北大西洋沿岸5个区域。其中，加那利群岛适宜大部分夏季蔬菜的反季节栽培，北大西洋沿岸的蔬菜生产主要供应国内市场。日本的蔬菜产区逐渐由中心城市向偏远郊区过渡。由于日本政府对食品安全问题要求比较严格，为了确保蔬菜在生产过程中不会受到污染，在选址过程中会对其进行大气、土质和水分等项目的检测。

（2）创新科技采用先进绿色生产技术。采用生物育种技术，普遍使用抗病虫害、抗寒、抗除草剂的蔬菜品种，能够减少蔬菜生长过程中的农药、化肥等农资投入量。发达国家广泛采用转基因技术培育新品种。美国抗病毒的转基因番茄、黄瓜、南瓜已投放市场。荷兰抗虫蔬菜品种的培育技术比较先进，成为世界4大蔬菜种子出口国之一。日本蔬菜品种每年投入大量资金，通过生物育种技术迅速改良换代。

发达国家蔬菜产业的科技含量很高，最重要的是体现在对蔬菜的管理，包括化肥、农药的使用以及灌溉等。

①化肥。发达国家是科学合理施肥。在对蔬菜生产基地土壤进行检测的基础上，科学施用浓缩复合肥和有机肥。日本政府提倡秸秆还田、轮作或者休耕，以达到增加土壤肥力、改善土质结构和降低蔬菜对化肥的依赖等作用。

②农药。美国通过采用包衣种子、吸虫机器等方法控制农药的使用。日本尽量避免使用农药。在蔬菜种植前地面覆膜，蔬菜生产过程中使用植物萃取液、提取液和矿物油防治病虫害，使用微生物除草剂或采取人工、机械的方法除草。同时，为了减少农药的使用，还运用如释放天敌等生物物理的方法来防治病虫害，利用生态来控制杂草繁殖。另外，发达国家采用现有的电子计算机技术进行档案记录、数据储存、土壤测试和分析、化肥成分计算和组合、作业计划和计算等工作。

2. 流通环节

建立可追溯流通体系。为了能够追根溯源，包装材料上标注蔬菜品名、规格、产地、生产者名称和条形码等商品标志。发达国家以强大的联合体出现在国际市场。美国的蔬菜供应主要是由几家大公司负责，这些公司规模庞大，子公司分布在世界各地，不仅在蔬菜的流通、保鲜和加工技术上有着雄厚的实力，更便于在全球市场上经营管理。荷兰75%～95%的蔬菜都是由合作社销售。日本蔬菜也以分散生产、集中销售为特征，由农协统一组织。同时，加强冷链物流建设。发达国家蔬菜从收获到食用前均能够保持采后生理需求的温度条件，形成一条“冷链”。“冷链”处理可以使蔬菜在加工运输环节中的损耗率降低到1%～2%。

（二）蔬菜生产标准化

蔬菜生产的“标准化”主要包括蔬菜质量、大小和包装这3个方面。为了提高蔬菜产业的竞争力，发达国家在蔬菜生产、储存、运输和销售等环节都有严格的操作标准。

美国在20世纪60年代初就已经颁布了果蔬质量标准，并且与国家法规相结合。美国还制定了蔬菜产品和服务相关标准，包含蔬菜从生产到流通的每一个环节。蔬菜标准规定蔬菜在种植过程中必须限制使用化肥、农药等物质，在流通环节必须按照一定要求使用防腐剂、食品添加剂等化学物质，在消费者拿到最终的蔬菜产品时，必须可以直接通过包装了解到蔬菜的产地、质量、采摘时间和成熟度等相关信息。蔬菜质量安全管理的标准主要有4项，其中前3项都是由美国食品药品监督管理局（FDA）发布：①蔬菜识别标准。其主要目的是让消费者在购买蔬菜时能通过标签识别出不同品质的蔬菜，不受到误解或者欺骗。②蔬菜质量标准。它通过对蔬菜产品质量的约束，可以保护消费者在不知情的情况下也不会买到不合格的产品。③蔬菜容器填充标准。使得消费者在购买时不会出现缺斤少两的情况，从而保障消费者的合法权益。④蔬菜质量分级标准。该标准是由美国农业部USDA发布的一项推荐性分级标准，通过建立一种质量控制标准，实现对所有批次货物进行分组估价，从而达到促进市场规范的目的。政府、高等院校、科研院所以及生产、加工、营销和市场在内的不同领域业界人士参与了该标准的制定，能符合社会上的不同需求，为顺利实施打下了基础。

日本政府对蔬菜的出售也进行了标准化，其中规定了31种蔬菜关于外观质量方面的国家级标准，具体内容包括它们的形状、色泽、是否干净、有无病虫伤害、是否腐败变质、有无沙土等异物。大小一般分为5、6、7 三个等级标准。分级标准决定于不同品种的质量、直径、长度、标准包装所能盛放的个数等指标。

（三）社会化信息服务

社会化信息服务体系逐步完善，贯穿整个产业链。发达国家建立了完善的各种服务机构，贯穿蔬菜生产流通的各个环节，包括提供保险服务，能够为蔬菜产业链提供产前、产中和产后的多方位社会化服务。例如，美国由种子公司、肥料农药销售商、运输公司、加工厂和农业协会等服务机构分工合作，产前服务提供农业物资和农业信息咨询；产中服务有专业人员对农户进行技术指导，并直接参与到蔬菜种植过程中去；产后服务包括蔬菜的加工、包装、运输和销售等环节，这样保证了蔬菜产业链的正常运行。日本蔬菜生产服务的中心是日本农业协同公会（简称农协）。美国大力开展蔬菜产业信息化建设，建立了一项长期的“水果和蔬菜计划”，提供新鲜和加工果蔬产品的定级和检验服务、产品流动和价格信息，监督有关贸易法律、法规是否公平实施等，为果蔬生产者提供多方面的帮助。同时，美国政府还非常重视蔬菜安全风险信息的发布和交流，并加强蔬菜可追溯制度，以确保消费者能够及时获得蔬菜质量安全信息，减少蔬菜安全事故。日本在蔬菜流通方面的电子信息化进展迅速。其中，销售终端（POS）系统和自动定货（EOS）系统也被广泛应用，在方便连锁店和大型零售店迅速普及，提供每种蔬菜的销售情况和需求情况，可以极大地增加蔬菜的库存周转效率。该系统通过附加值通信网（VAN）将蔬菜生产者、加工者与批发者直接联系起来，实现了与国内以及世界主要批发市场的联网。

（四）蔬菜质量安全法规及监管体系

发达国家政府职能的合理分工，各负其责很受重视。通常是由一个部门管理蔬菜的生产、流通、储藏和加工，并且蔬菜的各种法律法规在发达国家比较完善，出现问题能够做到有据可查，有法可依。美国的食品安全监管体系分为联邦、州和地区3个层次，由联邦机构实行垂直管理方式，对于管辖范围内的事务实行从上到下的“一揽子”管理。欧盟为对食品安全进行统一监管，成立了独立行使职能的欧洲食品安全局，该管理局是欧盟的直属机构。日本是农林水产省、劳动厚生省和食品安全委员会三方制衡的食品质量安全监管体系。美国有关法律的修订程序是公开的，其相关规章的制定、修订和颁布过程允许且鼓励消费者、蔬菜行业和其他人员参与。此外，美国一直以危险性分析为基础来制定这些安全条例、法规和政策，并通过邀请具有公信力的健康专家，以及政府外的相关科学家，采用恰当的科学技术方法对法律法规的制定以及修改给出合理的建议。日本政府对蔬菜的产销制定了法律法规，目前为止已有《批发市场法》《蔬菜生产上市安定法》等近10项法律和法规正式颁布并实施。《蔬菜生产上市安定法》对蔬菜明确规定了品种、产地和消费地，称为“三制定”。政府对大众需求量多的蔬菜品种、名优蔬菜品种及其上市时间以政令的形式公布出来，并根据市场的需求变化及时作出调整。

二、启示

对于我国而言，应因地制宜，根据各地的实际发展水平以及自然条件气候等因素选择最合适的蔬菜品种形成产业优势。加快蔬菜质量标准化体系的建设，积极参与果蔬的国际和区域性标准化活动，及时修订标准。在蔬菜生产中逐步建立社会服务体系以及信息网络。鼓励蔬菜生产者、经营者、消费者参与到蔬菜法律、法规的制定、修订和颁布过程中，并对过时的法律、法规及时修订。同时，明确各部门的责任和义务，力争使管理法制化，以形成规范而有效的监督管理体系。目前，蔬菜质量安全已成为一个世界性的问题，采用有效的信息交流，增加区域间以及国家间的合作，加大蔬菜生产者、经营者和消费者之间的沟通，才能提高蔬菜质量安全信息管理的效率。

第二节　美国有机蔬菜发展启示

现代农业广泛应用化肥、农药、生长激素、转基因技术等，带来了诸如水土流失、食品污染、品质下降、生物多样性减少、能源危机、生态失衡等一系列问题，也造成了现代农业体系内在的不稳定性和不可持续性。有机农业正是在这样的背景下启蒙和发展的，它是在吸收传统农业精华的基础上，运用生物学、生态学和农业科学原理和技术发展起来的农业可持续发展类型。目前国内外市场都呈现出了对有机蔬菜的需求越来越大的态势。20世纪70年代以来，有机农业在欧、美、日以及部分发展中国家得到快速发展。目前世界上约有120个国家进行有机农业生产，美国有机蔬菜发展迅速，成为目前世界上生产有机蔬菜面积最大的国家，我们应该在借鉴外来的优秀经验的同时抓住目前我国在生产的成本方面相比较低的优势，来促进有机产业的发展，以此来提升我国在国际有机蔬菜市场上的影响。

一、美国有机蔬菜生产现状

20世纪40年代美国的有机产业开始形成，最近的十几年，美国的有机蔬菜产业处于快速发展的阶段。根据美国农业部的统计资料来看，在2008年，美国共有14 540个农场是用来进行有机生产的，其总面积达到了410万m^2。这些进行有机生产的农场中，进行有机蔬菜生产的农场共3 948个，有机蔬菜的种植面积也达到了13万m^2，占到全部有机生产场地的2.8%，而且有机蔬菜的销售额位居所有有机农产品的第二位。美国的西部地区是美国有机蔬菜种植地的集聚处，其中种植有机蔬菜最大的州是加利福尼亚，加利福尼亚的种植面积占了全美的62%，其销售额占了66%。美国的有机蔬菜在科研以及推广方面有着较为成熟的体系，这种成熟的体系是对生产有机蔬菜的技术方面的重要支持，美国在进行农产品生产的时候采用的大部分都是较为环保的措施。例如美国常使用绿肥或者是动物的粪肥作为有机蔬菜的肥料来源，在浇灌的过程中其使用的是节水灌溉的方式，还有对蔬菜上的害虫进行生物防治等。虽然美国的有机农业目前已经有了较大的发展规模和较强的技术方面的优势，但是也还是存在着对其生产造成不利影响的因素，那就是美国有机产业的生产成本普遍偏高。根据有效的资料来看，在2013年整个美国的有机农场就达到了24.6亿美元的生产成本，这些生产成本占到了销售总额的77%，平均下来到每个农场的生产成本就高达17万美元。在这些成本之中劳动力的报酬占了很大一部分，达到了5.69亿美元。美国蔬菜产业发展特点可归纳如下。

（一）生产区域化

主要体现为适应市场竞争的需要，气候和土壤环境等自然优势的良好条件，发达的交通运输和通信条件。

（二）布局专业化

蔬菜生产布局因地制宜，冬季、早春、夏秋蔬菜生产基地根据各自的气候和土壤条件专门生产几种最适宜的蔬菜供应全国，形成了较为完善的全国性蔬菜生产分工体系。

（三）服务社会化

蔬菜产业服务体系完善，手段先进，基本实行了产前、产中、产后的全程多方位社会化服务，专业化生产以社会化服务为前提，生产工艺划分为若干不同职能的专门作业，分别交由不同农场完成，可靠的合同信用和完善的社会化服务是该模式必备的前提条件。

（四）全程机械化

近年来国外蔬菜机械化发展速度很快，美国蔬菜生产机械化水平最高，从育种到田间管理均实现了机械化，80%以上采用机械化育苗，在耕整地和播种环节，机械化率基本达到100%，西红柿、芹菜、花菜等蔬菜移栽已实现了机械化，田间管理环节以沟灌和喷滴灌为主已基本实现了机械化，收获环节除部分果菜和叶菜类蔬菜的收获尚需要依靠人工，块根类蔬菜已基本实现了机械化收获。

（五）渠道扩大化

美国有机食品主要有3个销售渠道，即天然食品商店、常规超级市场及农产品直销市场。2000年以前大部分的有机食品通过天然食品商店销售。其次是常规超级市场，2000年常规超级市场销售额占全美的49%，超过天然食品商店的销售份额（48%），直销市场仅占3%。现在美国许多大型超市都有专卖天然食品和有机食品的柜台，例如全食超市（Whole Food Supermarket）、纽约市皇后区的健康食品店，就有专门出售有机蔬菜的柜台。而欧洲有机食品的营销市场比较发达，大多数国家的有机食品营销渠道有普通超市、有机食品专卖店、直接销售和其他销售4种，其中在普通食品超市中销售的有机食品所占比例较大。德国、丹麦、奥地利、瑞士等国家的有机产品畅销率是最高的。2005年德国连锁折扣店的有机食品营业额增长迅速，这些商店中的有机胡萝卜销售量超过总量的50%，仅Aldi连锁折扣店就出售了全国58%的有机胡萝卜和29%的番茄。日本有机农产品流通的最大特征是直销。

二、启示

（一）加强政府的引导作用

在场地方面应该因地制宜，有规模地对有机蔬菜的生产地进行建设。虽然就目前来看我国在发展有机蔬菜的总体环境方面的各项技术已经基本上成熟，而且因为人们开始越来越重视食品以及生态的安全问题，我国的有机蔬菜生产将会有很好的发展前景。但是从总体上来说，因为有机蔬菜在生产的过程中需要较高的资金投入而且风险较大，所以一般在我国进行有机蔬菜生产的基地和企业都没有形成很大的规模，这就导致了有机蔬菜在我国的市场上变成了稀缺的产品。所以目前市场上就有一些企业为了利益，使用普通的农产品来冒充有机农产品进行销售，这样的行为对我国实现有机蔬菜产业更好的发展有着非常不利的影响。要消除这样的隐患就需要政府在政策上对其给予支持和引导，因地制宜地对有机蔬菜的生产场地进行规划，同时鼓励相关企业对有机农业方面进行投资。

（二）创新有机蔬菜生产技术

要形成具有中国特色的生产技术，从而为我国有机农业的生产提供技术上的保障。虽然我国在有机蔬菜的生产方面已经积累了较多的经验，但是我国生产的有机蔬菜多数都用于出口，所以在进行生产的时候就会较多地按照进口国的要求。而且因为有机蔬菜的种植面积比例在我国的蔬菜种植总面积中只占了很小的一部分，所以就导致了在我国有机蔬菜生产的技术方面的专业人员较少，这就难以实现在技术的层面给有机蔬菜生产提供支持。因此，我国目前发展有机蔬菜产业的重点应该是科技，我国需要形成属于自己的、有特色的有机蔬菜生产技术，并把这种技术进行大力的推广，使其得到广泛的应用。

（三）扩大并畅通销售渠道

没有高信誉度的销售渠道，就很难扩大销售。建立并畅通多样化营销渠道，一是通过建立产销联合组织，实行直销；二是由专业流通配送组织实行会员制宅配化；三是通过大型连锁超市、大卖场与有机农产品生产基地实行订单销售；四是设立连锁专卖店进行销售；五是外贸加工企业与有机农产品基地实行订单直销，六是发展都市休闲采摘农业。

（四）提高蔬菜生产机械化水平

综观国外蔬菜生产机械化的发展历程，几乎都是在实现大田作物生产机械化后才开始考虑蔬菜生产机械化的。通过引进或改制大田作物通用机械，实现耕整地、播种、施肥、田间管理等作业环节的机械化，然后研制蔬菜栽培的移栽和收获等专用机具。我们要以机械技术进步来替代劳动力为主，辅以化学及生物型技术进步以节约土地资源，将蔬菜生产从播种、育苗、施肥直至收获、包装、上市都要实现机械化，并向高性能、低油耗、自动化和智能化方向发展。

第三节　国外生鲜蔬菜冷链物流低损耗经验启示

发达国家蔬菜物流基础设施完善、物流组织化程度高、物流信息化水平高，储运和包装加工技术先进，因而物流速度快，物流成本低，物流成本在总成本中一般只有10%，蔬菜在物流环节中的损耗率仅为5%。但是我国生鲜蔬菜在流通过程中，物流成本占总成本的比例却高达60%以上，蔬菜在物流过程中的损耗率也高达30%。这大大增加了城镇居民的支出，降低了农村居民的收入水平。构建良好的蔬菜物流系统，能很好地解决蔬菜“买贵”和“卖贱”的问题。

一、国外生鲜蔬菜低损耗物流经验

在先进的物流理论指导和丰富的物流实践中，无论是在蔬菜物流体系建设方面，还是在降低蔬菜物流损耗方面，发达国家都积累了很多先进的经验和方法，非常值得我国去学习和借鉴。

（一）蔬菜生产规模大，物流组织功能完善

发达国家蔬菜物流成本低、效率高，蔬菜生产规模大，物流组织化程度高是主要原因之一。例如美国主要是采用农场式的大规模蔬菜生产，农业协会和产销一体化组织，基本构成了当代美国农产品物流组织的主体，承担着美国蔬菜物流的主要任务。在美国的蔬菜营销中，最主要的销售方式是农场主直接与大型超市、产地中间商、生产合作社以及批发企业签约，这种签约方式几乎占到蔬菜销售总量的98%。而在美国，“美国农业联合会”和“全国农场主联盟”拥有150多万农场主会员，他们都是直接签约的受益者。在日本，农业协会在生鲜蔬菜物流体系中所起

到的作用更是至关重要的。日本农业协会需要负责生鲜蔬菜的加工、包装、储运、分级等一系列工作。而生鲜蔬菜供应链的主要收益也是通过日本农业协会返回菜农。拥有日本“农协”会员资格的农户高达97%，而经由农协的蔬菜销售总量占比达90%。此外，瑞典的合作社也都是一些很有影响力的组织。发达国家的物流主体组织化程度高、生产规模大，这不仅能提高蔬菜流通效率，而且能降低蔬菜流通成本，尤其在开拓国外市场方面更具优势。

（二）蔬菜物流基础设施先进，物流管理方法先进

加强基础设施建设，加大设备投入。各国政府注重加强基础设施的建设，销售网点的合理布局。美国有着十分发达的交通运输设施，铁路、公路、水运四通八达，一些蔬菜收购站、仓库、加工厂都有专门的铁路线。日本政府投资建设了大量基础设施，比如沿海港湾设施、航空枢纽港、新干线铁路运输网、流通聚集地、高速公路网等等，为蔬菜物流奠定了良好的基础。发达国家不仅拥有发达的海运、铁路、公路运输网络，还拥有布局合理的批发市场。据统计，日本生鲜蔬菜总量约90%要进入批发市场销售。荷兰的冷链物流业非常先进，荷兰的人均制冷和冷冻容积量超过世界上任何一个国家，农产品物流中大多数公司都具有高科技的制冷技术设备。

（三）蔬菜物流信息化水平高，采用先进的物流技术

发达国家的物流信息化程度高。以日本为例，日本已经建立起批发市场的全国物联网，而且已经联网全世界主要蔬菜批发市场。批发市场的管理与经营制度极其规范，起到了信息中心的作用，通过这个信息中心基本可以实现物流、商流以及按样品交易。而且日本的绝大多数零售商店都安装了电子自动订货系统

（EOS系统），不仅做到了交易双方联机联网，而且有机地将农产品批发业和农业加工业联结起来，使得流通效率获得大幅度提升。而在商品零售服务方面，电子网络销售比较盛行，消费者只要网上订货，运输公司就可保质保量送货上门。再比如美国也拥有发达的农业信息系统。各种蔬菜等生鲜农产品网站、信息咨询公司为农民了解信息提供了方便的途径，也为蔬菜电子商务的发展提供了有力的支持。荷兰建立了高度发达的营销平台和信息中心，能够及时了解世界各地市场的需求，并能以最快的速度作出反应。

许多发达国家有着先进的储运技术和包装加工技术。如加拿大生产者对蔬菜的分级、包装非常严格，蔬菜的储存、运输大部分通过冷链物流，减少污染和损失。加拿大蔬菜损耗仅为5%，是中国的1/6；物流成本不足30%，是中国的1/2。以日本为例，许多生鲜蔬菜加工工厂就建在港口附近，生鲜蔬菜到达港口之后可以实现快速转运到加工工厂进行再加工和包装，从而大大降低蔬菜的损耗率，增加了生鲜蔬菜的附加值并提高了蔬菜的标准化程度，之后通过完善的冷链物流运输到国内各零售环节。

（四）流通环节少，流通模式以直销为主导

国外蔬菜物流流通环节少、速度快、成本低、营销效率高，流通模式以直销为主导。蔬菜在采摘、运输、储藏加工过程中损耗极低，北美发达国家蔬菜损耗率最低能达到2%以下。上述发达国家生鲜蔬菜的生产具有一个共同点，那就是基本上都具有生鲜蔬菜规模化这一要素。而发达国家蔬菜流通主要采用直销模式，在蔬菜生产产地和超市、配送中心以及团购者之间的流通渠道相当畅通。以美国为例，美国拥有全世界最为完善和先进的生鲜蔬菜远销体系。在美国，其生鲜蔬菜流通主要采取两种方式：第一，蔬菜生产者委托蔬菜代理批发商直接在批发市场上销售；

第二，蔬菜生产者绕过批发市场环节，同批发商以及大型零售商直接签订大单合同。据相关资料统计，每年美国有78.5%的蔬菜是从生产产地通过配送中心直接送到零售商那里。欧洲蔬菜流通模式大多数通过大型批发市场，如荷兰的蔬菜从田地到国外市场不超过24h，做得是最好的。而在法国，构建比较完善的国家公益性批发市场就高达20几个。由于这些国家蔬菜流通具有效率高、成本低、损耗小等特征，因此其蔬菜在国际市场上的竞争力强。

（五）重视专业物流技术人才培养

荷兰物流专业学术水平较高，在课程设置上，从商品学、管理学、市场学、国际贸易到配送、仓储、海陆空运输等多个学科培养学生实用的物流知识和技能，打造每一个专业的、高水平的国际物流精英。荷兰对从事物流业的专业人才有严格规定，必须拿到国家颁发的职业资格证书后才能从业，因此荷兰从事物流的相关人员大多具有较高素质。而其他发达国家，比如法国、德国等同样重视物流人才的教育和培训工作，采取的教育和培训形式多样，并且非常注重实际操作和应用，每年培养出包括叉车司机、物流师以及IT网络工程师在内的数以万计的物流人才，构建了专业化的物流人才团队。

二、对我国生鲜蔬菜物流启示

我国蔬菜物流发展起步较晚，相关物流基础设施建设不到位，蔬菜流通存在环节过多、损耗严重等问题。同时，我国蔬菜物流技术水平也无法同国外发达国家相提并论，蔬菜物流信息系统更是不值一提。此外，我国蔬菜物流主体还存在数量多、规模小、层次低、离散型大、联合性差、组织化程度低、缺乏专业的蔬菜物流技术人才等特征，这些都造成了我国蔬菜物流成本高，损耗大。

（一）加强基础建设

一是要建立适合鲜活蔬菜特点的储藏保鲜体系，加强蔬菜储运冷藏设备的建设，如预冷保鲜设施、冷藏汽车、机械冷冻库、气调库等。二是要加强蔬菜批发市场相关设施建设（特别是产地蔬菜批发市场相关设施）、蔬菜物流中心、专业的蔬菜集成保鲜中心、蔬菜加工配送中心的基础建设。如逐步建设配套的蔬菜拍卖交易大厅、电子显示屏、蔬菜加工设备以及农药残留超标检测设施等。积极开通蔬菜的“绿色通道”。蔬菜商流、物流、信息流顺畅进行的前提条件是要加强基础设施建设。

（二）减少蔬菜流通环节，建立信息化物流体系

蔬菜经由菜农到消费者手中，必须经过蔬菜种植地、产地批发市场、销地批发市场、超市、农贸市场、消费者等诸多环节。在整个蔬菜流通环节中，由于链条过多，仅仅运输一项任务就要花费很多时间。运输过程中蔬菜就会变色变质，损耗率能达到25%～30%，而国外发达国家控制在5%以下。在各流通环节中，又无法避免层层加价，以致于当蔬菜送到消费者那里时，价格会暴涨2～3倍。应不断改进和创新我国蔬菜流通模式，建立批发市场主导型流通模式，建立以连锁超市为核心的“农超对接”流通模式，引导和促进连锁超市企业自己种植蔬菜，直接运输到终端市场出售的经营模式。有计划、有步骤地建设周末车载蔬菜市场，解决农民进城售菜的老大难问题。

（三）积极发展专业化的第三方蔬菜冷链物流公司

我国蔬菜物流的总体信息化程度严重滞后于当前社会发展需要。尤其是农村蔬菜物流信息队伍严重缺位，市场信息的指导服

务功能大大弱化。而欧美发达国家大多拥有第三方专业化的蔬菜冷链物流公司负责运输，整体蔬菜冷链流通率达到95%以上，因此蔬菜物流损耗非常小。我国也应通过有力的政策扶持积极推进第三方物流发展，加大对冷库、冷藏车等基础设施的资金投入，做好制冷、保温、监测等要求。探索建立区域性冷链物流中心，构建全国冷链物流网络，形成一体化的区域联动模式，实现蔬菜全程冷链运输。可借鉴欧洲、美国、荷兰、日本等国家的蔬菜流通模式，将产前、产后相关企业建在农村，实现产供销一体化经营模式。积极发展冷链物流，实行标准化生产。借鉴日本、荷兰、美国等国家发达的信息技术，利用先进的电子网络技术完善我国农村信息平台，为菜农提供准确的市场行情和蔬菜价格。

（四）重视蔬菜物流人才的培养

随着现代蔬菜物流业的飞速发展，物流技术和设备复杂度日益提高，其对蔬菜物流人才的要求也是越来越高，这就要求我们从学校到各种培训机构都应该意识到现代农产品物流业的发展趋势，采取各种方法和手段，培养高水平的现代蔬菜物流人才，更好地服务于蔬菜物流服务业。

参考文献

陈英，蒋凯亚. 2015. 对丽水市提升农产品质量安全实施农业标准化的几点建议[J]. 浙江农业科学，56（11）：1 758-1 760.

楚晓真. 2018. 不同包装材料对蔬菜贮藏期的影响[J]. 蔬菜（12）：57-59.

冯双庆. 2008. 果蔬贮运学[M]. 北京：化学工业出版社.

付成高，韩成名，赵桂民. 2011. 蔬菜标准园展示平台——山东省苍山县[J]. 中国蔬菜（13）：10-12.

付传琼，吴朗平. 2018. 蔬菜采后处理和冷链物流技术[J]. 云南农业（11）：88.

葛武伟，张建国. 2004. 果品包装存在的问题与发展思路[J]. 西北园艺（果树专刊）（5）：48-50.

国家环境保护总局. 2004. 土壤环境监测技术规范（HJ/T 166—2004）[S].

国家环境保护总局. 2006. 食用农产品产地环境质量评价标准（HJ/T 332—2006）[S].

郝利平. 2008. 园艺产品储藏加工学[M]. 北京：中国农业出版社.

胡建淼. 2017. 我国生鲜农产品冷链物流发展存在的问题与对策[J]. 改革与战略（5）：82-84.

黄宁. 2019. 蔬菜病虫害的物理防治措施[J]. 现代农业，511（1）：31-32.

姜明珠. 2018. 农产品冷链物流发展现状与对策[J]. 科技经济市场（9）：61-62.

金玮玲. 2016. 果蔬冷链物流保鲜市场现状及发展趋势[J]. 湖北农业科学（5）：157-160.

金银根. 2012. 普通植物学[M]. 北京：化学工业出版社.

李博文. 2014. 蔬菜安全高效施肥[M]. 北京：中国农业出版社.

李春海. 2019. 蓄冷式保温集装箱在蔬菜流通中的保鲜效果研究[J]. 中国果菜（3）：1-6.

李里特. 2001. 食品原料学[M]. 北京：中国农业出版社.

刘彬，王书军. 2015. 国外降低生鲜蔬菜物流损耗经验及其对我国的启示[J]. 对外经贸实务（2）：84-87.

刘春香，张智光，柳超，等. 2017. 农户绿色科技服务接受意愿影响因素研究——以江苏省淮安市198个大棚蔬菜种植户为例[J]. 科技管理研究（17）：42-50.

隆志方，王迪轩. 2018. 蔬菜质量需达到的食品安全国家或行业标准综述[J]. 农药市场信息（16）：6-9.

满昌伟，姚小军，张玉新. 2015. 香料蔬菜高产栽培与病虫害防治[M]. 北京：化学工业出版社.

潘永贵. 2010. 现代果蔬采后生理[M]. 北京：化学工业出版社.

饶景萍. 2008. 园艺产品贮运学[M]. 北京：科学出版社.

尚超，赵南. 2010. 我国蔬菜安全存在的问题及解决对策[J]. 中国科技信息（14）：77-78.

孙静，姜丽. 2012. 美国、日本蔬菜产业的发展特点[J]. 世界农业（9）：36-38.

孙远明. 2010. 食品营养学[M]. 北京：中国农业出版社.

谭兴和. 2015. 蔬菜茶叶贮运保鲜技术[M]. 长沙：湖南科学技术出版社.

汤伯森. 2011. 防护包装原理[M]. 北京：化学工业出版社.

田千喜，田中. 2014. 蔬菜种植户菜地投资意愿及影响因素分析[J]. 南方农村（5）：24.

王迪轩，何永梅，肖时运，等. 2015. 蔬菜常用农药品种及其安全使用标准[J]. 农药市场信息（16）：65-66.

王静，曾玉珍. 2017. 天津设施蔬菜种植户的生产决策行为及其影响因素分析[J]. 中国农业资源与区划，38（8）：183-187.

王淑贞. 2013. 水果贮运保鲜技术[M]. 北京：金盾出版社.

王文生. 2008. 果品蔬菜保鲜包装应用技术[M]. 北京：印刷工业出版社.

王正银. 2009. 蔬菜营养与品质[M]. 北京：科学出版社.

韦强. 2015. 蔬菜贮运保鲜实用技术指南[M]. 北京：中国农业出版社.

乌翛冰. 2016. 蔬菜采后保鲜技术的应用与发展[J]. 安徽农业科学（10）：107-110.

夏春丽. 2018. 蔬菜保鲜膜的应用研究进展[J]. 保鲜与加工（5）：166-173.

肖体琼，何春霞. 2015. 机械化生产视角下我国蔬菜产业发展现状及国外模式研究[J]. 农业现代化研究，36（5）：857-861.

谢晶. 2018. 海产品保鲜贮运技术与冷链装备[M]. 北京：科学出版社.

解卫华，肖兴基，罗羽洧. 2009. 国外有机蔬菜发展现状与启示[J]. 中国蔬菜（15）：1-5.

谢如鹤. 2013. 冷链运输原理与方法[M]. 北京：化学工业出版社.

严灿等. 2015. 蔬菜冷链物流技术研究进展[J]. 食品与机械（4）：260-265.

杨朝慧，程琳，郑军. 2015. 我国蔬菜加工企业质量安全管理案例研究——以泰安泰山亚细亚食品有限公司为例[J]. 山东农业科学，47（8）：143-147.

杨朝慧. 2016. 蔬菜生产加工企业质量安全行为研究[D]. 泰安：山东农业大学.

杨月欣. 2002. 中国食物成分表2002[M]. 北京：北京大学医学出版社.

于洋. 2018. 蔬菜常用农药环境风险评估及控制策略研究[D]. 沈阳：沈阳农业大学.

张峤文，李学工. 2018. 我国蔬菜需求侧下的冷链物流转型与升级[J]. 农业科学研究（1）：53-56.

张秀玲. 2011. 果蔬采后生理与贮运学[M]. 北京：化学工业出版社.

张永智，孙裕晶，闫晶晶，等. 2014. 发达国家蔬菜生产质量控制技术与保障措施[J]. 农机化研究，36（1）：5-8，15.

张子德. 2006. 果品蔬菜贮藏运输学[M]. 北京：中国农业科学技术出版社.

张子德. 2009. 蔬菜采收与简易储藏[M]. 石家庄：河北科学技术出版社.

赵冰. 2003. 蔬菜品质学概论[M]. 北京：化学工业出版社.

赵丽芹，张子德. 园艺产品贮藏加工学[M]. 北京：中国轻工业出版社.

郑启明，李小清. 2015. 关于蔬菜产品采后商品化处理的调查[J]. 现代农业科技（20）：347-348.

郑秋丽. 2018. 蔬菜保鲜包装技术的研究进展[J]. 食品科学（3）：317-323.

中华人民共和国农业部. 2000. 农区环境空气质量监测技术规范（NY/T 397—2000）［S］.

中华人民共和国农业部. 2000. 农用水源环境质量监测技术规范（NY/T 396—2000）［S］.

中华人民共和国农业部. 2002. 无公害食品：蔬菜产地环境条件（NY 5010—2002）［S］.

中华人民共和国农业部. 2004. 蔬菜产地环境技术条件（NY/T 848—2004）［S］.

周洁红，姜励卿. 2007. 农产品质量安全追溯体系中的农户行为分析——以蔬菜种植户为例[J]. 浙江大学学报（人文社会科学版），37（2）：118-127.

周绪元，张永涛，宋丙国. 2018. 速冻蔬菜全程品控模式研究[J]. 中国果菜，38（7）：27-29.

朱德蔚，王德槟. 2008. 中国作物及其野生近缘植物——蔬菜作物卷（上）[M]. 北京：中国农业出版社.

朱国斌，鲁红军. 1996. 食品风味原理与技术[M]. 北京：北京大学出版社.